국민연금공단

최종모의고사

SD에듀
(주)시대고시기획

머리말

국민이 주인인 연금, 국민연금공단은 2024년에 신규직원을 채용할 예정이다. 국민연금공단의 채용절차는 「서류전형 ➡ 인성검사 및 필기시험 ➡ 증빙서류 등록 · 심사 ➡ 면접전형 ➡ 최종합격(시보임용)」 순서로 이루어진다. 필기시험은 직업기초능력평가와 종합직무지식평가로 진행되며 직업기초능력평가의 경우 공통영역으로 의사소통능력, 문제해결능력, 수리능력, 조직이해능력, 직업윤리가 출제된다. 이에 더하여 사무직은 정보능력, 심사직은 자원관리능력, 기술직은 기술능력이 함께 출제된다. 2023년에는 모듈에 가까운 피듈형으로 진행되었으며 전반적인 난이도가 높아졌으므로, 평가하는 과목에 대한 맞춤 연습으로 철저히 대비해야 한다.

국민연금공단 필기시험 합격을 위해 SD에듀에서는 국민연금공단 판매량 1위의 출간 경험을 토대로 다음과 같은 특징을 가진 도서를 출간하였다.

도서의 특징

❶ **합격으로 이끌 가이드를 통한 채용 흐름 확인!**
- 국민연금공단 소개와 최신 시험 분석을 수록하여 채용 흐름을 파악하는 데 도움이 될 수 있도록 하였다.

❷ **최종모의고사를 통한 완벽한 실전 대비!**
- 철저한 분석을 통해 국민연금공단 전 직렬에 대비할 수 있는 NCS 최종모의고사를 4회분(실전 3회+고난도 1회) 수록하여 실력을 키우고 점검할 수 있도록 하였다.

❸ **다양한 콘텐츠로 최종 합격까지!**
- 온라인 모의고사 직렬별 2회분을 무료로 제공하여 필기시험을 준비하는 데 부족함이 없도록 하였다.
- NCS 및 경영학 · 경제학 PDF를 무료로 제공하여 필기시험 전반에 대비할 수 있도록 하였다.

끝으로 본 도서를 통해 국민연금공단 채용을 준비하는 모든 수험생 여러분이 합격의 기쁨을 누리기를 진심으로 기원한다.

SDC(Sidae Data Center) 씀

국민연금공단 이야기 INTRODUCE

○ 미션

> 지속가능한 연금과 복지서비스로 **국민의 생활 안정**과 **행복한 삶**에 기여

○ 비전

> 연금과 복지로 세대를 이어 행복을 더하는 **글로벌 리딩 연금기관**

○ 핵심가치

> **신뢰 / 혁신 / 소통**

○ 전략목표 및 전략과제

모두가 누리는 상생의 연금 구현	기금운용 고도화로 수익 제고
● 가입자 확대 등 연금수급권 강화 ● 맞춤형 연금서비스 구현 ● 연금개혁 지원 및 선제적 연구 강화 ● 국민참여 확대와 서비스 혁신	● 안정적 기금운용 수익 제고 ● ESG 중심의 책임투자 활성화 ● 선제적·체계적 리스크관리 고도화 ● 기금운용 인프라 강화
삶의 질 향상을 위한 복지서비스 강화	**경영혁신을 통한 생산성 및 사회적 책임 강화**
● 장애인 지원 서비스 고도화 ● 전국민 노후준비 지원 강화 ● 취약계층에 대한 복지서비스 강화 ● 미래 수요에 대비한 복지서비스 발굴	● 디지털 전환 대응 강화 ● 상생협력 등 사회적 책임 이행 ● 투명하고 공정한 기관 운영 ● 경영효율성 제고

경영슬로건

국민을 든든하게 연금을 튼튼하게

기본적인 소명을 충실히 완수하여 국민신뢰를 제고한다.
고객이 감동할 때까지 연금서비스의 가치를 높인다.
지속적으로 발전하는 선진 국민연금을 만든다.

CI

 **함께 나누고 함께 누리는 세대간의 연대와 어울림**

심벌마크의 부드러운 서체와 곡선 형태의 모티프가 조화를 이루어 국민과 함께하는 공단의 친근한 이미지를 표현하고 있다. 로고의 청색 컬러는 안정과 신뢰를 나타내며, 모티프의 오렌지와 그린 컬러는 수급자(Silver mate)와 가입자(Futuer mate)의 표현으로, 함께 나누고 함께 누리는 세대간의 연대와 어울림을 통해 행복공동체를 지향하는 국민연금의 정신을 상징하며, 연상되는 환한 미소는 고객의 행복가치를 높이기 위해 최상의 서비스를 제공하겠다는 공단의 비전과 의지를 담고 있다. 또한 모티프는 양손으로 국민연금을 떠받치는 형상을 연상케 하여 우리 모두 함께 참여하고 제도를 가꾸어 나가야 함을 의미하고 있다.

인재상

실천적 윤리인	글로벌 전문인	자율적 혁신인
최고의 직업윤리를 갖춘 연금인	글로벌 전문성을 높이는 연금인	혁신과 신기술의 스마트 연금인

신입 채용 안내 INFORMATION

지원자격(공통)

❶ 성별 · 연령 · 학력 : 제한 없음[단, 공단 정년(만 60세) 이상자는 제외]
❷ 대한민국 국적을 보유한 자
❸ 공단이 정한 임용일부터 교육입소 및 근무가 가능한 자
❹ 공단 인사규정 제11조(결격사유)에 해당하지 않는 자

전형절차

구분	절차
사무직, 심사직, 기술직	서류전형 → 인성검사 및 필기시험 → 증빙서류 등록/심사 → 면접전형 → 최종합격(시보임용)
전산직	서류전형 → 인성검사 및 필기시험 → 증빙서류 등록/심사 → 실기시험/면접전형 → 최종합격(시보임용)

필기시험(사무직 기준)

구분		내용	문항 수
6급갑	직업기초능력평가	의사소통능력, 문제해결능력, 수리능력, 조직이해능력, 정보능력, 직업윤리	60문항
	종합직무지식평가	경영학, 경제학, 법학, 행정학 및 국민연금법 등 사회보장론 관련 지식	50문항

❖ 위 채용안내는 2023년 채용공고를 기준으로 작성하였으므로 세부사항은 확정된 채용공고를 확인하기 바랍니다.

2023년 기출분석 ANALYSIS

총평

2023년 연 1회 실시한 국민연금공단 필기시험은 모듈형에 가까운 피듈형으로 출제되었으며, 전반적으로 난이도가 높아졌다는 후기가 많았다. NCS는 영역별 순서대로 제시되지 않고 섞여서 구성되었으며, 사무직의 경우 통합전공이 지엽적으로 출제되었다.

🔄 의사소통능력

출제 특징	• 사자성어 문제가 출제되었다. • 제시문의 길이가 긴 편이었다. • 맞춤법, 띄어쓰기 문제가 출제되었다.

🔄 수리능력

출제 특징	• 응용 수리 문제가 다수 출제되었다(넓이 구하기, 소금물 농도 등). • 사각형의 넓이를 계산하는 문제가 출제되었다. • 수열 문제가 출제되었다는 후기가 있다.

🔄 정보능력

출제 특징	• 2022년 하반기와 달리 엑셀 함수가 출제되었다. • 저작권 표시와 관련된 문제가 출제되었다. • 전체적으로 컴퓨터 활용 능력 느낌의 문제가 다수였다. • 피벗 테이블에 관한 문제가 출제되었다.

🔄 사무직 통합전공

구분	출제 키워드
경영학	• 스캘론 플랜, 포터 이론, 다각화, 리더십 이론, bsc, 직무 평가 등
경제학	• 무차별 곡선, GDP 구하기, 인플레이션, 타당도, 10분위 분배율 등
법학	• 판례, 법원 적용 순서 등
행정학	• 정책과정의 권력 모형 등
사회보장론	• 연금법상 완치 판정 기준, 연금 대상자의 수, 노후 서비스, 사회보장기본법, 사회보험과 민간보험의 차이 등

PSAT형

※ 다음은 K공단의 국내 출장비 지급 기준에 대한 자료이다. 이어지는 질문에 답하시오. **[15~16]**

<국내 출장비 지급 기준>

① 근무지로부터 편도 100km 미만의 출장은 공단 차량 이용을 원칙으로 하며, 다음 각호에 따라 "별표 1"에 해당하는 여비를 지급한다.
    ㉠ 일비
        ⓐ 근무시간 4시간 이상 : 전액
        ⓑ 근무시간 4시간 미만 : 1일분의 2분의 1
    ㉡ 식비 : 명령권자가 근무시간이 모두 소요되는 1일 출장으로 인정한 경우에는 1일분의 3분의 1 범위 내에서 지급
    ㉢ 숙박비 : 편도 50km 이상의 출장 중 출장일수가 2일 이상으로 숙박이 필요할 경우, 증빙자료 제출 시 숙박비 지급
② 제1항에도 불구하고 공단 차량을 이용할 수 없어 개인 소유 차량으로 업무를 수행한 경우에는 일비를 지급하지 않고 이사장이 따로 정하는 바에 따라 교통비를 지급한다.
③ 근무지로부터 100km 이상의 출장은 "별표 1"에 따라 교통비 및 일비는 전액을, 식비는 1일분의 3분의 2 해당액을 지급한다. 다만, 업무 형편상 숙박이 필요하다고 인정할 경우에는 출장기간에 대하여 숙박비, 일비, 식비 전액을 지급할 수 있다.

<별표 1>

구분	교통비				일비 (1일)	숙박비 (1박)	식비 (1일)
	철도임	선임	항공임	자동차임			
임원 및 본부장	1등급	1등급	실비	실비	30,000원	실비	45,000원
1, 2급 부서장	1등급	2등급	실비	실비	25,000원	실비	35,000원
2, 3, 4급 부장	1등급	2등급	실비	실비	20,000원	실비	30,000원
4급 이하 팀원	2등급	2등급	실비	실비	20,000원	실비	30,000원

1. 교통비는 실비를 기준으로 하되, 실비 정산은 국토해양부장관 또는 특별시장·광역시장·도지사·특별자치도지사 등이 인허한 요금을 기준으로 한다.
2. 선임 구분표 중 1등급 해당자는 특등, 2등급 해당자는 1등을 적용한다.
3. 철도임 구분표 중 1등급은 고속철도 특실, 2등급은 고속철도 일반실을 적용한다.
4. 임원 및 본부장의 식비가 위 정액을 초과하였을 경우 실비를 지급할 수 있다.
5. 운임 및 숙박비의 할인이 가능한 경우에는 할인 요금으로 지급한다.
6. 자동차임 실비 지급은 연료비와 실제 통행료를 지급한다.
   (연료비)=[여행거리(km)]×(유가)÷(연비)
7. 임원 및 본부장을 제외한 직원의 숙박비는 70,000원을 한도로 실비를 정산할 수 있다.

특징
▶ 대부분 의사소통능력, 수리능력, 문제해결능력을 중심으로 출제(일부 기업의 경우 자원관리능력, 조직이해능력을 출제)
▶ 자료에 대한 추론 및 해석 능력을 요구

대행사
▶ 엑스퍼트컨설팅, 커리어넷, 태드솔루션, 한국행동과학연구소(행과연), 휴노 등

모듈형

60 다음 자료는 갈등해결을 위한 6단계 프로세스이다. 3단계에 해당하는 대화의 예로 가장 적절한 것은?

① 그럼 A씨의 생각대로 진행해 보시죠.

특징
▶ 이론 및 개념을 활용하여 푸는 유형
▶ 채용 기업 및 직무에 따라 NCS 직업기초능력평가 10개 영역 중 선발하여 출제
▶ 기업의 특성을 고려한 직무 관련 문제를 출제
▶ 주어진 상황에 대한 판단 및 이론 적용을 요구

대행사
▶ 인트로맨, 휴스테이션, ORP연구소 등

피듈형(PSAT형 + 모듈형)

60 P회사는 직원 20명에게 나눠 줄 추석 선물 품목을 조사하였다. 다음은 유통업체별 품목 가격과 직원들의
품목 선호도를 나타낸 자료이다. 이를 참고하여 P회사에서 구매하는 물품과 업체를 바르게 연결한 것은?

〈업체별 품목 금액〉

구분		1세트당 가격	혜택
A업체	돼지고기	37,000원	10세트 이상 주문 시 배송 무료
	건어물	25,000원	
B업체	소고기	62,000원	20세트 주문 시 10% 할인
	참치	31,000원	
C업체	스팸	47,000원	50만 원 이상 주문 시 배송 무료
	김	15,000원	

〈구성원 품목 선호도〉

특징
▶ 기초 및 응용 모듈을 구분하여 푸는 유형
▶ 기초인지모듈과 응용업무모듈로 구분하여 출제
▶ PSAT형보다 난도가 낮은 편
▶ 유형이 정형화되어 있고, 유사한 유형의 문제를 세트로 출제

대행사
▶ 사람인, 스카우트, 인크루트, 커리어케어, 트리피, 한국사회능력개발원 등

주요 공기업 적중 문제 TEST CHECK

시간 계산 ▶ 유형

35 욕조에 물을 채우는 데 A관은 30분, B관은 40분이 걸린다. 이 욕조에 채운 물을 배수하는 데는 20분이 걸린다. A관과 B관을 동시에 틀고, 동시에 배수할 때, 욕조가 가득 채워질 때까지 걸리는 시간은?

① 60분　　　　　　　　　　② 80분
③ 100분　　　　　　　　　④ 120분

책임의식 ▶ 키워드

57 다음 사례에서 찾아볼 수 없는 직업윤리의 덕목은?

〈사례〉

김사원은 그동안의 경력 상 홍보부서로의 발령을 원했지만, 한 번도 해보지 않은 경영부서로 발령이 떨어지면서 착잡하고 심란하였다. 하지만, 김사원은 이를 하늘이 주신 배움의 기회라 여기고 긍정적으로 생각하기로 다짐했다. 또 비록 원하던 부서가 아니어서 의욕은 떨어졌지만, 경영부서 역시 우리 회사의 중요한 역할이고 전문성이 있어야만 할 수 있는 일이라 생각하고 성실하게 책임을 갖고 배우기 시작했다. 하지만 해본 적이 없을뿐더러 관심도 없었던 일이었기에 김사원의 적성과는 너무 맞지 않아 김사원은 하루하루 지쳐갔다.

① 소명의식　　　　　　　　② 천직의식
③ 직분의식　　　　　　　　④ 책임의식

국민건강보험공단

그래프 계산 ▶ 유형

※ 다음은 한 사람이 하루에 받는 스팸 수신량을 그래프로 나타낸 것이다. 이어지는 질문에 답하시오.
[35~37]

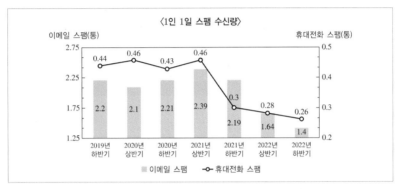

35 전체 스팸 수신량이 가장 많은 때와 가장 적은 때의 차이는 얼마인가?

① 1.18
② 1.28
③ 1.29
④ 1.19

질병 ▶ 키워드

03 다음 글의 빈칸에 들어갈 내용으로 가장 적절한 것은?

알레르기는 도시화와 산업화가 진행되는 지역에서 매우 빠르게 증가하고 있는데, 알레르기의 발병 원인에 대한 20세기의 지배적 이론은 알레르기는 병원균의 침입에 의해 발생하는 감염성 질병이라는 것이다. 하지만 1989년 영국 의사 S는 이 전통적인 이론에 맞서 다음 가설을 제시했다. _____ S는 1958년 3월 둘째 주에 태어난 17,000명 이상의 영국 어린이를 대상으로 그들이 23세가 될 때까지 수집한 개인 정보 데이터베이스를 분석하여, 이 가설을 뒷받침하는 증거를 찾았다. 이들의 가족 관계, 사회적 지위, 경제력, 거주 지역, 건강 등의 정보를 비교 분석한 결과, 두 개 항목이 꽃가루 알레르기와 상관관계를 가졌다. 첫째, 함께 자란 형제자매의 수이다. 외동으로 자란 아이의 경우 형제가 서넛인 아이에 비해 꽃가루 알레르기에 취약했다. 둘째, 가족 관계에서 차지하는 서열이다. 동생이 많은 아이보다 손위 형제가 많은 아이가 알레르기에 걸릴 확률이 낮았다.
S의 주장에 따르면 가족 구성원이 많은 집에 사는 아이들은 가족 구성원, 특히 손위 형제들이 집안으로 끌고 들어오는 온갖 병균에 의한 잦은 감염 덕분에 장기적으로는 알레르기 예방에 오히려 유리하다. S는 유년기에 겪은 이런 감염이 꽃가루 알레르기를 비롯한 알레르기성 질환으로부터 아이들을 보호해 왔다고 생각했다.

① 알레르기는 유년기에 병원균 노출의 기회가 적을수록 발생 확률이 높아진다.
② 알레르기는 가족 관계에서 서열이 높은 가족 구성원에게 더 많이 발생한다.
③ 알레르기는 성인보다 유년기의 아이들에게 더 많이 발생한다.
④ 알레르기는 도시화에 따른 전염병의 증가로 인해 유발된다.

주요 공기업 적중 문제 TEST CHECK

코드 분석 ▶ 유형

17 귀하는 전세버스 대여를 전문으로 하는 여행업체에 근무하고 있다. 지난 10년 동안 상당한 규모로 성장해온 귀사는 현재 보유하고 있는 버스의 현황을 실시간으로 파악할 수 있도록 식별 코드를 부여하였다. 식별 코드 부여 방식과 자사보유 전세버스 현황이 다음과 같을 때, 옳지 않은 것은?

〈식별 코드 부여 방식〉

[버스등급] – [승차인원] – [제조국가] – [모델번호] – [제조연월]

버스등급	코드	제조국가	코드
대형버스	BX	한국	KOR
중형버스	MF	독일	DEU
소형버스	RT	미국	USA

예 BX – 45 – DEU – 15 – 1510

2015년 10월 독일에서 생산된 45인승 대형버스 15번 모델

〈자사보유 전세버스 현황〉

BX – 28 – DEU – 24 – 1308	MF – 35 – DEU – 15 – 0910	RT – 23 – KOR – 07 – 0628
MF – 35 – KOR – 15 – 1206	BX – 45 – USA – 11 – 0712	BX – 45 – DEU – 06 – 1105
MF – 35 – DEU – 20 – 1110	BX – 41 – DEU – 05 – 1408	RT – 16 – USA – 09 – 0712
RT – 25 – KOR – 18 – 0803	RT – 25 – DEU – 12 – 0904	MF – 35 – KOR – 17 – 0901
BX – 28 – USA – 22 – 1404	BX – 45 – USA – 19 – 1108	BX – 28 – USA – 15 – 1012
RT – 16 – DEU – 23 – 1501	MF – 35 – KOR – 16 – 0804	BX – 45 – DEU – 19 – 1312
MF – 35 – DEU – 20 – 1005	BX – 45 – USA – 14 – 1007	

① 보유하고 있는 소형버스의 절반 이상은 독일에서 생산되었다.
② 대형버스 중 28인승은 3대이며, 한국에서 생산된 차량은 없다.
③ 보유 중인 대형버스는 전체의 40% 이상을 차지한다.
④ 중형버스는 3대 이상이며, 모두 2013년 이전에 생산되었다.
⑤ 미국에서 생산된 버스 중 중형버스는 없다.

거리 계산 ▶ 유형

01 수호는 집에서 1.5km 떨어진 학원을 가는데 15분 안에 도착해야 한다. 처음에는 분속 40m로 걷다가 지각하지 않기 위해 남은 거리는 분속 160m로 달렸다. 수호가 걸어간 거리는 몇 m인가?

① 280m
② 290m
③ 300m
④ 310m
⑤ 320m

근로복지공단

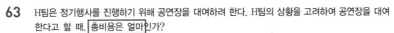

비용 계산 ▶ 유형

63 H팀은 정기행사를 진행하기 위해 공연장을 대여하려 한다. H팀의 상황을 고려하여 공연장을 대여한다고 할 때, 총비용은 얼마인가?

〈공연장 대여비용〉

구분	공연 준비비	공연장 대여비	소품 대여비	보조진행요원 고용비
단가	50만 원	20만 원(1시간)	5만 원(1세트)	5만 원(1인, 1시간)
할인	총비용 150만 원 이상 : 10%	2시간 이상 : 3% 5시간 이상 : 10% 12시간 이상 : 20%	3세트 : 4% 6세트 : 10% 10세트 : 25%	2시간 이상 : 5% 4시간 이상 : 12% 8시간 이상 : 25%

※ 할인은 각 품목마다 개별적으로 적용된다.

〈H팀 상황〉

A : 저희 총예산은 수입보다 많으면 안 됩니다. 티켓은 4만 원이고, 50명 정도 관람할 것으로 예상됩니다.

B : 공연은 2시간이고, 리허설 시간으로 2시간이 필요하며, 공연 준비 및 정리를 하려면 공연 앞뒤로 1시간씩은 필요합니다.

C : 소품은 공연 때 2세트 필요한데, 예비로 1세트 더 준비하도록 하죠.

D : 진행은 저희끼리 다 못하니까 주차장을 관리할 인원 1명을 고용해서 공연 시간 동안과 공연 앞뒤 1시간씩 공연장 주변을 정리하도록 합시다. 총예산이 모자라면 예비 소품 1세트 취소, 보조진행요원 미고용, 리허설 시간 1시간 축소 순서로 줄이도록 합시다.

① 1,800,000원   ② 1,850,000원

근로자 ▶ 키워드

02 다음 글의 내용으로 적절하지 않은 것은?

최저임금제도는 정부가 근로자를 보호하고 일자리의 질을 향상시키기 위해 근로자들이 임금을 일정 수준 이하로 받지 않도록 보장하여 경제적인 안정성을 제공하는 제도이다.

최저임금제도는 일자리의 안정성과 경제의 포용성을 촉진한다. 일정 수준 이상으로 설정된 최저임금은 근로자들에게 최소한의 생계비를 보장하고 근로 환경에서의 안정성을 확보할 수 있게 한다. 이는 근로자들의 생활의 질과 근로 만족도를 향상시키는 데 기여한다.

최저임금제도는 불공정한 임금구조를 해소하고 경제적인 격차를 완화하는 데 도움을 준다. 일부 기업에서는 경쟁력 확보나 이윤 극대화를 위해 근로자들에게 낮은 임금을 지불하는 경우가 있다. 최저임금제도는 이런 부당한 임금 지급을 방지하고 사회적인 형평성을 증진시킨다.

또한 최저임금제도는 소비 활성화와 경기 부양에도 기여한다. 근로자들이 안정된 임금을 받게 되면 소비력이 강화되고, 소비 지출이 증가한다. 이는 장기적으로 기업의 생산과 판매를 촉진시켜 경기를 활성화한다.

그러나 최저임금제도는 일부 기업들에게 추가적인 경제적 부담으로 다가올 수 있다. 인건비 인상으로 인한 비용 부담 증가는 일자리의 제약이나 물가 상승으로 이어질 수 있다. 그러므로 정부는 적절한 최저임금 수준을 설정하고 기업의 경쟁력을 고려하여 적절한 대응 방안을 모색해야 한다.

이와 같이 최저임금제도는 노동자 보호와 경제적 포용성을 위한 중요한 정책 수단이다. 그러나 최저임금제도만으로는 모든 경제적 문제를 해결할 수 없으며 근로시간, 근로조건 등 다른 노동법과의 조화가 필요하다.

① 최저임금제도는 기업 입장에서 아무런 이득이 없다.

1 NCS 최종모의고사 + OMR을 활용한 실전 연습

국민연금공단 신규직원 필기시험

제1회 최종모의고사

문항 수 : 60문항
시험시간 : 60분

제 1영역 NCS 공통영역

01 다음 글을 읽고 파악할 수 있는 독일의 산재보험에 대한 설명으로 가장 적절한 것은?

〈독일의 산재보험〉

• 담당기구
업종별, 지역별로 별도의 산재보험조합(BG)이 조직되어 있으며, 각 산재보험조합은 자율권을 가지고 있는 독립적인 공공법인이고 국가는 주요 업무사항에 대한 감독권만을 가지고 있다.

• 적용대상
산재보험 적용대상에는 근로자뿐만 아니라 학생 및 교육훈련생 집단, 기타 집단 등도 포함된다. 자영업자 (같이 근무하는 배우자 포함)는 의무가입대상이 아닌 임의 가입대상이다.

• 징수
근로자 부담분은 없으며, 사업주는 위험등급에 따라 차등화된 보험료를 납부하는데 평균보험료율은 임금지 급총액의 1.33%이다.

• 보상
보상의 경우 통근재해를 인정하고 있으며, 일일평균임금산정 시 휴업급여는 재해발생 직전 3개월간의 임금 총액을 고려하지만, 연금으로 지급되는 급여(상병·장해·유족)는 상병이 발생한 날이 속하는 연도로부터 1년간을 고려한다.

2 국민

성 명

지원 분야

문제지 형별기재란
( )형   Ⓐ Ⓑ

수 험 번 호

⓪ ⓪ ⓪ ⓪ ⓪ ⓪ ⓪
① ① ① ① ① ① ①
② ② ② ② ② ② ②
③ ③ ③ ③ ③ ③ ③
④ ④ ④ ④ ④ ④ ④
⑤ ⑤ ⑤ ⑤ ⑤ ⑤ ⑤
⑥ ⑥ ⑥ ⑥ ⑥ ⑥ ⑥
⑦ ⑦ ⑦ ⑦ ⑦ ⑦ ⑦
⑧ ⑧ ⑧ ⑧ ⑧ ⑧ ⑧
⑨ ⑨ ⑨ ⑨ ⑨ ⑨ ⑨

감독위원 확인
⑪

국민연금공단 직업기초능력평가 답안카드

1	① ② ③ ④	21	① ② ③ ④	41	① ② ③ ④
2	① ② ③ ④	22	① ② ③ ④	42	① ② ③ ④
3	① ② ③ ④	23	① ② ③ ④	43	① ② ③ ④
4	① ② ③ ④	24	① ② ③ ④	44	① ② ③ ④
5	① ② ③ ④	25	① ② ③ ④	45	① ② ③ ④
6	① ② ③ ④	26	① ② ③ ④	46	① ② ③ ④
7	① ② ③ ④	27	① ② ③ ④	47	① ② ③ ④
8	① ② ③ ④	28	① ② ③ ④	48	① ② ③ ④
9	① ② ③ ④	29	① ② ③ ④	49	① ② ③ ④
10	① ② ③ ④	30	① ② ③ ④	50	① ② ③ ④
11	① ② ③ ④	31	① ② ③ ④	51	① ② ③ ④
12	① ② ③ ④	32	① ② ③ ④	52	① ② ③ ④
13	① ② ③ ④	33	① ② ③ ④	53	① ② ③ ④
14	① ② ③ ④	34	① ② ③ ④	54	① ② ③ ④
15	① ② ③ ④	35	① ② ③ ④	55	① ② ③ ④
16	① ② ③ ④	36	① ② ③ ④	56	① ② ③ ④
17	① ② ③ ④	37	① ② ③ ④	57	① ② ③ ④
18	① ② ③ ④	38	① ② ③ ④	58	① ② ③ ④
19	① ② ③ ④	39	① ② ③ ④	59	① ② ③ ④
20	① ② ③ ④	40	① ② ③ ④	60	① ② ③ ④

※ 본 답안지는 마킹연습용 모의 답안지입니다.

▶ NCS 최종모의고사와 OMR 답안카드를 수록하여 실제로 시험을 보는 것처럼 학습할 수 있도록 하였다.
▶ 모바일 OMR 답안채점/성적분석 서비스를 통해 필기시험에 완벽히 대비할 수 있도록 하였다.

2 고난도 문제로 최종 마무리

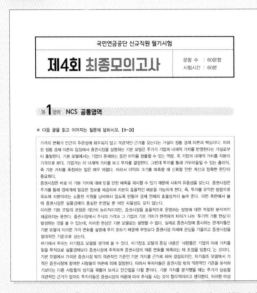

▸ 난이도가 높은 문제들로 구성된 고난도 모의고사를 수록하여 최종 마무리 연습을 할 수 있게 하였다.

3 상세한 해설로 정답과 오답을 완벽하게 이해

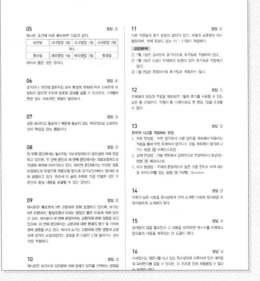

▸ 정답과 오답에 대한 상세한 해설을 수록하여 혼자서도 꼼꼼히 학습할 수 있도록 하였다.

이 책의 차례 CONTENTS

제1회
국민연금공단

NCS
직업기초능력평가

〈모의고사 안내〉

지원하시는 분야에 따라 다음 영역의 문제를 풀어주시기 바랍니다.

사무직	심사직	전산직	기술직
|01| NCS 공통영역(의사소통능력 / 문제해결능력 / 조직이해능력 / 직업윤리)			
|02| 수리능력	|02| 수리능력	|03| 정보능력	|04| 자원관리능력
|03| 정보능력	|04| 자원관리능력	|04| 자원관리능력	|05| 기술능력

제1회 최종모의고사

문항 수 : 60문항
시험시간 : 60분

제1영역 NCS 공통영역

01 다음 글을 읽고 파악할 수 있는 독일의 산재보험에 대한 설명으로 가장 적절한 것은?

〈독일의 산재보험〉

- 담당기구
  업종별, 지역별로 별도의 산재보험조합(BG)이 조직되어 있으며, 각 산재보험조합은 자율권을 가지고 있는 독립적인 공공법인이고 국가는 주요 업무사항에 대한 감독권만을 가지고 있다.
- 적용대상
  산재보험 적용대상에는 근로자뿐만 아니라 학생 및 교육훈련생 집단, 기타 집단 등도 포함된다. 자영업자(같이 근무하는 배우자 포함)는 의무가입대상이 아닌 임의 가입대상이다.
- 징수
  근로자 부담분은 없으며, 사업주는 위험등급에 따라 차등화된 보험료를 납부하는데 평균보험료율은 임금지급총액의 1.33%이다.
- 보상
  보상의 경우 통근재해를 인정하고 있으며, 일일평균임금산정 시 휴업급여는 재해발생 직전 3개월간의 임금총액을 고려하지만, 연금으로 지급되는 급여(상병·장해·유족)는 상병이 발생한 날이 속하는 연도로부터 1년간을 고려한다.
- 요양급여
  1일 이상의 모든 재해에 대하여 의약품, 물리치료, 그리고 보조도구의 구입을 위한 일체의 비용을 부담한다.
- 휴업급여
  재해발생 이후 처음 6주간은 사업주가 임금 전액을 지급하고, 사업주의 임금지불의무가 없어지는 7주째부터 산재보험에서 휴업급여가 지급되며, 휴업급여는 1일 단위로 계산(1개월 단위로 계산하는 경우에는 1일 단위로 산출된 값에 30을 곱함)하여, 기준소득의 80%를 지급하되 세금 등을 공제한 순소득을 초과할 수 없다.

- 직업재활급여

  새로운 일자리를 얻거나 또는 요청하기 위해 소요되는 제반 경비, 장해로 인해 전직하는 경우에 교육훈련을 포함한 직업준비, 직업적응훈련·향상훈련·전직훈련 및 이를 위하여 필요한 경우 정규 학교교육, 불편 없이 학교교육을 받기 위한 보조·도움 및 이에 필요한 준비 또는 학교교육 시작 전에 정신적 및 육체적 기능을 발전·개발시키기 위한 지원, 장애인 전용 사업장에서의 직업훈련 등을 제공한다. 현금급여(전환급여)는 근로생활 복귀를 지원하고자 직업재활을 실행하는 과정에서 근로자에게 지급하는 금전으로 가족관계에 따라 기준소득에 68 ~ 75%를 곱하여 산출한다.

- 장해급여

  노동능력이 최소한 20% 이상 감소하고 장해가 26주 이상 지속될 경우, 이 두 가지 모두에 해당될 때만 지급된다. 지급액은 노동능력의 상실 정도와 전년도 소득 두 가지 기준을 이용하여 결정한다.

- 유족급여

  유족은 배우자, 유자녀, 직계존속(부모) 등이 해당되고 총유족연금은 연간근로소득의 80%를 초과할 수 없다.

① 단기 계약직 근로자라도 교육훈련생의 지위를 가지고 있다면, 산재보험의 적용을 받을 수 없다.

② 예산의 효율적 활용을 위해 국가에 의해 통합적으로 운영된다.

③ 휴업급여와 연금식 급여의 일일평균임금산정 방식은 동일하다.

④ 1일을 기준으로 기준소득 대비 급여지급액 비율은 휴업급여의 경우가 직업재활급여 현금급여의 경우보다 높다.

02 다음 가상 기사문의 빈칸에 들어갈 한자성어로 가장 적절한 것은?

> 바람 잘 날 없는 (주)쾌속유통이 이번에는 '내홍(內訌)'으로 큰 곤란을 겪고 있다. (주)쾌속유통 유쾌속 사장은 '수뢰설'로 일어난 내홍의 관련자 양쪽 모두를 해고하며 위기를 정면 돌파하려 하고 있다. 유쾌속 사장은 회사의 존망을 좌우하는 구조조정을 위해서는 회사 내부 단결이 가장 중요하다고 보고, _____의 결단을 내렸다. 뇌물을 주고받은 것으로 알려진 김 모 부장과 강 모 차장을 경질한 것은 물론, 이들의 비리를 알고도 묵인한 윤 모 전무를 보직 해임하며 기강 확립에 나섰다. 특히, 윤 모 전무는 유사장의 최측근이며, 김 모 부장 또한 유사장의 '오른팔'로 잘 알려져 있다.

① 일패도지

② 읍참마속

③ 도청도설

④ 원교근공

03 다음 문제해결 절차에 따라 (가) ~ (마)를 순서대로 바르게 나열한 것은?

〈문제해결 절차〉

| 문제 인식 | → | 문제 도출 | → | 원인 분석 | → | 해결안 개발 | → | 실행 및 평가 |

(가) 파악된 핵심문제에 대한 분석을 통해 근본 원인을 도출한다.
(나) 실행계획을 실제 상황에 적용하는 활동으로 당초 장애가 되는 문제의 원인들을 해결안을 사용하여 제거한다.
(다) 해결해야 할 전체 문제를 파악하여 우선순위를 정하고, 선정 문제에 대한 목표를 명확히 한다.
(라) 문제로부터 도출된 근본 원인을 효과적으로 해결할 수 있는 최적의 해결방안을 수립한다.
(마) 선정된 문제를 분석하여 해결해야 할 것이 무엇인지를 명확히 한다.

① (가) – (나) – (다) – (라) – (마)
② (나) – (마) – (가) – (라) – (다)
② (다) – (가) – (마) – (나) – (라)
④ (다) – (마) – (가) – (라) – (나)

04 다음과 같은 특징을 가지고 있는 창의적 사고 개발 방법은?

일정한 주제에 대하여 회의를 하고 참가한 인원이 자유발언을 통해 아이디어를 제시하는 것으로, 다른 사람의 발언에 비판하지 않는다.

① 스캠퍼 기법　　　　　　　② 여섯 가지 색깔 모자
③ 브레인스토밍　　　　　　　④ TRIZ

05 K회사는 사무실 리모델링을 하면서 국내영업 1 ~ 3팀과 해외영업 1 ~ 2팀, 홍보팀, 보안팀, 행정팀의 재실 위치를 변경하였다. 〈조건〉을 적용했을 때, 변경된 재실 위치에 대한 설명으로 옳은 것은?

1실	2실	3실	4실
복도			
5실	6실	7실	8실

〈조건〉
- 국내영업 1팀과 해외영업 2팀은 홀수실이며 복도를 사이에 두고 마주보고 있다.
- 홍보팀은 5실이다.
- 해외영업 2팀과 행정팀은 나란히 있다.
- 보안팀은 홀수실이며 맞은편 대각선으로 가장 먼 곳에는 행정팀이 있다.
- 국내영업 3팀과 2팀은 한 실을 건너 나란히 있고 2팀이 3팀보다 실 번호가 높다.

① 행정팀은 6실에 위치한다.
② 해외영업 2팀과 국내영업 3팀은 같은 라인에 위치한다.
③ 국내영업 1팀은 국내영업 3팀과 2팀 사이에 위치한다.
④ 해외영업 1팀은 7실에 위치한다.

06 다음 중 업무수행 절차의 업무지침 확인에 대한 설명으로 적절하지 않은 것은?

① 업무와 관련된 조직의 지침을 개인의 업무지침보다 먼저 확인한다.
② 개인의 업무지침은 조직의 업무지침을 고려하여 작성한다.
③ 개인의 업무지침은 업무수행의 준거가 되고 시간을 절약하는 데 도움을 준다.
④ 조직의 목적에 따라 한 번 고정된 조직의 업무지침 내용은 되도록 수정하지 않는다.

07 다음 중 책임감이 결여된 경우는 무엇인가?

① 회사에 입사한 이후로 정해진 퇴근시간을 넘긴 경우는 있어도 출근시간을 넘긴 적은 없다.

② 업무 완성을 위해서는 야근을 할 수 있다.

③ 자신의 일은 자신이 해결해야 하기 때문에 옆 동료의 일에 간여하지 않는다.

④ 지난번 혼자 해결하기 힘든 업무를 동료의 도움을 받아 해결해서 감사의 뜻을 표했다.

08 다음 글의 주제로 가장 적절한 것은?

> 오늘날 사회계층 간 의료수혜의 불평등이 심화되어 의료이용도의 소득계층별, 지역별, 성별, 직업별, 연령별 차이가 사회적 불만의 한 원인으로 대두되었다. 또한 보건의료서비스가 의·식·주에 이어 제4의 기본적 수요로 인식됨에 따라 의료보장제도의 필요성이 나날이 높아지고 있다.
>
> 의료보장제도란 국민의 건강권을 보호하기 위하여 요구되는 필요한 보건의료서비스를 국가나 사회가 제도적으로 제공하는 것을 말하며, 건강보험, 의료급여, 산재보험을 포괄한다. 이를 통해 상대적으로 과다한 재정의 부담을 경감시킬 수 있으며, 국민의 주인의식과 참여 의식을 조장할 수 있다.
>
> 의료보장제도는 의료수혜의 불평등을 해소하기 위한 사회적·국가적 노력이며, 예측할 수 없는 질병의 발생 등에 대한 개인의 부담능력의 한계를 극복하기 위한 제도이다. 또한 개인의 위험을 사회적·국가적 위험으로 인식하여 위험의 분산 및 상호부조 인식을 제고하기 위한 제도이기도 하다.
>
> 의료보장제도의 의료보험(National Health Insurance) 방식은 일명 비스마르크(Bismarck)형 의료제도라고 하는데, 개인의 기여를 기반으로 한 보험료를 주재원으로 하는 제도이다. 사회보험의 낭비를 줄이기 위하여 진찰 시에 본인 일부 부담금을 부과하는 것이 특징이라 할 수 있다. 반면, 국가보건서비스(National Health Service) 방식은 일명 조세 방식, 비버리지(Beveridge)형 의료제도라고 하며, 국민의 의료문제는 국가가 책임져야 한다는 관점에서 조세를 재원으로 모든 국민에게 국가가 직접 의료를 제공하는 의료보장방식이다.

① 의료보장제도의 장단점

② 의료보장제도의 개념과 유형

③ 의료보장제도의 종류

④ 의료급여제도의 필요성

09 다음 글에서 〈보기〉의 문장이 들어갈 위치로 가장 적절한 곳은?

루트비히 판 베토벤(Ludwig Van Beethoven)의 〈교향곡 9번 D 단조〉 Op. 125는 그의 청력이 완전히 상실된 상태에서 작곡한 교향곡으로 유명하다. _____㉠_____ 1824년에 완성된 이 작품은 4악장에 합창 및 독창이 포함된 것이 특징이다. 당시 시대적 배경을 볼 때, 이는 처음으로 성악을 기악곡에 도입한 획기적인 작품이었다. _____㉡_____ 이 작품은 베토벤의 다른 작품들을 포함해 서양음악 전체에서 가장 뛰어난 작품 가운데 하나로 손꼽히며, _____㉢_____ 현재 유네스코의 세계기록유산으로 지정되어 있다. _____㉣_____ 또한, 4악장의 전주 부분은 유럽 연합의 공식 상징가로 사용되며, 자필 원본 악보는 2003년 런던 소더비 경매에서 210만 파운드에 낙찰되기도 했다.

───────〈보기〉───────
이 작품에 '합창교향곡'이라는 명칭이 붙은 것도 바로 4악장에 나오는 합창 때문이다.

① ㉠
② ㉡
③ ㉢
④ ㉣

10 다음 문단을 논리적 순서대로 바르게 나열한 것은?

(A) 최초로 입지를 선정하는 업체는 시장의 어디든 선택할 수 있으나 소비자의 이동 거리를 최소화하기 위하여 시장의 중심에 입지를 선택한다.

(B) 최대수요 입지론은 산업입지와 상관없이 비용은 고정되어 있다고 가정한다. 이 이론에서는 경쟁 업체와 가격 변동을 고려하여 수요가 극대화되는 입지를 선정한다.

(C) 그다음 입지를 선정해야 하는 경쟁 업체는 가격 변화에 따라 수요가 변하는 정도가 크지 않은 경우, 시장의 중심에서 멀어질수록 시장을 뺏기게 되므로 경쟁 업체가 있더라도 가능한 중심에 가깝게 입지를 선택하려고 한다.

(D) 하지만 가격 변화에 따라 수요가 크게 변하는 경우에는 두 경쟁자는 서로 적절히 떨어져 입지를 선택하여 보다 낮은 가격으로 제품을 공급하려고 한다.

① (A) − (D) − (B) − (C)
② (A) − (D) − (C) − (B)
③ (B) − (A) − (C) − (D)
④ (B) − (D) − (C) − (A)

※ 다음은 K공단의 7월 일정이다. 일정표를 참고하여 이어지는 질문에 답하시오. [11~12]

〈7월 일정표〉

월요일	화요일	수요일	목요일	금요일	토요일	일요일
				1 김사원 휴가	2	3
4 전체회의	5 최사원 휴가	6	7 정대리 휴가	8	9	10
11 최팀장 휴가	12	13 정과장 휴가	14 정과장 휴가	15 김팀장 휴가	15	17
18 유부장 휴가	19	20	21	22 임사원 휴가	23	24
25 박과장 휴가	26 최대리 휴가	27	28 한과장 휴가	29 유부장 휴가	30	31

• 소속 부서
 − 총무부 : 최사원, 김대리, 한과장, 최팀장
 − 인사부 : 임사원, 정대리, 박과장, 김팀장
 − 자금부 : 김사원, 최대리, 정과장, 유부장
※ 휴가는 공휴일과 주말을 제외하고 사용하며, 전체 일정이 있는 경우 휴가를 사용하지 않는다.

11 K공단 직원들은 휴가일이 겹치지 않게 하루 이상 휴가를 쓰려고 한다. 다음 중 총무부 김대리의 휴가일정으로 적절한 것은?

① 1일
② 4일
③ 8~9일
④ 20~21일

12 K공단 직원들이 동일한 일수로 최대한 휴가를 쓴다고 할 때, 한 사람당 며칠까지 휴가를 쓸 수 있는가?

① 1일
② 2일
③ 3일
④ 4일

13 다음은 창의적 사고를 개발하는 방법 중 어떤 것에 대한 설명인가?

> '신차 출시' 같은 주제에 대해서 판매방법, 판매대상 등의 힌트를 통해 사고 방향을 미리 정하여 발상한다. 이때, 판매방법이라는 힌트에 대해서는 '신규 해외 수출 지역을 물색한다.'라는 아이디어를 떠올릴 수 있을 것이다.

① 자유 연상법 ② 강제 연상법
③ 비교 발상법 ④ 비교 연상법

14 다음 중 직장생활에서의 소개 순서에 대해 잘못 설명한 것은?

① 나이 어린 사람을 연장자에게 먼저 소개한다.
② 내가 속해 있는 회사의 관계자를 타 회사의 관계자에게 먼저 소개한다.
③ 직위가 높은 사람을 직위가 낮은 사람에게 먼저 소개한다.
④ 신참자를 고참자에게 먼저 소개한다.

15 다음 중 경청을 위한 방법으로 옳지 않은 것은?

① 대화 내용에 대해 질문할 것을 생각해본다.
② 대화 중 시간 간격이 있으면 상대가 무엇을 말할 지 추측해본다.
③ 상대방의 메시지를 나와 관련지어 생각해본다.
④ 상대의 말을 들을 때는 말에만 집중해야 하므로 그 내용을 요약하지 않는다.

봄철 미세먼지 때문에 야외활동이 힘들다. 미세먼지는 직경 $10\mu m$ 이하의 작은 입자 크기로, $1\mu m$은 0.001mm이다. 이렇게 작은 먼지들을 흡입하게 되면 몸 밖으로 배출되지 않고 체내에 축적되기 때문에 더욱 위험하다. 폐에 쌓인 미세먼지는 잔기침과 가래를 유발하고, 폐렴이나 호흡곤란을 일으킬 수도 있다. 또, 호흡기를 지나 혈액으로 침투하게 되면 큰 질병으로 번질 우려가 있다. 이외에도 아토피나 알레르기성 피부염 증상을 유발하기도 하고, 결막염의 원인이 되기도 한다. 때문에 세계보건기구(WHO)는 미세먼지를 담배보다 해로운 1급 발암물질로 규정할 만큼 치명적이라고 발표했다.

이런 미세먼지를 막기 위해서는 어떻게 해야 할까? 전문가들은 야외로 나갈 때는 항상 마스크를 착용하도록 권장하고 있다. 여기서 마스크는 일반 마스크가 아닌 미세먼지 마스크를 말하는데, 일반 마스크로는 미세먼지를 막을 수 없기 때문이다. 그렇다면 미세먼지 전용 마스크에는 어떤 비밀이 숨어 있을까?

미세먼지 마스크의 비밀은 특수 필터와 섬유에 있다. 일반적인 섬유보다 더 가늘게 연사한 나노 섬유(Nano Fiber)를 사용한 특수 필터가 세밀하게 미세먼지를 걸러준다. 게다가 섬유가 직각으로 교차하는 일반 마스크와는 달리 특수 필터의 섬유는 무작위로 얽혀 있어 틈이 매우 작다. 또한, 섬유가 이중, 삼중으로 배치되어 있어 미세먼지들이 통과하지 못하고 걸러지게 제작되었다.

무작위로 얽힌 섬유가 아무리 빼곡할지라도 틈새는 있기 마련이다. 그래서 미세먼지 마스크의 특수섬유는 $2\mu m$보다 작은 먼지들이 통과하지 못하도록 정전기를 띠고 있다. 정전기를 이용한 특수섬유에는 부분별로 다른 극성을 띄도록 제작되었다. 그래서 양극(+)이나 음극(-) 중 하나를 띄고 있는 미세먼지 대부분을 잡아낼 수 있다. _____
미세먼지 마스크는 이런 구조 탓에 재활용할 수 없다는 단점이 있다.

미세먼지 농도를 수시로 확인해서 미세먼지 농도가 높을 때는 외출을 자제해야 한다. 외출이 불가피한 경우에는 미세먼지 마스크의 착용은 물론 신체노출부위를 최소화할 수 있도록 소매가 긴 옷을 입는 것이 안전하다. 귀가 후에는 양치질을 하고 흐르는 물에 손을 씻어 몸에 붙은 미세먼지를 제거해야 한다.

외출을 아무리 자제한다고 해도 실내 미세먼지의 위험이 있을 수 있다. 가정 또는 사무실에서 창문을 열어 놓으면 미세먼지가 유입될 가능성이 높다. 이때는 공기청정기와 가습기를 이용해 쾌적한 내부 환경을 유지하고, 될 수 있는 대로 많은 양의 물을 마셔서 호흡기를 건조하지 않게 하는 것이 좋다. 또, 실내에서 흡연하거나 촛불을 켜는 것도 미세먼지 농도를 높이는 원인이 될 수 있으니 자제하자.

16 윗글을 읽고 A사원이 동료 직원에게 조언할 말로 적절하지 않은 것은?

① 될 수 있는 대로 물을 많이 마셔서 호흡기가 건조하지 않도록 하고, 외출 시 신체노출부위를 최소화하도록 해.

② 체내에 쌓인 미세먼지는 폐렴을 유발할 수 있고, 혈액으로 침투해 큰 병을 일으킬 수 있으니 조심해야 해.

③ 일반 마스크로는 미세먼지를 막을 수 없으니 반드시 미세먼지 전용 마스크를 착용하도록 해.

④ 미세먼지 전용 마스크는 특수섬유로 이루어져 있어 대부분의 미세먼지를 막을 수 있고 여러 번 재활용할 수 있으니 경제적이야.

17 다음 중 빈칸에 들어갈 접속어로 가장 적절한 것은?

① 하지만   ② 또한

③ 그런데도   ④ 그리고

18 다음은 사내 비즈니스 예절 교육에 참여한 신입사원들의 대화 내용이다. 명함 교환 예절에 대해 잘못 설명하고 있는 사람은?

> A사원 : 앞으로 바지 주머니가 아닌 상의 주머니에 명함을 넣어야겠어.
> B사원 : 명함을 줄 때에는 일어선 상태에서 건네는 것이 좋겠어.
> C사원 : 타 업체를 방문할 때는 그 업체의 직원에게 먼저 명함을 건네야 해.
> D사원 : 앉은 상태에서는 명함을 테이블 위에 놓고 손으로 밀어 건네는 것이 예의이군.

① A사원   ② B사원

③ C사원   ④ D사원

※ 다음은 K기업의 직무연수 신청표와 사원번호 발급체계이다. 이어지는 질문에 답하시오. [19~20]

〈직무연수 신청표〉

이름	부서	직급	사원번호	연수 일정
A	인사	주임	1710232	2023. 03. 13
B	총무	대리	1611175	2023. 06. 28
C	마케팅	대리	1515572	2023. 03. 21
D	마케팅	사원	2025387	2023. 03. 10
E	자재	과장	0917197	2023. 03. 19
F	회계	사원	1915568	2023. 04. 02
G	지원	주임	1817375	2023. 05. 18

※ 연수 일정 전까지 연수 취소는 가능하나 취소 시 차수 연수 신청 불가능
※ 연수 시작 7일 전까지 일정 변경 가능

〈사원번호 발급체계〉

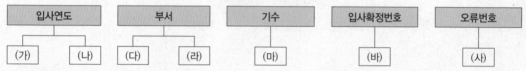

구분	인사	총무	회계	자재	지원	마케팅
부서코드	10	11	15	17	20	25

※ 입사연도는 네 자릿수 중에 뒤의 두 자리만 사용한다. 예 2023 → 23
※ 입사확정번호는 2000년도 이후 입사자부터 적용된다.

〈오류번호 연산법〉

$$0 \leq (가)+(나)+(다)+(라)+(마)+(바) < 10 \rightarrow 0$$
$$10 \leq (가)+(나)+(다)+(라)+(마)+(바) < 20 \rightarrow 값-10$$
$$20 \leq (가)+(나)+(다)+(라)+(마)+(바) < 30 \rightarrow 값-20$$

19 다음 중 자료의 내용을 바탕으로 옳은 것은?

① 2018년에 2기 3번으로 입사한 지원 부서 K주임의 사원번호는 1820234이다.
② 1998년에 입사한 총무 부서 L부장의 사원번호를 알 수 있다.
③ C대리는 연수 일정을 3월 17일에 취소하고 차수 연수를 들을 예정이다.
④ D사원은 3월 4일에 연수 일정을 변경해 3월 19일에 연수를 들을 예정이다.

20 직무연수 신청표의 사원번호가 옳지 않은 사람을 모두 고르면?(단, 입사연도, 기수, 입사확정번호는 모두 맞다고 가정한다)

① B, C

② A, C

③ E, F, G

④ C, F, G

21 다음 중 직장에서의 음주 예절로 적절하지 않은 것은?

① 건배 시 잔을 부딪칠 때 상위자의 술잔보다 낮게 든다.

② 술을 따를 때에는 상위자에게 먼저 술잔을 권한다.

③ 잔이 비고 난 후 다시 술을 따른다.

④ 술은 술잔이 가득 차도록 따른다.

22 올해 리모델링하는 K호텔에서 근무하는 귀하는 호텔 비품 구매를 담당하게 되었다. 제조사별 소파 특징을 알아본 귀하는 이탈리아제의 천, 쿠션재에 패더를 사용한 소파를 구매하기로 하였다. 쿠션재는 패더와 우레탄뿐이며 천은 국내산과 이탈리아제뿐이고, 종류는 침대 겸용 소파와 리클라이너뿐이었다. 이 소파는 침대 겸용은 아니지만 리클라이닝이 가능하고 '조립'이라고 표시되어 있었으며, 커버는 교환할 수 없다. 귀하가 구매하려는 소파의 제조사는?

〈제조사별 소파 특징〉

제조사	특징
A사	• 쿠션재에 스프링을 사용하지 않는 경우에는 이탈리아제의 천을 사용하지 않는다. • 국내산 천을 사용하는 경우에는 커버를 교환 가능하게 하지 않는다.
B사	• 쿠션재에 우레탄을 사용하는 경우에는 국내산 천을 사용한다. • 리클라이닝이 가능하지 않으면 이탈리아제 천을 사용하지 않는다.
C사	• 쿠션재에 패더를 사용하지 않는 경우에는 국내산 천을 사용한다. • 침대 겸용 소파의 경우에는 쿠션재에 패더를 사용하지 않는다.
D사	• 쿠션재에 패더를 사용하는 경우에는 이탈리아제의 천을 사용한다. • 조립이라고 표시된 소파의 경우에는 쿠션재에 우레탄을 사용한다.

① A사 또는 B사

② A사 또는 C사

③ B사 또는 C사

④ B사 또는 D사

23 다음 중 (가) ~ (라) 문단의 주제로 적절하지 않은 것은?

한 아이가 길을 가다가 골목에서 갑자기 튀어나온 큰 개에게 발목을 물렸다. 아이는 이 일을 겪은 뒤 개에 대한 극심한 불안에 시달렸다. 멀리 있는 개만 봐도 몸이 경직되고 호흡 곤란을 느꼈으며 심할 경우 응급실을 찾기도 하였다. 이것은 한 번의 부정적인 경험이 공포증으로 이어진 경우라고 할 수 있다.

(가) '공포증'이란, 위의 경우에서 보듯이 특정 대상에 대한 과도한 두려움으로 그 대상을 계속해서 피하게 되는 증세를 말한다. 특정한 동물, 높은 곳, 비행기나 엘리베이터 등이 공포증을 유발하는 대상이 될 수 있다. 물론 일반적인 사람들도 이런 대상을 접하여 부정적인 경험을 할 수 있지만 공포증으로까지 이어지는 경우는 드물다.

(나) 심리학자 와이너는 부정적인 경험을 한 상황을 어떻게 해석하느냐에 따라 이러한 공포증이 생길 수도 있고 그렇지 않을 수도 있으며, 공포증을 지속할 수도 있고 극복할 수도 있다고 했다. 그는 상황을 해석하는 방식을 설명하기 위해 상황의 원인을 어디에서 찾느냐, 상황의 변화 가능성에 대해 어떻게 인식하느냐의 두 가지 기준을 제시했다. 상황의 원인을 자신에게서 찾으면 '내부적'으로 해석한 것이고, 자신이 아닌 다른 것에서 찾으면 '외부적'으로 해석한 것이다. 또 상황이 바뀔 가능성이 전혀 없다고 생각하면 '고정적'으로 인식한 것이고, 상황이 충분히 바뀔 수 있다고 생각하면 '가변적'으로 인식한 것이다.

(다) 와이너에 의하면, 큰 개에게 물렸지만 공포증에 시달리지 않는 사람들은 개에게 물린 상황에 대해 '내 대처 방식이 잘못되었어.'라며 내부적이고 가변적으로 해석한다. 이것은 나의 대처 방식에 따라 상황이 충분히 바뀔 수 있다고 생각하는 것이므로 이들은 개와 마주치는 상황을 굳이 피하지 않는다. 그 후 개에게 물리지 않는 상황이 반복되면 '나는 어떤 경우라도 개를 감당할 수 있어.'라며 내부적이고 고정적으로 해석하는 단계로 나아가게 된다.

(라) 반면에 공포증을 겪는 사람들은 개에 물린 상황에 대해 '나는 약해서 개를 감당하지 못해.'라며 내부적이고 고정적으로 해석하거나 '개는 위험한 동물이야.'라며 외부적이고 고정적으로 해석한다. 자신의 힘이 개보다 약하다고 생각하거나 개를 맹수로 여기는 것이므로 이들은 자신이 개에게 물린 것을 당연한 일로 받아들인다. 하지만 공포증에 시달리지 않는 사람들처럼 상황을 해석하고 개를 피하지 않는 노력을 기울이면 공포증에서 벗어날 수 있다.

① (가) : 공포증의 개념과 공포증을 유발하는 대상
② (나) : 와이너가 제시한 상황 해석의 기준
③ (다) : 공포증을 겪지 않는 사람들의 상황 해석 방식
④ (라) : 공포증을 겪는 사람들의 행동 유형

24 다음 자료와 〈보기〉를 바탕으로 철수, 영희, 민수, 철호가 상품을 구입한 쇼핑몰을 바르게 연결한 것은?

〈이용약관의 주요내용〉

쇼핑몰	주문 취소	환불 정책	배송비	포인트 적립
A	주문 후 7일 이내 취소 가능	10% 환불수수료, 송금수수료 차감	무료	구입 금액의 3%
B	주문 후 10일 이내 취소 가능	10% 환불수수료, 송금수수료 차감	20만 원 이상 무료	구입 금액의 5%
C	주문 후 7일 이내 취소 가능	10% 환불수수료, 송금수수료 차감	1회 이용 시 1만 원	없음
D	주문 후 당일에만 취소 가능	10% 환불수수료, 송금수수료 차감	5만 원 이상 무료	없음
E	취소 불가능	고객 귀책 사유에 의한 환불 시에만 10% 환불수수료	1만 원 이상 무료	구입 금액의 10%
F	취소 불가능	원칙적으로 환불 불가능 (사업자 귀책 사유일 때만 환불 가능)	100g당 2,500원	없음

〈보기〉

ㄱ. 철수는 부모님의 선물로 등산용품을 구입하였는데, 판매자의 업무착오로 배송이 지연되어 판매자에게 전화로 환불을 요구하였다. 판매자는 판매금액 그대로를 통장에 입금해주었고 구입 시 발생한 포인트도 유지하여 주었다.

ㄴ. 영희는 옷을 구매할 때 배송료를 고려하여 한 가지씩 여러 번에 나누어 구매하기보다는 가능한 한 한꺼번에 주문하곤 하였다.

ㄷ. 인터넷 사이트에서 영화티켓을 20,000원에 주문한 민수는 다음날 같은 티켓을 18,000원에 파는 사이트를 발견하고 전날 주문한 물건을 취소하려 했지만 취소가 되지 않아 곤란을 겪은 적이 있다.

ㄹ. 가방을 10만 원에 구매한 철호는 도착한 물건의 디자인이 마음에 들지 않아 환불 및 송금수수료와 배송료를 감수하는 손해를 보면서도 환불할 수밖에 없었다.

	철수	영희	민수	철호
①	E쇼핑몰	B쇼핑몰	C쇼핑몰	D쇼핑몰
②	F쇼핑몰	E쇼핑몰	D쇼핑몰	B쇼핑몰
③	E쇼핑몰	D쇼핑몰	F쇼핑몰	C쇼핑몰
④	F쇼핑몰	C쇼핑몰	E쇼핑몰	B쇼핑몰

가격의 변화가 인간의 주관성에 좌우되지 않고 객관적인 근거를 갖는다는 가설이 정통 경제 이론의 핵심이다. 이러한 정통 경제 이론의 입장에서 증권시장을 설명하는 기본 모델은 주가가 기업의 내재적 가치를 반영한다는 가설로부터 출발한다. 기본 모델에서는 기업이 존재하는 동안 이익을 창출할 수 있는 역량, 즉 기업의 내재적 가치를 자본의 가격으로 본다. 기업가는 이 내재적 가치를 보고 투자를 결정한다. 그런데 투자를 통해 거두어들일 수 있는 총이익, 즉 기본 가치를 측정하는 일은 매우 어렵다. 따라서 이익의 크기를 예측할 때, 신뢰할 만한 계산과 정확한 판단이 중요하다.

증권시장은 바로 이 기본 가치에 대한 믿을 만한 예측을 제시할 수 있기 때문에 사회적 유용성을 갖는다. 증권시장은 주가를 통해 경제에 필요한 정보를 제공하며 자본의 효율적인 배분을 가능하게 한다. 즉, 투자를 유익한 방향으로 유도해 자본이라는 소중한 자원을 낭비하지 않도록 만들어 경제 전체의 효율성까지 높여 준다. 이런 측면에서 볼 때, 증권시장은 실물경제의 충실한 반영일 뿐, 어떤 자율성도 갖지 않는다.

이러한 기본 모델의 관점은 대단히 논리적이지만 증권시장을 효율적으로 운영하는 방법에 대한 적절한 분석까지 제공하지는 못한다. 증권시장에서 주식의 가격과 그 기업의 기본 가치가 현격하게 차이가 나는 '투기적 거품 현상'이 발생하는 것을 볼 수 있는데, 이러한 현상은 기본 모델로는 설명할 수 없다. 실제로 증권시장에 종사하는 관계자들은 기본 모델이 이러한 가격 변화를 설명해 주지 못하기 때문에 무엇보다 증권시장 자체에 관심을 기울이고 증권시장을 절대적인 기준으로 삼는다.

여기에서 우리는 자기참조 모델을 생각해 볼 수 있다. 자기참조 모델의 중심 내용은, '사람들은 기업의 미래 가치를 읽을 목적으로 실물경제보다 증권시장에 주목하며 증권시장의 여론 변화를 예측하는 데 초점을 맞춘다.'는 것이다. 기본 모델에서 가격은 증권시장 밖의 객관적인 기준인 기본 가치를 근거로 하여 결정되지만, 자기참조 모델에서 가격은 증권시장에 참여한 사람들의 여론에 의해 결정된다. 따라서 투자자들은 증권시장 밖의 객관적인 기준을 분석하기보다는 다른 사람들의 생각을 꿰뚫어 보려고 안간힘을 다할 뿐이다. 기본 가치를 분석했을 때는 주가가 상승할 객관적인 근거가 없어도 투자자들은 증권시장의 여론에 따라 주식을 사는 것이 합리적이라고 생각한다. 이러한 이상한 합리성을 '모방'이라고 한다. 이런 모방 때문에 주가가 변덕스러운 등락을 보이기 쉽다.

그런데 하나의 의견이 투자자 전체의 관심을 꾸준히 끌 수 있는 기준적 해석으로 부각되면 이 '모방'도 안정을 유지할 수 있다. 모방을 통해서 합리적이라 인정되는 다수의 비전인 '묵계'가 제시되어 객관적 기준의 결여라는 단점을 극복한다.

따라서 사람들은 묵계를 통해 미래를 예측하고, 증권시장은 이러한 묵계를 조성하고 유지해 가면서 단순한 실물경제의 반영이 아닌 경제를 자율적으로 평가할 힘을 가질 수 있다.

25 다음 중 윗글의 서술상 특징으로 가장 적절한 것은?

① 기업과 증권시장의 관계를 분석하고 있다.

② 증권시장의 개념을 단계적으로 규명하고 있다.

③ 사례 분석을 통해 정통 경제 이론의 한계를 지적하고 있다.

④ 주가 변화의 원리를 중심으로 다른 관점을 대비하고 있다.

26 다음 중 윗글의 내용으로 적절하지 않은 것은?

① 증권시장은 객관적인 기준이 인간의 주관성보다 합리적임을 입증한다.

② 정통 경제 이론에서는 가격의 변화가 객관적인 근거를 갖는다고 본다.

③ 기본 모델의 관점은 주가가 자본의 효율적인 배분을 가능하게 한다고 본다.

④ 증권시장의 여론을 모방하려는 경향으로 인해 주가가 변덕스러운 등락을 보이기도 한다.

27 윗글의 내용을 바탕으로 할 때, 다음 중 빈칸에 들어갈 내용으로 가장 적절한 것은?

자기참조 모델에 따르면 증권시장은 _____

① 기본 가치에 대해 객관적인 평가를 제공하는 금융시장이다.

② 객관적인 미래 예측 정보를 적극적으로 활용하는 금융시장이다.

③ 기업의 주가와 기업의 내재적 가치를 일치시켜 나가는 공간이다.

④ 투자자들이 묵계를 통해 자본의 가격을 산출해 내는 제도적 장치이다.

28 D사원은 최근 들어 부쩍 업무효율성이 떨어진다고 느낀다. 하루에 해야 할 일을 다 마무리하지 못한 채 퇴근시간을 맞고, 결국 남아서 잔업을 하기 일쑤이다. 이를 개선하기 위해 D사원은 업무를 방해하는 요소들을 모두 적어보기로 했다. D사원의 문제에 대한 해결방안으로 적절하지 않은 것은?

〈업무방해요인〉

- 내부 메신저를 통해 동료와 잡담을 하는 일이 종종 있다.
- 타 지점에서 오는 메일과 전화 응대로 개인 업무 시간을 뺏긴다.
- 업무 진행 시 직속상사와의 의견 불일치가 종종 발생한다.
- 최근 퇴사한 사원들로 인해 업무과중 상태이다.
- 매출압박에 대한 스트레스로 밤잠을 설쳐 늘 피곤한 상태이다.

〈해결방안〉

① 동료가 말을 걸면 답해줘야 한다는 강박관념에서 벗어나기 위해 내부 메신저는 시간을 정해놓고 필요할 때만 로그인한다.

② 메일에 대한 답장은 하루 중 시간을 정해서 하고, 전화통화는 길게 통화할 필요가 있는 사항이 아니라면 3분 이내에 마무리한다.

③ 의견 불일치가 부정적인 것만은 아니라는 인식하에, 협상과 충분한 대화를 통한 의견 일치와 합리적인 해결점을 찾는다.

④ 시간대별로 업무를 효율적으로 분배함으로써 주어진 시간 안에 업무를 처리한다.

매장 매니저 : 어서 오십시오. 무엇을 도와드릴까요?

고객 : 제가 엊그제 여기서 이 스마트폰을 사가지고 갔는데 액정에 잔상이 생겨서요.

매장 매니저 : 잠시만 기다리십시오. 담당 직원을 불러드리겠습니다.

(당시 스마트폰을 판매한 사원 A를 부른다.)

판매사원 A : 네, 고객님. 무슨 문제가 있으신가요?

고객 : 네, 지난번 여기서 나간 스마트폰을 며칠 사용하다 보니 화면에 계속 잔상이 생겨서요.

판매사원 A : 판매 시에 확인을 다 해드렸던 것으로 기억하는데요. 제가 한 번 확인해 보겠습니다. (스마트폰을 확인한 후) 이전에 이 C사 스마트폰을 사용해 보신 적이 있으신가요?

고객 : 아니요. D사 제품을 계속 쓰다가 이번에 처음 C사 제품을 샀어요.

판매사원 A : 네, 그러시군요. 고객님이 처음이시고 잘 모르셔서 그런데 이런 현상은 별 문제는 없습니다. 쓰시다 보면 괜찮을 겁니다.

고객 : 네? 무슨 말씀이신지... 제가 쓰다가 불편을 느껴서 교환이나 환불을 받으려고 온 건데 원래 그렇다니요.

판매사원 A : 그건 고객님이 모르셔서 하시는 말씀이에요. 쓰시다 보면 자연스럽게 없어집니다.

고객 : 전 이해가 안 가는데요. 원인을 설명해 주시거나 새 제품으로 교환을 해 주시든지 환불해 주세요.

매장 매니저 : (고객에게 양해를 구한 후) A씨 잠시 저 좀 불까요?

29 윗글의 고객응대 상황에서 판매사원 A가 고객서비스에 문제를 일으킨 부분으로 적절하지 않은 것은?

① 고객에게 잔상이 생기는 원인을 친절하고 명확하게 설명해 주지 않았다.

② 고객이 가져온 제품의 상태를 먼저 살펴보았다.

③ 고객의 지식과 경험을 무시하는 어투로 응대했다.

④ 고객의 요구나 요청사항에 대해 묻고 경청하지 않았다.

30 다음 중 매장 매니저가 판매사원 A를 불러서 이야기해야 하는 내용으로 적절하지 않은 것은?

① A씨, 적당히 이야기해서 돌려보내시고 C사에 제품에 대해 문의해 주세요.

② A씨, 잔상이 발생한 원인에 대해서 먼저 고객이 이해할 수 있도록 설명해 주는 게 좋지 않겠어요?

③ A씨, 고객님이 말씀하시는 내용에 대해 좀 더 귀를 기울여 듣는 게 좋겠습니다.

④ A씨, 고객님이 교환이나 환불을 원하시면 그에 대한 절차를 설명을 드리고 진행해 주세요.

테슬라사의 5인승 전기자동차 '모델3'은 한 번 충전으로 최대 345km를 달릴 수 있다. 전기자동차로는 최고 사양이지만 충전에 걸리는 시간이나 충전소 사이의 간격을 생각한다면 아직 부족하게 느껴지는 것도 사실이다.

전기자동차에 쓰이는 리튬이온 배터리의 기술적 발전은 이미 한계에 이른 반면, 자율주행이나 커넥티드 카처럼 전기에너지가 필요한 기능은 급속도로 늘어나고 있다. 지쳐가는 전기자동차 산업에 더욱 강력한 힘을 줄 구원투수로 '그래핀 배터리'가 떠오르고 있다.

(A) 테슬라사는 리튬이온 배터리를 묶음으로 사용하는 단순하고 안전한 방법으로 전기자동차를 만들었다. 배터리를 개선해 매년 5%씩 충전용량을 늘리고 고속충전소를 만들어 40분 만에 80% 충전을 구현했지만 운행거리는 아직 400km 안팎에서 머물고 있다. 한편 최근 테슬라사에 도전장을 내민 피스커사는 그래핀 배터리를 장착해 한 번 충전에 최대 640km 이상을 달릴 수 있는 전기자동차 '이모션'을 출시하겠다고 발표했다. 시속 260km의 최고 속도를 자랑하는 이모션이 예정대로 출시된다면 세계 최초로 그래핀 배터리를 탑재한 상용차로 기록될 것이다.

(B) 이렇게 만들어 낸 3차원 그래핀을 전지의 음극재로 시험 적용한 결과 약 100mAh 수준의 정전용량을 약 300mAh까지 끌어올렸다. 전기자동차나 수소자동차에 쓰일 대용량 배터리의 가능성을 확인한 것이다. 이번 연구는 주형재료인 제올라이트가 매우 저렴하고 산용액으로 주형을 제거하는 공정도 단순해 대량생산과 상용화의 가능성이 높다고 평가받고 있다.

전 세계에 대두되는 에너지 및 환경오염 문제를 해결하기 위해 전기자동차가 미래의 새로운 운송수단으로 주목받고 있는 이때, 나노기술 기반의 전기자동차 상용화는 미래 자동차 패러다임을 변화할 수 있는 주요한 키(Key)이다. 미래의 자동차를 힘 있게 움직여 나갈 그래핀 배터리의 활약을 기대해 보자.

(C) 이모션에 들어갈 그래핀 배터리는 스타트업 기업인 나노테크 에너지사의 제품으로, 레이저로 그래핀을 가공해 부드럽게 휘어지도록 만든 슈퍼커패시터가 핵심이다. 슈퍼커패시터는 전기에너지를 빠르게 대량으로 저장해, 높은 전류를 신속하고 안정적으로 공급하는 장치이다. 그래핀 슈퍼커패시터가 전기자동차의 주행거리와 가속능력을 어디까지 끌어올릴지 관심을 모으고 있다.

(D) 우리나라 연구진도 그래핀을 이용한 슈퍼커패시터를 선보였다. 2015년 기초과학연구원(IBS) 나노구조물리연구단은 빌딩형태의 3차원 탄소나노튜브 – 그래핀 구조체를 만들어 높은 에너지밀도를 가지면서 고출력을 유지하는 슈퍼커패시터를 개발하는 데 성공했다. 연구진은 수용액 속에서 탄소나노튜브에 고분자 물질을 흡착시키고 여기에 그래핀 구조가 들어 있는 산화흑연을 반응시켜 그래핀 층 사이에 탄소나노튜브가 배치된 3차원 구조물을 만들었다가 다시 200℃ 이상 가열해 고분자물질만 제거하면 탄소나노튜브 – 그래핀의 3차원 빌딩구조만 남게 된다. 탄소나노튜브 – 그래핀의 3차원 빌딩구조에는 이온이 드나들 공간이 많고 이온을 흡착할 표면적도 넓어서 보다 많은 전기를 저장하고 빠르게 내보낼 수 있는 슈퍼커패시터를 만들 수 있다. 연구진은 현재 $20\mu m$까지 구현한 두께를 $100\mu m$까지 늘리면 실제 전기자동차에 상용화할 수 있을 것으로 내다보았다.

31 다음 중 윗글의 첫 문단에 이어질 내용을 논리적 순서대로 바르게 나열한 것은?

① (A) – (C) – (D) – (B)

② (A) – (D) – (B) – (C)

③ (D) – (B) – (A) – (C)

④ (D) – (C) – (A) – (B)

32 다음 중 (C) 문단의 주제로 가장 적절한 것은?

① 전기에너지를 빠르게 대량 저장하는 슈퍼커패시터

② 전기자동차의 과거와 현재

③ 전기를 저장하는 그래핀 빌딩

④ 나노주형으로 만든 3차원 그래핀

33 다음은 K공단의 홈페이지에 안내되어 있는 정보공개제도에 대한 안내이다. 〈보기〉 중 정보공개제도에 따른 올바른 정보공개 청구와 정보공개의 경우를 모두 고르면?

---

1. **공개대상 정보의 범위**
   공공기관이 직무상 작성 또는 취득하여 관리하고 있는 문서(전자문서포함)·도면·사진·필름·테이프· 슬라이드 및 이에 준하는 매체에 기록된 사항
   - 정보공개법의 '정보'에 해당하는 경우
     - 당해 행정기관에서 업무상 필요한 것으로 이용·보존되고 있음을 의미
     - 반드시 '결재권자가 해당문서의 서명의 방식으로 결재함으로써 성립한 문서'이어야 하는 것은 아님
     - 전자적 형태로 보유·관리되는 자료로 시간적, 경제적인 부담 없이 전산기기로 필요한 정보를 쉽게 생성할 수 있는 자료
     - 타 기관에서 생산한 문서를 해당기관에서 보유·관리하는 경우
   - 정보공개법의 '정보'에 해당하지 않는 경우
     - 직무상 활용하기 위해 수집한 통계자료에 해당하지 않는 경우
     - 신문·잡지 등 불특정다수인에게 판매를 목적으로 발간한 자료 등
     - '공공기록물 관리에 관한 법률'에 따라 보존연한이 경과하여 폐기된 정보

2. **정보공개의 방법**
   공공기관이 정보를 열람하게 하거나 그 사본·복제물을 제공하거나 정보통신망을 통하여 정보를 제공하는 것
   - 공개방법
     - 문서·도면·사진 등 : 열람 또는 사본의 제공
     - 필름·테이프 등 : 시청 또는 인화물·복제물의 제공
     - 마이크로필름·슬라이드 등 : 시청·열람 또는 사본·복제물제공
     - 전자적 형태로 보유·관리하는 정보 등은 파일을 복제하여 정보통신망을 활용한 정보 공개시스템으로 송부, 매체에 저장하여 제공, 열람·시청 또는 사본·출력물의 제공
     - 정보공개법 제7조 제1항에 따라 이미 공개된 정보 : 해당 정보의 소재(URL) 안내
       (공개할 때 본인 등을 확인할 필요가 없는 경우 사본·복제물·파일 등을 우편·팩스 또는 정보통신망 이용 가능)

3. **정보공개 청구권자**
   모든 국민 및 대통령령으로 정한 외국인
   - 모든 국민
     - 미성년자, 재외국민, 수형자 등 포함
     - 법인, 권리능력 없는 사단·재단포함(동창회 등)
   - 외국인
     - 국내에 일정한 주소를 두고 거주하는 자(예 외국인등록증이 있는 경우)
     - 학술연구를 위하여 일시적으로 체류하는 자
     - 국내에 사무소를 두고 있는 법인 또는 단체(제외 대상 : 외국인 거주자(개인 법인), 국내 불법체류 외국인 등)

4. 정보공개의 청구방법

청구대상 정보를 보유하거나 관리하고 있는 공공기관에 정보 공개 청구서를 제출하거나 말로써 정보의 공개를 청구

- 정보공개청구서를 제출하는 경우(별지 제1호서식)
  - 공공기관에 직접 출석·제출, 우편·팩스 또는 정보통신망을 이용하여 제출
  - 청구인의 성명·주민등록번호·주소 및 연락처(전화번호·전자우편주소 등)
    (법인 또는 단체가 정보공개청구 시 대표자 또는 대리인의 주민등록번호를 반드시 기재하여야 하는 것은 아님)
  - 공개를 청구하는 정보의 내용 및 공개방법 기재
- 말로 청구하는 경우(별지 제2호서식)
  - 담당 직원의 앞에서 진술
  - 담당직원 등은 정보공개청구조서를 작성하여 청구인과 함께 기명날인

―――――――〈보기〉―――――――

ㄱ. 학술연구를 위해 국내에 체류 중이었으나 비자가 만료되어 불법체류자가 된 A는 학술연구에 필요한 정보를 얻기 위해 일정 정보에 대해 공개를 청구할 수 있다.

ㄴ. B는 사업 진행을 위해 필요한 정보를 얻기 위해 관련 기관에 정보공개 청구를 하였으나, 해당 기관은 해당 정보가 이미 공개된 정보라며 정보를 직접 제공하는 대신 정보 위치가 담긴 URL을 제공하였다.

ㄷ. C는 법률에 따라 보존연한이 경과하여 폐기된 정보에 대해 K공단에 공개 청구를 하였고, K공단은 정보공개 의무에 따라 해당 정보를 복원하여 공개하였다.

ㄹ. 교도소에 수감 중인 D는 본인의 결백을 주장하기 위해 S공단에서 생산한 정보에 대해 정보를 관리하고 있는 K공단에 정보공개 청구를 하였다.

① ㄱ, ㄴ

② ㄱ, ㄷ

③ ㄴ, ㄷ

④ ㄴ, ㄹ

34 12월 19 ~ 23일까지 미국 지점 방문을 위해 출장을 가는 박차장은 총무부 이사원으로부터 출장일정과 함께 국제매너가 정리되어 있는 메일을 받았다. 다음 밑줄 친 내용 중 옳지 않은 것은?

2023. 12. 13. (수) 13:30
제목 : 해외 출장 일정 및 기타사항
수신 : 박◇◇(abpark@nh.co.kr)
발신 : 이○○(leenh@nh.co.kr)

안녕하십니까. 저는 총무부 이○○입니다. 12월 19일부터 23일까지 있을 출장일정과 알아두면 좋을 내용까지 함께 정리해서 보냅니다.

◆ **출장일정 및 장소** : 미국, 2023년 12월 19일(화) ~ 2023년 12월 23일(토)

일시	장소 및 내용

12월 19일(화) ~ 12월 20일(수)	• 뉴욕(K은행)
	  - 현지영업 수행상태 점검
	• 뉴욕(H투자증권)
	  - 현지영업 수행상태 점검 및 시장조사

12월 21일(목) ~ 12월 22일(금)	• LA(중앙본부)
	  - 23년 상·하반기 영업 활동 지원 확인
	  - 23년 상·하반기 정부조사 보고

12월 23일(토)	• 샌프란시스코 - LA(중앙본부)·뉴욕(K은행·H투자증권) 본부장과 함께 만찬

◆ **알아두면 좋은 국제매너**
[인사예절]
• 악수방법 : ① 상대방의 눈이나 얼굴을 보면서 오른손으로 상대방의 오른손을 잠시 힘주어서 잡았다가 놓는다.
• 대화법 : 이름이나 호칭을 어떻게 부를지 먼저 물어보는 것의 예의이다.
[시간약속]
② 미국은 시간엄수를 매우 중요하게 생각한다.
[식사예절]
• 수프는 소리 내면서 먹지 않는다.
  ③ 포크와 나이프는 몸에서 가장 안쪽에 있는 것부터 사용한다.
  ④ 뜨거운 수프는 입으로 불어서 식히지 않고 숟가락으로 저어서 식혀야 한다.
• 빵은 수프를 먹고 난 후부터 먹으며, 디저트 직전 식사가 끝날 때까지 먹을 수 있다.
• 스테이크는 잘라가면서 먹는 것이 좋다.
• 생선요리는 뒤집어 먹지 않는다.

35 금융기관에서 근무 중인 A사원은 중소기업의 은행 이용 실태에 관한 조사를 실시하고자 한다. A사원은 다음과 같은 설문지를 작성하여 부서장에게 보고하였다. 부서장의 피드백으로 적절하지 않은 것은?

〈중소기업 은행 이용 실태 설문지〉

안녕하십니까? 귀사의 무궁한 발전을 기원합니다. 본 조사에 기재된 모든 내용은 통계법 제33조에 의해 비밀이 철저히 보호됩니다.

01 귀사는 은행과 어떤 형태로 대출거래를 하고 있는가?
　ⓐ 주거래은행 1개와 거래　　ⓑ 은행 복수 거래　　ⓒ 은행과 대출거래 하지 않음

02 올해 귀사의 매출실적은 어떠한가?
　ⓐ 매우 호전　　ⓑ 다소 호전　　ⓒ 동일　　ⓓ 다소 악화　　ⓔ 매우 악화

03 현재 귀사의 주거래 금융기관은 어디인가?
　ⓐ 시중은행　　　　　　ⓑ 지방은행　　　　　ⓒ 특수은행
　ⓓ 외국은행 국내지점　　ⓔ 저축은행　　　　　ⓕ 신용협동기구
　ⓖ 기타_____

04 현재 거래기간은 얼마나 되었나?
　___년 ____개월

05 주거래은행을 선택할 때 주로 고려한 점은 무엇인가?(3개 이하 선택)
　ⓐ 금리조건　　　　　　　　ⓑ 대출한도　　　　　　　　　　ⓒ 대출 용이성
　ⓓ 대출절차 신속·간편성　　ⓔ 점포 접근성(거리, 주차시설 등)　ⓕ 상품의 우수성
　ⓖ 친절한 업무상담　　　　　ⓗ 은행 브랜드 이미지　　　　　　ⓘ 은행의 안정성
　ⓙ 지인의 소개　　　　　　　ⓚ 지점과의 관계　　　　　　　　ⓛ 기타_____

06 현재 주거래은행에 대해서 전반적으로 얼마나 만족하는가?
　ⓐ 매우 만족　　ⓑ 만족　　ⓒ 보통　　ⓓ 불만　　ⓔ 매우 불만

07 귀사가 대출을 받을 때 애로사항은 무엇인가?(3개 이하 선택)
　ⓐ 과도한 담보 요구　　ⓑ 대출한도 부족　　　　　　　　ⓒ 복잡한 서류·대출절차
　ⓓ 적기 차입 곤란　　　ⓔ 예·적금, 급여이체 등 부대거래 요구
　ⓕ 대출상담 능력 미흡　　ⓖ 성장가능성에 대한 평가 부족
　ⓗ 기타_____

---

① 조사대상자가 정확하게 답변할 수 있도록 설문조사의 목적을 제시해 주어야 합니다.
② 조사목적에 부합하지 않는 질문은 다루지 않는 것이 좋습니다.
③ 질문내용을 정확하게 이해할 수 있도록 작성하여야 합니다.
④ 선택지가 많은 것보다는 조사대상자가 직접 쓸 수 있도록 공란을 만드는 것이 더 효과적입니다.

※ 다음은 창의적 사고 개발 기법 중 하나인 '스캠퍼(SCAMPER) 기법'에 대한 자료이다. 이어지는 질문에 답하시오. [36~37]

▶ 스캠퍼(SCAMPER) 기법
 – 창의력 증진기법으로 아이디어를 얻기 위해 의도적으로 시험할 수 있는 7가지 규칙을 의미한다.

▶ 스캠퍼 기법의 유형

S	Substitute(대체)	기존 사물의 형태, 용도, 방법 등을 다른 것으로 대체하는 것이다.
C	Combine(조합)	두 가지 또는 그 이상의 것들을 결합·혼합해서 새로운 것을 생각하는 것이다.
A	Adapt(적용)	어떤 형태나 원리, 방법을 다른 분야의 조건이나 목적에 맞도록 적용하는 것이다.
M	Modify(수정)	기존 상품이나 아이디어에 색, 모양, 의미 등을 조금 수정해서 변화를 주는 것이다.
	Magnify(확대)	보다 크게, 무겁게, 강하게 만드는 것이다.
	Minify(축소)	작게, 가볍게, 가늘게 축소하여 만드는 것이다.
P	Put to Other Use (다른 용도)	어떤 사물이나 아이디어를 다른 방법으로 활용하는 방법이다.
E	Eliminate(삭제)	사물의 한 부분을 삭제해서 새로운 것이나 더 발전된 아이디어를 떠올리는 방법이다.
R	Rearrange(재배치)	형식, 순서, 구성 등을 바꾸어서 새로운 상품이나 문제 해결의 아이디어를 얻는 방법이다.
	Reverse(반전)	앞과 뒤, 왼쪽과 오른쪽, 안과 밖, 위와 아래, 원인과 결과 등 형태, 순서, 방법, 아이디어를 거꾸로 뒤집어서 새로운 것을 떠올리는 방법이다.

---

36 A회사는 다음 달에 신제품으로 베개를 출시하기 위해 아이디어 회의를 진행하였다. 다음 중 스캠퍼 기법이 적용된 아이디어 내용으로 거리가 먼 것은?

① 베개 외피를 제거하여 베개를 일체형으로 만들어 보면 어떨까요?
② 캠핑족들을 위해 베개를 더 작고 가볍게 만들어 보는 것은 어떨까요?
③ 다른 경쟁사들의 베개와 비교해 보는 것은 어떨까요?
④ 베개 속을 기존과 다르게 한약재나 구슬 등으로 바꿔 보면 어떨까요?

37 다음 중 스캠퍼 기법의 유형에서 Adapt(적용) 유형의 사례로 적절한 것은?

① 새로운 소스를 개발하여 만든 파스타
② 씨앗이 옷에 붙는 것을 보고 만든 벨크로 찍찍이
③ 내구성을 더 강화시킨 강화유리
④ 불량 접착제를 활용해 만든 포스트 잇

38 다음은 K공단의 보안업무취급 규칙에 따른 보안업무 책임자 및 담당자와 이들의 임무에 대한 자료이다. 이를 이해한 내용으로 옳지 않은 것은?

〈보안업무 책임자 및 담당자〉

구분	이사장	총무국장	비서실장	팀장
보안책임관	○			
보안담당관		○		
비밀보관책임자				○
시설방호책임자	○			
시설방호부책임자		○		
보호구역관리책임자			○ (이사장실)	○ (지정보호구역)

〈보안업무 책임자 및 담당자의 임무〉

구분	수행임무
보안책임관	• 공단의 보안업무 전반에 대한 지휘, 감독총괄
보안담당관	• 자체 보안업무 수행에 대한 계획, 조정 및 감독 • 보안교육 및 비밀관리, 서약서 집행 • 통신보안에 관한 사항 • 비밀의 복제, 복사 및 발간에 대한 통제 및 승인 • 기타 보안업무 수행에 필요하다고 인정하는 사항 • 비밀취급인가
비밀보관책임자	• 비밀의 보관 및 안전관리 • 비밀관계부철의 기록 유지 • 비밀관리기록부 갱신
시설방호책임자	• 자체 시설 방호계획 수립 및 안전관리 • 자위소방대 편성, 운영 • 시설방호 부책임자에 대한 지휘, 감독
시설방호부책임자	• 시설방호책임자의 보좌 • 자체 시설 방호계획 및 안전관리에 대한 실무처리 • 자위소방대 편성, 운영
보호구역관리책임자	• 지정된 보호구역의 시설안전관리 및 보안유지 • 보호구역내의 출입자 통제

① 비밀관리기록부를 갱신할 때에는 담당부서 팀장의 확인을 받아야 한다.

② 비서실장은 이사장실을 수시로 관리하고, 외부인의 출입을 통제해야 한다.

③ 이사장과 총무국장은 화재 예방을 위해 자위소방대를 편성·운영해야 한다.

④ 비밀취급인가를 신청할 때 필요한 서약서는 이사장에게 제출해야 한다.

39 다음 중 맞춤법이 옳은 것은?

① 직장인 5명 중 3명은 이직 후 <u>텃새</u>에 시달린 경험이 있는 것으로 조사되었다.

② 부산스러웠던 교실이 <u>금새</u> 조용해졌다.

③ 봄이 되자 나무에서 새 <u>잎아리</u>가 자라났다.

④ 방문 너머 <u>다듬</u>이질 소리가 들려왔다.

40 다음 글에서 틀린 단어의 개수는?(단, 띄어쓰기는 무시한다)

> A형 간염은 A형 간염 바이러스가 주로 간을 침범하는 감염증이다. 감염된 사람과의 직접접촉 또는 오염된 물이나 어패류, 익히지 안은 야채를 섭취하여 감염된다.
>
> A형 간염은 개발도상국에 토착화되어 있어 대부분 어렸을 때 무증상이나 경미한 감염증을 보인 후 며녁을 획득하게 되며 선진국에서는 드물게 발생한다. 우리나라의 경우 70 ~ 80년대까지는 10세 이후의 청소년과 성인은 대부분이 항채를 가지고 있다고 생각해 전혀 문제가 되지 않았지만 환경위생이 개선됨에 따라 항체의 보유률이 낮아져 90년대에 들어서면서 소아나 청소년들이 항체를 가지고 있지 않은 것으로 나타나 추후 성인이 되어 감염됨으로써 증상을 나타내는 경우가 있다. 점차 감염될 확률이 높아짐에 따라 예방접종을 하는 것이 좋다는 의견이 많다. A형 간염 백신은 2세 이상에서 접종할 수 있으며 연령에 따라 용량이 달라지고 초기 접종 후 4주가 지나면 항체가 형성되어 효과를 나타낸다. 2회 접종을 해야 하며 초회 접종 후 6 ~ 12개월 후에 1회 더 접종한다.

① 1개
② 2개
③ 3개
④ 4개

01 A, B, C 세 사람은 주기적으로 집안 청소를 하고 있다. A는 6일마다, B는 8일마다, C는 9일마다 청소를 한다. 세 명이 9월 10일에 모두 같이 청소를 했다면, 다음에 같은 날 청소하는 날은?

① 11월 5일

② 11월 12일

③ 11월 16일

④ 11월 21일

02 농도가 20%인 묽은 염산 300g이 있다. 농도가 5%인 묽은 염산을 섞어 실험에 쓸 수 있는 묽은 염산으로 희석시킨다. 농도가 10%보다 진할 경우 실험용 염산으로 사용할 수 없다고 할 때, 최소로 필요한 5% 묽은 염산의 양은?

① 600g

② 650g

③ 700g

④ 750g

03 농도가 15%인 소금물을 5% 증발시킨 후 농도가 30%인 소금물 200g을 섞어서 농도가 20%인 소금물을 만들었다. 증발 전 농도가 15%인 소금물의 양은?

① 350g

② 400g

③ 450g

④ 500g

04 10년 후 아버지의 나이는 형의 나이와 동생의 나이 합의 2배가 된다. 현재 형과 동생의 나이 차이가 4살이고 현재 아버지의 나이를 a세라고 할 때, 다음 중 현재 동생의 나이는?

① $\dfrac{a-20}{4}$세

② $\dfrac{a-36}{4}$세

③ $\dfrac{a-38}{4}$세

④ $\dfrac{a-40}{4}$세

05 다음은 2023년 1 ~ 6월 월말 종가 기준 S사와 L사의 주가 및 주가지수에 대한 자료이다. 이에 대한 설명으로 옳은 것을 〈보기〉에서 모두 고르면?

〈S사와 L사의 주가 및 주가지수〉

구분	주가(원)		주가지수
	S사	L사	
1월	5,000	6,000	100.00
2월	( )	( )	( )
3월	5,700	6,300	109.09
4월	4,500	5,900	( )
5월	3,900	6,200	91.82
6월	( )	5,400	100.00

※ (주가지수) $= \dfrac{(\text{해당 월 S사의 주가}) + (\text{해당 월 L사의 주가})}{(1\text{월 S사의 주가}) + (1\text{월 L사의 주가})} \times 100$

※ (해당 월의 주가 수익률) $= \dfrac{(\text{해당 월의 주가}) - (\text{전월의 주가})}{(\text{전월의 주가})} \times 100$

〈보기〉

㉠ 3 ~ 6월 중 주가지수가 가장 낮은 달의 S사와 L사의 주가는 모두 전월 대비 하락하였다.
㉡ S사의 주가는 6월이 1월보다 높다.
㉢ 2월 S사의 주가가 전월 대비 20% 하락하고 L사의 주가는 전월과 같았다면, 2월의 주가지수는 전월 대비 10% 이상 하락한다.
㉣ 4 ~ 6월 중 S사의 주가 수익률이 가장 낮은 달에 L사의 주가는 전월 대비 하락하였다.

① ㉠, ㉡
② ㉠, ㉢
③ ㉡, ㉢
④ ㉡, ㉣

06 다음은 2023년 K국의 등록 장애인 현황에 대한 자료이다. 이에 대한 설명으로 옳은 것은?

〈2023년 K국의 등록 장애인 수〉

(단위 : 명, %)

구분 〵 성별	여성	남성	전체
등록 장애인 수	1,048,979	1,468,333	2,517,312
전년 대비 증가율	0.50	5.50	( )

〈2023년 K국의 등급별 등록 장애인 수〉

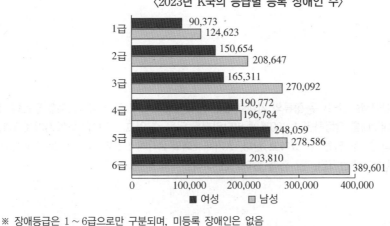

※ 장애등급은 1 ~ 6급으로만 구분되며, 미등록 장애인은 없음

① 2023년 전체 등록 장애인 수의 전년 대비 증가율은 4% 이상이다.
② 2023년 등록 장애인 수가 전년 대비 가장 많이 증가한 장애등급은 6급이다.
③ 장애등급 5급과 6급의 등록 장애인 수의 합은 전체 등록 장애인 수의 50% 이상이다.
④ 등록 장애인 수가 가장 많은 등급의 남성 장애인 수는 등록 장애인 수가 가장 적은 등급의 남성 장애인 수의 3배 이상이다.

07 A국의 축구 국가대표팀은 2022년 3월 6일에 B국과 평가전을 했다. 평가전이 열리기 4일 전 국가대표팀 감독은 기자회견을 열어 월드컵 예선 첫 경기가 열리는 6월 18일을 기준으로 40일 전에 국가대표팀 최종 명단을 발표한다고 말했다. 최종 명단이 발표되는 날은 무슨 요일인가?(단, 3월 1일은 일요일이다)

① 수요일   ② 목요일
③ 금요일   ④ 토요일

08 농도가 30%인 설탕물을 창가에 두고 물 50g을 증발시켜 농도가 35%인 설탕물을 만들었다. 여기에 설탕을 더 넣어 40%의 설탕물을 만든다면 몇 g의 설탕을 넣어야 하는가?

① 20g   ② 25g

③ 30g   ④ 35g

09 어느 제약회사 공장에서는 A, B 두 종류의 기계로 같은 종류의 플라스틱 통에 비타민제를 담는다. 한 시간에 A기계 3대와 B기계 2대를 작동하면 1,600통에 비타민제를 담을 수 있고, A기계 2대와 B기계 3대를 작동하면 1,500통에 비타민제를 담을 수 있다고 한다. A기계 1대와 B기계 1대로 한 시간 동안에 담을 수 있는 비타민제 통의 전체 개수는?(단, 한 통에 들어가는 비타민제의 양은 같다)

① 580개   ② 600개

③ 620개   ④ 640개

10 다음은 같은 동아리에서 활동하는 두 학생의 대화 내용이다. 빈칸에 들어갈 가장 작은 수는?

> 효수 : 우리 동아리 회원끼리 뮤지컬 보러 갈까?
>
> 연지 : 그래, 정말 좋은 생각이다. 관람료는 얼마니?
>
> 효수 : 개인관람권은 10,000원이고, 30명 이상 단체는 15%를 할인해준대!
>
> 연지 : 30명 미만이 간다면 개인관람권을 구매해야겠네?
>
> 효수 : 아니야, 잠깐만! 계산해 보면 …….
>   아하! _____명 이상이면 단체관람권을 구매하는 것이 유리해!

① 25   ② 26

③ 27   ④ 28

01 다음 중 데이터베이스의 필요성에 대한 설명으로 옳지 않은 것을 〈보기〉에서 모두 고르면?

─〈보기〉─

ㄱ. 데이터가 양적으로 방대하다고 해서 반드시 좋은 것은 아니야. 데이터베이스를 형성해 중복된 데이터를 줄여야 해.

ㄴ. 데이터베이스를 이용하면 데이터 관리효율은 높일 수 있지만, 데이터의 오류를 수정하기가 어려워.

ㄷ. 데이터베이스를 이용하면 데이터 관리상의 보안을 높일 수 있어.

ㄹ. 데이터베이스 도입만으로 특정 자료 검색을 위한 효율이 높아진다고 볼 수는 없어.

① ㄱ, ㄴ   ② ㄱ, ㄷ
③ ㄴ, ㄷ   ④ ㄴ, ㄹ

02 다음 워크시트에서 '손흥민'의 결석 값을 찾기 위한 함수식은?

	A	B	C	D
1	성적표			
2	이름	중간	기말	결석
3	이강인	86	90	4
4	조규성	70	80	2
5	손흥민	95	85	5

① =VLOOKUP("손흥민",$A$3:$D$5,4,1)

② =VLOOKUP("손흥민",$A$3:$D$5,4,0)

③ =HLOOKUP("손흥민",$A$3:$D$5,4,0)

④ =HLOOKUP("손흥민",$A$3:$D$5,4,1)

03 다음 중 디지털 컴퓨터와 아날로그 컴퓨터의 차이점에 대한 설명으로 옳은 것은?

① 디지털 컴퓨터는 전류, 전압, 온도 등 다양한 입력 값을 처리하며, 아날로그 컴퓨터는 숫자 데이터만을 처리한다.

② 디지털 컴퓨터는 증폭 회로로 구성되며, 아날로그 컴퓨터는 논리 회로로 구성된다.

③ 아날로그 컴퓨터는 미분이나 적분 연산을 주로 하며, 디지털 컴퓨터는 산술이나 논리 연산을 주로 한다.

④ 아날로그 컴퓨터는 범용이며, 디지털 컴퓨터는 특수 목적용으로 많이 사용된다.

※ 병원에서 근무하는 귀하는 건강검진 관리 현황을 정리하고 있다. 이어지는 질문에 답하시오. [4~5]

	A	B	C	D	E	F
1	〈건강검진 관리 현황〉					
2	이름	검사구분	주민등록번호	검진일	검사항목 수	성별
3	강민희	종합검진	960809-2******	2023-11-12	18	
4	김범민	종합검진	010323-3******	2023-03-13	17	
5	조현진	기본검진	020519-3******	2023-09-07	10	
6	최진석	추가검진	871205-1******	2023-11-06	6	
7	한기욱	추가검진	980232-1******	2023-04-22	3	
8	정소희	종합검진	001015-4******	2023-02-19	17	
9	김은정	기본검진	891025-2******	2023-10-14	10	
10	박미옥	추가검진	011002-4******	2023-07-21	5	

04 2023년 하반기에 검진받은 사람의 수를 확인하려 할 때 사용해야 할 함수는?

① COUNT   ② COUNTA

③ SUMIF   ④ COUNTIF

05 주민등록번호를 통해 성별을 구분하려고 할 때, 각 셀에 필요한 함수식으로 옳은 것은?

① F3 : =IF(AND(MID(C3,8,1)="2",MID(C3,8,1)="4"),"여자","남자")

② F4 : =IF(AND(MID(C4,8,1)="2",MID(C4,8,1)="4"),"여자","남자")

③ F7 : =IF(OR(MID(C7,8,1)="2",MID(C7,8,1)="4"),"여자","남자")

④ F9 : =IF(OR(MID(C9,8,1)="1",MID(C9,8,1)="3"),"여자","남자")

06 다음 중 제시된 회로도가 나타내는 내용으로 옳은 것은?

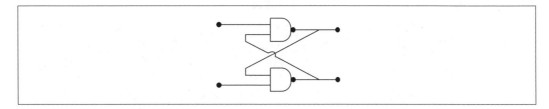

① 전가산기(Full Adder) 회로

② 반가산기(Half Adder) 회로

③ 배타적 논리합(Exclusive OR) 회로

④ 플립플롭(Flip - flop) 회로

07 다음 중 산술 및 논리 연산의 결과를 일시적으로 기억하는 레지스터(Register)는?

① 기억 장치 주소 레지스터(Memory Address Register)

② 메모리 버퍼 레지스터(Memory Buffer Register)

③ 명령 레지스터(Instruction Register)

④ 누산기 레지스터(Accumulator Register)

08 K사 영업부에 근무 중인 C사원은 영업부 사원들의 월별 매출을 다음과 같이 함수를 이용해 만 단위로 나타내려고 한다. 다음 중 [B9] 셀에 입력된 함수로 옳은 것은?

	A	B	C	D	E	F
1	구분	1월	2월	3월	5월	6월
2	A대리	1,252,340	1,345,620	1,568,670	1,321,670	1,563,850
3	B주임	1,689,320	1,859,460	1,546,210	1,689,250	1,123,960
4	C사원	1,432,670	1,965,230	1,532,460	1,326,030	1,659,210
5	D주임	1,235,640	1,635,420	1,236,950	1,468,210	1,246,180
6	E사원	1,743,560	1,325,470	1,125,350	1,856,920	1,216,530
7						
8	구분	1월	2월	3월	5월	6월
9	A대리	1,260,000	1,350,000	1,570,000	1,330,000	1,570,000
10	B주임	1,690,000	1,860,000	1,550,000	1,690,000	1,130,000
11	C사원	1,440,000	1,970,000	1,540,000	1,330,000	1,660,000
12	D주임	1,240,000	1,640,000	1,240,000	1,470,000	1,250,000
13	E사원	1,750,000	1,330,000	1,130,000	1,860,000	1,220,000

① = ROUND(B2, − 3)

② = ROUND(B2, − 4)

③ = ROUNDUP(B2, − 3)

④ = ROUNDUP(B2, − 4)

09 다음 중 컴퓨터 주기억장치의 최소 저장 단위는?

① 바이트(Byte)　　　　　　② 셀(Cell)
③ 블록(Block)　　　　　　④ 레코드(Record)

10 다음 중 입 · 출력장치의 동작속도와 전자계산기 내부의 동작 속도를 맞추는 데 사용되는 레지스터는?

① 명령 레지스터(Instruction Register)

② 시퀀스 레지스터(Sequence Register)

③ 버퍼 레지스터(Buffer Register)

④ 어드레스 레지스터(Address Register)

01 현재 국민연금공단에서 근무 중인 C사원은 연금보험료를 계산하는 업무를 맡고 있다. 다음과 같은 방법으로 계산한다고 할 때, 보기의 사례에 따른 연금보험료를 계산한 값으로 가장 적절한 것은?(단, 2024년 1월을 기준으로 하며, 천 원 미만은 절사한다)

〈연금보험료 계산방법〉

• 가입자 자격취득 시의 신고 또는 정기결정에 의하여 결정되는 기준소득월액에 보험료율을 곱하여 산정합니다.

> (연금보험료)=(가입자의 기준소득월액)×(연금보험료율)

• 기준소득월액이란?
 기준소득월액이란 국민연금의 보험료 및 급여 산정을 위하여 가입자가 신고한 소득월액에서 천 원 미만을 절사한 금액을 말하며, 최저 28만 원에서 최고 434만 원까지의 범위로 결정하게 됩니다. 따라서 신고한 소득월액이 28만 원보다 적으면 28만 원을 기준소득월액으로 하고, 434만 원보다 많으면 434만 원을 기준소득월액으로 합니다.

• 기준소득월액 상한액과 하한액
 기준소득월액 상한액과 하한액은 국민연금 사업장가입자와 지역가입자 전원(납부예외자 제외)의 평균소득월액의 3년간 평균액이 변동하는 비율을 반영하여 매년 3월 말까지 보건복지부 장관이 고시하며 해당연도 7월부터 1년간 적용합니다.
 ※ 2022. 7. 1.부터 2023. 6. 30.까지 적용할 최저·최고 기준소득월액은 각각 35만 원과 553만 원임
 ※ 2023. 7. 1.부터 2024. 6. 30.까지 적용할 최저·최고 기준소득월액은 각각 37만 원과 590만 원임

• 사업장가입자의 보험료율
 사업장가입자의 경우 보험료율인 소득의 9%에 해당하는 금액을 본인과 사업장의 사용자가 각각 절반, 즉 4.5%씩 부담하여 매월 사용자가 납부하여야 합니다. 사업장가입자의 연금보험료는 가입자가 개별적으로 납부할 수 없고, 사용자에 의하여 일괄적으로 납부합니다.
 예 기준소득월액이 1,060,000원인 봉급자의 경우 매월 95,400원을 연금보험료로 납부해야 하는데 그중 47,700원은 본인이, 47,700원은 사용자가 부담하게 됩니다.

• 지역가입자의 보험료율
 지역가입자 / 임의 / 임의계속가입자는 보험료를 본인이 전액 부담합니다. 다만, 제도시행초기 보험료 납부에 대한 부담을 줄여주기 위하여 3%에서 시작하여, 2000년 7월부터 매년 1%씩 상향조정되어 2005년 7월 이후 9%까지 상향 조정되었습니다.

사례		연금보험료
① 기준소득월액이 592만 2천5백 원인 지역가입자 A씨	→	45만 1천 원
② 기준소득월액이 352만 5천4백 원인 사업장가입자 B씨	→	15만 8천 원
③ 기준소득월액이 598만 5천 원인 사업장가입자 C씨	→	22만 7천 원
④ 기준소득월액이 250만 7천 원인 지역가입자 D씨	→	21만 3천 원

02 K공단에서 근무하는 E사원은 새로 도입되는 교통관련 정책 홍보자료를 만들어서 배포하려고 한다. 다음 중 가장 저렴한 비용으로 인쇄할 수 있는 업체로 옳은 것은?

〈인쇄업체별 비용 견적〉

(단위 : 원)

업체명	페이지당 비용	표지 가격		권당 제본비용	할인
		유광	무광		
A인쇄소	50	500	400	1,500	-
B인쇄소	70	300	250	1,300	-
C인쇄소	70	500	450	1,000	100부 초과 시 초과 부수만 총비용에서 5% 할인
D인쇄소	60	300	200	1,000	-

※ 홍보자료는 관내 20개 지점에 배포하고, 각 지점마다 10부씩 배포한다.
※ 홍보자료는 30페이지 분량으로 제본하며, 표지는 유광표지로 한다.

① A인쇄소 ② B인쇄소
③ C인쇄소 ④ D인쇄소

03 다음은 K공단의 전 문서의 보관, 검색, 이관, 보존 및 폐기에 대한 파일링시스템 규칙이다. 보존연한이 3년일 때, 2019년도에 작성된 문서의 폐기연도를 바르게 구한 것은?

〈파일링시스템 규칙〉

• 보존연한이 경과한 문서는 세단 또는 소각 방법 등으로 폐기한다.
• 보존연한은 문서처리 완결일인 익년 1월 1일부터 가산한다.

① 2021년 초 ② 2022년 초
③ 2023년 초 ④ 2024년 초

04 A와 B는 각각 해외에서 직구로 물품을 구매하였다. 해외 관세율이 다음과 같을 때, A와 B 중 어떤 사람이 더 관세를 많이 냈으며 그 금액은 얼마인가?

〈해외 관세율〉

(단위 : %)

품목	관세	부가세
책	5	5
유모차, 보행기	5	10
노트북	8	10
스킨, 로션 등 화장품	6.5	10
골프용품, 스포츠용 헬멧	8	10
향수	7	10
커튼	13	10
카메라	8	10
신발	13	10
TV	8	10
휴대폰	8	10

※ 향수 화장품의 경우 개별소비세 7%, 농어촌특별세 10%, 교육세 30%가 추가된다.
※ 100만 원 이상 전자제품(TV, 노트북, 카메라, 핸드폰 등)은 개별소비세 20%, 교육세 30%가 추가된다.

〈구매 품목〉

A : TV(110만 원), 화장품(5만 원), 휴대폰(60만 원), 스포츠용 헬멧(10만 원)
B : 책(10만 원), 카메라(80만 원), 노트북(110만 원), 신발(10만 원)

① A - 91.5만 원
② B - 90.5만 원
③ A - 94.5만 원
④ B - 92.5만 원

05 A씨는 M브랜드 화장품 대리점을 운영하고 있다. 곧 신상품이 입고될 예정이어서 재고 정리를 하려고 하는데 화장품의 사용가능기한이 지난 것부터 처분하려고 한다. 다음의 화장품 제조번호 표기방식 및 사용가능기한을 참고할 때, 보유하고 있던 화장품 중 처분대상이 되는 것은 총 몇 개인가?(단, 2024년 1월 1일을 기준으로 하며, 2024년은 윤달이 있는 해이다)

■ 화장품 제조번호 표기방식

제조일자(35번째 날)

M 2 0 0 3 5 2 0

제조년도(2020년)　　　생산라인 번호(20번)

[해석] 2020년 2월 4일 20번 생산라인에서 제조한 화장품

■ 화장품 사용가능기한

제품유형	사용가능기한	
	개봉 전(제조일로부터)	개봉 후(개봉일로부터)
스킨	3년	6개월
에센스	3년	6개월
로션	3년	6개월
아이크림	3년	1년
클렌저	3년	1년
립스틱	5년	1년

※ 두 가지 사용가능기한 중 어느 한 기한이 만료되면 사용가능기한이 지난 것으로 본다.

〈매장 내 보유 중인 화장품 현황〉

- M23250030이라고 쓰여 있고 개봉한 립스틱
- M2020030이라고 쓰여 있고 개봉하지 않은 클렌저
- M2223010이라고 쓰여 있고 개봉하지 않은 에센스
- M2012040이라고 쓰여 있고 개봉된 날짜를 알 수 없는 아이크림
- M2316030이라고 쓰여 있고 2023년 10번째 되는 날에 개봉한 로션
- M2330050이라고 쓰여 있고 2023년 200번째 되는 날에 개봉한 스킨

① 1개
② 2개
③ 3개
④ 4개

06 A사의 5명의 직원들(과장 1명, 대리 2명, 사원 2명)이 10월 중에 연차를 쓰려고 한다. 다음 〈조건〉을 참고하여 대화 내용 중 옳지 않은 말을 한 직원을 모두 고르면?

─── 〈조건〉 ───

- 연차는 하루이다.
- 10월 1일은 월요일이며, 3일과 9일은 공휴일이다.
- 대리는 교육을 신청한 주에 연차를 신청할 수 없다.
- 같은 주에 3명 이상 교육 및 연차를 신청하면 안 된다.
- 워크숍은 5주차 월·화이다.
- 연차는 연이어 쓸 수 없다.
- 대리급 교육은 매주 이틀 동안 목 ~ 금에 있으며, 교육은 한 번만 받으면 된다.
- 연차와 교육 신청 순서는 대화 내용에서 말한 차례대로 적용한다.

A과장 : 난 9일에 시골 내려가야 해서 10일에 쓰려고 하네. 나머지 사람들은 그날 제외하고 서로 조율해서 신청하면 좋겠네.

A대리 : 저는 10월에 교육받으러 18 ~ 19일에 갈 예정입니다. 그리고 그 다음 주 수요일 날 연차 쓰겠습니다. 그럼 저 교육받는 주에 다른 사람 2명 신청 가능할 것 같은데요.

A사원 : 오, 그럼 제가 15일에 쓰겠습니다.

B대리 : 저는 연이어서 16일에 신청할 수 없으니까 17일에 쓰고, 교육은 11 ~ 12일에 받겠습니다.

B사원 : 저만 정하면 끝나네요. 2일로 하겠습니다.

① A과장, A대리

② A대리, B대리

③ B대리, A사원

④ A사원, B사원

07 다음 일정표를 참고했을 때 〈조건〉에 따라 모든 직원이 외부출장을 갈 수 있는 날짜는 언제인가?

〈10월 일정표〉

일	월	화	수	목	금	토
		1 건축목공기능사 시험	2	3	4	5
6	7	8	9 경영지도사 시험	10	11 건축도장기능사 합격자 발표	12
13	14	15 가스기사 시험	16	17 기술행정사 합격자 발표	18	19
20 기술행정사 원서 접수일	21 기술행정사 원서 접수일	22 기술행정사 원서 접수일	23 기술행정사 원서 접수일	24 경영지도사 합격자 발표	25 물류관리사 원서 접수일	26 물류관리사 원서 접수일
27 물류관리사 원서 접수일	28 물류관리사 원서 접수일	29	30	31		

※ 기사, 기능사, 기술사, 기능장, 산업기사 외에는 전문자격시험에 해당한다.

─〈조건〉─

• 기능사 시험이 있는 주에는 외부출장을 갈 수 없다.
• 전문자격증 시험이 있는 주에는 책임자 한 명은 있어야 한다.
• 전문자격시험 원서 접수 및 시험 시행일에는 모든 직원이 시외 출장을 갈 수 없다.
• 전문자격시험별 담당자는 1명이며, 합격자 발표일에 담당자는 사무실에서 대기 근무를 해야 한다.
• 전문자격시험 시행일이 있는 주에는 직무 교육을 실시할 수 없으며 모든 직원이 의무는 아니다.
• 대리자는 담당자의 책임과 권한이 동등하다.
• 출장은 주중에만 갈 수 있다.

① 10월 10일　　　　　　② 10월 17일
③ 10월 19일　　　　　　④ 10월 29일

08 다음은 주중과 주말 교통상황에 대한 자료이다. 이에 대한 〈보기〉의 설명으로 옳은 것을 모두 고르면?

〈주중·주말 예상 교통량〉

(단위 : 만 대)

구분	전국	수도권 → 지방	지방 → 수도권
주말 교통량	490	50	51
주중 교통량	380	42	35

〈대도시 간 예상 최대 소요시간〉

구분	서울 – 대전	서울 – 부산	서울 – 광주	서울 – 강릉	남양주 – 양양
주말	2시간 40분	5시간 40분	4시간 20분	3시간 20분	2시간 20분
주중	1시간 40분	4시간 30분	3시간 20분	2시간 40분	1시간 50분

─〈보기〉─

ㄱ. 대도시 간 예상 최대 소요시간은 모든 구간에서 주중이 주말보다 적게 걸린다.

ㄴ. 주중 전국 교통량 중 수도권에서 지방으로 가는 교통량의 비율은 10% 이상이다.

ㄷ. 지방에서 수도권으로 가는 주말 예상 교통량은 주중 예상 교통량보다 30% 미만으로 많다.

ㄹ. 서울 – 광주 구간 주중 예상 최대 소요시간은 서울 – 강릉 구간 주말 예상 최대 소요시간과 같다.

① ㄱ, ㄴ
② ㄴ, ㄷ
③ ㄴ, ㄷ, ㄹ
④ ㄱ, ㄴ, ㄹ

09 다음은 K회사 신제품 개발1팀의 하루 업무 스케줄에 대한 자료이다. 신입사원 A씨는 스케줄을 바탕으로 금일 회의 시간을 정하려고 한다. 1시간 동안 진행될 팀 회의의 가장 적절한 시간대는 언제인가?

〈K사 신제품 개발1팀 스케줄〉

시간	직급별 스케줄				
	부장	차장	과장	대리	사원
09:00 ~ 10:00	업무회의				
10:00 ~ 11:00					비품요청
11:00 ~ 12:00			시장조사	시장조사	시장조사
12:00 ~ 13:00			점심식사		
13:00 ~ 14:00	개발전략수립		시장조사	시장조사	시장조사
14:00 ~ 15:00		샘플검수	제품구상	제품구상	제품구상
15:00 ~ 16:00			제품개발	제품개발	제품개발
16:00 ~ 17:00					
17:00 ~ 18:00			결과보고	결과보고	

① 09:00 ~ 10:00 ② 10:00 ~ 11:00
③ 14:00 ~ 15:00 ④ 16:00 ~ 17:00

10 K공단 인사팀에는 팀장 1명, 과장 2명과 A대리가 있다. 팀장과 과장 2명은 4월 안에 휴가를 다녀와야 하고, 팀장이나 과장이 한 명이라도 없는 경우, A대리는 자리를 비울 수 없다. 다음 〈조건〉을 고려했을 때, A대리의 연수 마지막 날짜는?

―――――――〈조건〉―――――――

- 4월 1일은 월요일이며, K공단은 주5일제이다.
- 마지막 주 금요일에는 중요한 세미나가 있어 그 주에는 모든 팀원이 자리를 비울 수 없다.
- 팀장은 첫째 주 화요일부터 3일 동안 휴가를 신청했다.
- B과장은 둘째 주 수요일부터 5일 동안 휴가를 신청했다.
- C과장은 셋째 주에 2일간의 휴가를 마치고 금요일부터 출근할 것이다.
- A대리는 주말 없이 진행되는 연수에 5일 연속 참여해야 한다.

① 8일 ② 9일
③ 23일 ④ 24일

01 다음 〈보기〉의 사례 중 지속가능한 기술의 사례로 적절한 것을 모두 고르면?

<보기>

(가) A사는 새 필름을 들고 다니지 않으면서도 사진을 찍고 싶어 하는 소비자들을 위해, 일회용 카메라 대신 재활용이 쉽고, 재사용도 가능한 카메라를 만들어내는 데 성공했다.

(나) 잉크, 도료, 코팅에 쓰이던 유기 용제 대신에 물로 대체한 수용성 수지를 개발한 B사는 휘발성 유기화합물의 배출이 줄어듦과 동시에 대기오염 물질을 줄임으로써 소비자들로부터 찬사를 받고 있다.

(다) C사는 가구처럼 맞춤 제작하는 냉장고를 선보였다. 맞춤 양복처럼 가족 수와 식습관, 라이프스타일, 주방 형태 등을 고려해 1도어부터 4도어까지 여덟 가지 타입의 모듈을 자유롭게 조합하고, 세 가지 소재와 아홉 가지 색상을 매치해 공간에 어울리는 나만의 냉장고를 꾸밀 수 있게 된 것이다.

(라) D사는 기존에 소각 처리해야 했던 석유화학 옥탄올 공정을 변경하여 폐수처리로 전환하고, 공정 최적화를 통해 화약 제조 공정에 발생하는 질소의 총량을 원천적으로 감소시키는 공정 혁신을 이루었다. 이로 인해 연간 4천 톤의 오염 물질 발생량을 줄였으며, 약 60억 원의 원가도 절감했다.

(마) 등산 중 갑작스러운 산사태를 만나거나 길을 잃어서 조난 상황이 발생한 경우 골든타임 확보가 무척 중요하다. 이를 위해 E사는 조난객의 상황 파악을 위한 5G 통신 모듈이 장착된 비행선을 선보였다. 이 비행선은 현재 비행거리와 시간이 짧은 드론과 비용과 인력 소모가 많이 드는 헬기에 비해 매우 효과적일 것으로 기대하고 있다.

① (가), (나), (마)　　　　　　　　　　② (가), (나), (라)
③ (나), (다), (라)　　　　　　　　　　④ (나), (다), (마)

02 다음은 기술선택을 설명한 글이다. 이를 읽고 이해한 내용으로 옳지 않은 것은?

기술선택이란 기업이 어떤 기술에 대하여 외부로부터 도입하거나 또는 그 기술을 자체 개발하여 활용할 것인가를 결정하는 것이다. 기술을 선택하는 데에 대한 의사결정은 다음과 같이 크게 두 가지 방법으로 나눌 수 있다.

먼저 상향식 기술선택(Bottom Up Approach)은 기업 전체 차원에서 필요한 기술에 대한 체계적인 분석이나 검토 없이 연구자나 엔지니어들이 자율적으로 기술을 선택하도록 하는 것이다.

다음으로 하향식 기술선택(Top-Down Approach)은 기술경영진과 기술기획담당자들에 의한 체계적인 분석을 통해 기업이 획득해야 하는 대상기술과 목표기술수준을 결정하는 것이다.

① 상향식 기술선택은 기술자들의 창의적인 아이디어를 얻기 어렵다는 단점이 있다.

② 하향식 기술선택은 먼저 기업이 직면하고 있는 외부환경과 보유 자원에 대한 분석을 통해 중·장기적인 사업목표를 설정하는 것이다.

③ 상향식 기술선택은 시장의 고객들이 요구하는 제품이나 서비스를 개발하는 데 부적합한 기술이 선택될 수 있다.

④ 하향식 기술선택은 사업전략의 성공적인 수행을 위해 필요한 기술들을 열거하고, 각각의 기술에 대한 획득의 우선순위를 결정하는 것이다.

※ 다음은 H공사에서 발표한 전력수급 비상단계 발생 시 행동요령이다. 이어지는 질문에 답하시오. **[3~4]**

〈전력수급 비상단계 발생 시 행동요령〉

- 가정
  1. 전기 냉난방기기의 사용을 중지합니다.
  2. 다리미, 청소기, 세탁기 등 긴급하지 않은 모든 가전기기의 사용을 중지합니다.
  3. TV, 라디오 등을 통해 신속하게 재난상황을 파악하여 대처합니다.
  4. 안전, 보안 등을 위한 최소한의 조명을 제외한 실내외 조명은 모두 소등합니다.
- 사무실
  1. 건물관리자는 중앙조절식 냉난방설비의 가동을 중지하거나 온도를 낮춥니다.
  2. 사무실 내 냉난방설비의 가동을 중지합니다.
  3. 컴퓨터, 프린터, 복사기, 냉온수기 등 긴급하지 않은 모든 사무기기 및 설비의 전원을 차단합니다.
  4. 안전, 보안 등을 위한 최소한의 조명을 제외한 실내외 조명은 모두 소등합니다.
- 공장
  1. 사무실 및 공장 내 냉난방기의 사용을 중지합니다.
  2. 컴퓨터, 복사기 등 각종 사무기기의 전원을 일시적으로 차단합니다.
  3. 꼭 필요한 경우를 제외한 사무실 조명은 모두 소등하고 공장 내부의 조명도 최소화합니다.
  4. 비상발전기의 가동을 점검하고 운전 상태를 확인합니다.
- 상가
  1. 냉난방설비의 가동을 중지합니다.
  2. 안전·보안용을 제외한 모든 실내 조명등과 간판 등을 일시 소등합니다.
  3. 식기건조기, 냉온수기 등 식재료의 부패와 관련 없는 가전제품의 가동을 중지하거나 조정합니다.
  4. 자동문, 에어커튼의 사용을 중지하고 환기팬 가동을 일시 정지합니다.

---

03 다음 중 전력수급 비상단계 발생 시 행동요령에 대한 설명으로 옳지 않은 것은?

① 가정에 있을 경우 대중매체를 통해 재난상황에 대한 정보를 파악할 수 있다.
② 사무실에 있을 경우 즉시 사용이 필요하지 않은 복사기, 컴퓨터 등의 전원을 차단하여야 한다.
③ 가정에 있을 경우 모든 실내외 조명을 소등하여야 한다.
④ 공장에 있을 경우 비상발전기 가동을 준비해야 한다.

04 다음 중 전력수급 비상단계가 발생했을 때 전력수급 비상단계 발생 시 행동요령에 따른 행동으로 적절하지 않은 것을 〈보기〉에서 모두 고르면?

〈보기〉

㉠ 가정에 있던 김사원은 세탁기 사용을 중지하고 실내조명을 최소화하였다.
㉡ 본사 전력관리실에 있던 이주임은 사내 중앙보안시스템의 전원을 즉시 차단하였다.
㉢ 공장에 있던 박주임은 즉시 공장 내부 조명 밝기를 최소화하였다.
㉣ 상가에서 횟집을 운영하는 최사장은 모든 냉동고의 전원을 차단하였다.

① ㉠, ㉡
② ㉠, ㉢
③ ㉡, ㉢
④ ㉡, ㉣

05 다음은 기술 시스템의 발전 단계를 나타낸 것이다. 빈칸에 들어갈 단계로 적절한 것은?

〈기술 시스템의 발전 단계〉

| 1단계 : 발명, 개발, 혁신의 단계 |
| ↓ |
| 2단계 : 기술 이전의 단계 |
| ↓ |
| 3단계 : _____ |
| ↓ |
| 4단계 : 기술 공고화 단계 |

① 기술 협조의 단계
② 기술 경영의 단계
③ 기술 평가의 단계
④ 기술 경쟁의 단계

06 〈보기〉는 그래프 구성 명령어 실행 예시이다. 이를 참고하였을 때 다음 그래프에 알맞은 명령어는?

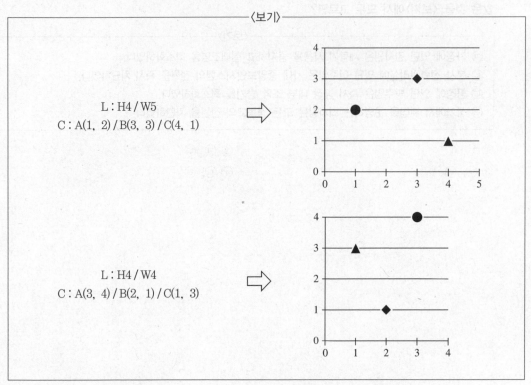

L : H4 / W5
C : A(1, 2) / B(3, 3) / C(4, 1)

L : H4 / W4
C : A(3, 4) / B(2, 1) / C(1, 3)

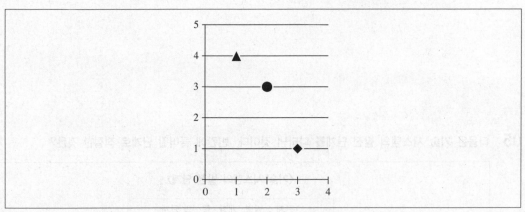

① L : H4 / W5
　 C : A(3, 2) / B(3, 1) / C(1, 4)

② L : H4 / W5
　 C : A(2, 3) / B(3, 1) / C(1, 4)

③ L : H5 / W4
　 C : A(2, 3) / B(1, 4) / C(3, 1)

④ L : H5 / W4
　 C : A(2, 3) / B(3, 1) / C(1, 4)

※ K레스토랑에서는 영유아 손님들을 위해 유아용 식탁 의자를 구비하였다. 다음 설명서를 보고 이어지는 질문에 답하시오. [7~8]

〈설명서〉

우리 회사의 유아용 식탁 의자는 아이가 도움 없이 혼자 앉을 수 있는 6 ~ 7개월부터 사용할 수 있습니다.

■ **안전에 대한 유의사항**
- 압사의 위험 방지를 위해 사용 전 모든 플라스틱 커버를 제거하고, 유아 및 아동의 손이 미치지 않는 곳에 두세요.
- 항상 벨트를 채워 주세요.
- 아이가 혼자 있지 않도록 해 주세요.
- 모든 구성 요소가 제대로 장착되어 있지 않으면 의자 사용을 삼가세요.
- 부품이 망가지거나 부서지면 의자 사용을 삼가세요.
- 강한 열원이나 난로가 있는 곳에서는 의자 사용을 삼가세요.
- 아이가 의자 근처에서 놀거나 의자에 올라가지 못하도록 해 주세요.
- 의자가 항상 평평하고 안정된 상태에서 사용될 수 있도록 해 주세요.
- 식탁 의자는 계단, 층계, 창문, 벽과는 거리를 두고 비치해 주세요.
- 의자에 충격이 가해지면 안정성을 해칠 우려가 있고 의자가 뒤집어질 수 있어요.
- 아이가 앉아 있는 동안에는 의자의 높낮이를 조정하지 마세요.

■ **청소 및 유지**
- 젖은 천이나 중성 세제로 유아용 의자나 액세서리를 청소할 수 있습니다.
- 재료를 손상시킬 수 있는 연마 세제나 용제는 사용하지 마세요.
- 알루미늄 식탁 다리는 부식이 되지 않지만, 충격이나 긁힘으로 손상될 수 있습니다.
- 햇빛에 지속적으로 장시간 노출되면 여러 부품의 색이 변할 수 있습니다.
- 손상을 파악하기 위해 정기적으로 검사하십시오.

---

07 다음 중 레스토랑 내 유아용 식탁 의자를 비치하기 위한 장소 선정 시 고려해야 할 사항으로 적절하지 않은 것은?

① 난방기구가 있는 곳은 피하도록 한다.
② 바닥이 평평하여 안정된 상태로 의자가 서 있을 수 있는지 확인한다.
③ 아이를 식탁 의자에 혼자 두지 않으며, 항상 벨트를 채워야 한다.
④ 계단이나 창문이 있는 곳은 피하도록 한다.

08 다음 중 직원들에게 안내할 유아용 식탁 의자 청소 및 관리법으로 적절하지 않은 것은?

① 식탁 의자 사용 후에는 햇볕이 들지 않는 곳에 보관한다.
② 사용 후 젖은 천을 사용해 깨끗하게 닦는다.
③ 이동 시 식탁 다리가 부딪히거나 긁히지 않도록 주의한다.
④ 더러운 부분은 연마 세제를 사용해서 닦는다.

09 K사에 입사한 귀하는 시스템 모니터링 및 관리 업무를 담당하게 되었다. 다음 내용을 참고할 때, 〈보기〉의 빈칸에 들어갈 알맞은 코드는?

다음 모니터에 나타나는 정보를 이해하고 시스템 상태를 판독하여 적절한 코드를 입력하는 방식을 파악하시오.

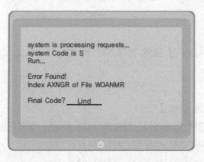

항목	세부사항
Index ◇◇◇ of File ◇◇◇	• 오류 문자 : Index 뒤에 나타나는 문자 • 오류 발생 위치 : File 뒤에 나타나는 문자
Error Value	오류 문자와 오류 발생 위치를 의미하는 문자에 사용된 알파벳을 비교하여 일치하는 알파벳의 개수를 확인
Final Code	Error Value를 통하여 시스템 상태 판단

판단 기준	Final Code
일치하는 알파벳의 개수＝0	Svem
0＜일치하는 알파벳의 개수≤1	Atur
1＜일치하는 알파벳의 개수≤3	Lind
3＜일치하는 알파벳의 개수≤5	Nugre
일치하는 알파벳의 개수＞5	Qutom

―――――――――――〈보기〉―――――――――――

```
system is processing requests...
system Code is S
Run...

Error Found!
Index SOPENTY of File ATONEMP

Final Code?_____
```

① Svem   ② Atur

③ Lind   ④ Nugre

10 기술개발팀에서 근무하는 귀하는 차세대 로봇에 사용할 주행 알고리즘을 개발하고 있다. 주행 알고리즘과 예시를 참고하였을 때, 다음 중 로봇의 경로로 가장 적절한 것은?

〈주행 알고리즘〉

회전과 전진만이 가능한 로봇이 미로에서 목적지까지 길을 찾아가도록 구성하였다. 미로는 (4단위)×(4단위)의 정방형 단위구역(Cell) 16개로 구성되며 미로 중앙부에는 1단위구역 크기의 도착지점이 있다. 도착지점에 이르기 전 로봇은 각 단위구역과 단위구역 사이를 이동할 때 벽의 유무를 탐지하여 벽이 없음이 감지되는 방향으로 주행한다. 로봇은 주명령을 수행하고, 이에 따라 주행할 수 없을 때만 보조명령을 따른다.

• 주명령 : 현재 단위구역(Cell)에서 로봇은 왼쪽, 앞쪽, 오른쪽 순서로 벽의 유무를 탐지하여 벽이 없음이 감지되는 방향의 단위구역을 과거에 주행한 기록이 없다면 해당 방향으로 한 단위구역만큼 주행한다.
• 보조명령 : 현재 단위구역에서 로봇이 왼쪽, 앞쪽, 오른쪽, 뒤쪽 순서로 벽의 유무를 탐지하여 벽이 없음이 감지되는 방향의 단위구역에 벽이 없음이 감지되는 방향과 반대 방향의 주행기록이 있을 때만, 로봇은 그 방향으로 한 단위구역만큼 주행한다.

〈예시〉

로봇이 A → B → C → B → A로 이동한다고 가정할 때, A에서 C로의 이동은 주명령에 의한 것이고 C에서 A로의 이동은 보조명령에 의한 것이다.

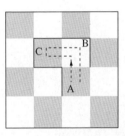

①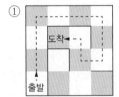

②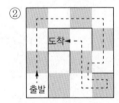

③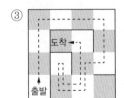

④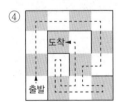

제2회
국민연금공단

NCS
직업기초능력평가

〈모의고사 안내〉

지원하시는 분야에 따라 다음 영역의 문제를 풀어주시기 바랍니다.

사무직	심사직	전산직	기술직
|01| NCS 공통영역(의사소통능력 / 문제해결능력 / 조직이해능력 / 직업윤리)			
|02| 수리능력	**|02|** 수리능력	**|03|** 정보능력	**|04|** 자원관리능력
|03| 정보능력	**|04|** 자원관리능력	**|04|** 자원관리능력	**|05|** 기술능력

제2회 최종모의고사

문항 수 : 60문항
시험시간 : 60분

제1영역 NCS 공통영역

01 다음 글을 읽고 추론한 내용으로 적절하지 않은 것은?

태양 빛은 흰색으로 보이지만 실제로는 다양한 파장의 가시광선이 혼합되어 나타난 것이다. 프리즘을 통과시키면 흰색 가시광선은 파장에 따라 붉은빛부터 보랏빛까지의 무지갯빛으로 분해된다. 가시광선의 파장 범위는 390 ~ 780nm* 정도인데 보랏빛이 가장 짧고 붉은빛이 가장 길다. 빛의 진동수는 파장과 반비례하므로 진동수는 보랏빛이 가장 크고 붉은빛이 가장 작다. 태양 빛이 대기층에 입사하여 산소나 질소 분자와 같은 공기 입자(직경 0.1 ~ 1nm 정도), 먼지 미립자, 에어로졸**(직경 1 ~ 100,000nm 정도) 등과 부딪치면 여러 방향으로 흩어지는데 이러한 현상을 산란이라 한다. 산란은 입자의 직경과 빛의 파장에 따라 '레일리(Rayleigh) 산란'과 '미(Mie) 산란'으로 구분된다.

레일리 산란은 입자의 직경이 파장의 1/10보다 작을 경우에 일어나는 산란을 말하는데 그 세기는 파장의 네 제곱에 반비례한다. 대기의 공기 입자는 직경이 매우 작아 가시광선 중 파장이 짧은 빛을 주로 산란시키며, 파장이 짧을수록 산란의 세기가 강하다. 따라서 맑은 날에는 주로 공기 입자에 의한 레일리 산란이 일어나서 보랏빛이나 파란빛이 강하게 산란되는 반면 붉은빛이나 노란빛은 약하게 산란된다. 산란되는 세기로는 보랏빛이 가장 강하겠지만, 우리 눈은 보랏빛보다 파란빛을 더 잘 감지하기 때문에 하늘은 파랗게 보이는 것이다. 만약 태양 빛이 공기 입자보다 큰 입자에 의해 레일리 산란이 일어나면 공기 입자만으로는 산란이 잘되지 않던 긴 파장의 빛까지 산란되어 하늘의 파란빛은 상대적으로 엷어진다.

미 산란은 입자의 직경이 파장의 1/10보다 큰 경우에 일어나는 산란을 말하는데 주로 에어로졸이나 구름 입자 등에 의해 일어난다. 이때 산란의 세기는 파장이나 입자 크기에 따른 차이가 거의 없다. 구름이 흰색으로 보이는 것은 미 산란으로 설명된다. 구름 입자(직경 20,000nm 정도)처럼 입자의 직경이 가시광선의 파장보다 매우 큰 경우에는 모든 파장의 빛이 고루 산란된다. 이 산란된 빛이 동시에 우리 눈에 들어오면 모든 무지갯빛이 혼합되어 구름이 하얗게 보인다. 이처럼 대기가 없는 달과 달리 지구는 산란 효과에 의해 파란 하늘과 흰 구름을 볼 수 있다.

*나노미터 : 물리학적 계량 단위(1nm=10^{-9}m)
**에어로졸 : 대기에 분산된 고체 또는 액체 입자

① 가시광선의 파란빛은 보랏빛보다 진동수가 작다.
② 프리즘으로 분해한 태양 빛을 다시 모으면 흰색이 된다.
③ 파란빛은 가시광선 중에서 레일리 산란의 세기가 가장 크다.
④ 빛의 진동수가 2배가 되면 레일리 산란의 세기는 16배가 된다.

02 다음 글의 수정방안으로 가장 적절한 것은?

최근 사물 인터넷에 대한 사람들의 관심이 부쩍 늘고 있는 추세이다. 사물 인터넷은 '인터넷을 기반으로 모든 사물을 연결하여 사람과 사물, 사물과 사물 간에 정보를 상호 소통하는 지능형 기술 및 서비스'를 말한다. ㉠ 통계에 따르면 사물 인터넷은 전 세계적으로 민간 부문 14조 4,000억 달러, 공공 부문 4조 6,000억 달러에 달하는 경제적 가치를 창출할 것으로 ㉡ 예상되며 그 가치는 더욱 커질 것으로 기대된다. 그래서 사물 인터넷 사업은 국가 경쟁력을 확보할 수 있는 미래 산업으로서 그 중요성이 강조되고 있으며, 이에 선진국들은 에너지, 교통, 의료, 안전 등 다양한 분야에 걸쳐 투자를 하고 있다. 그러나 우리나라는 정부 차원의 경제적 지원이 부족하여 사물 인터넷 산업이 활성화되는 데 어려움이 있다. 또한 국내의 기업들은 사물 인터넷 시장의 불확실성 때문에 적극적으로 투자에 나서지 못하고 있으며, 사물 인터넷 관련 기술을 확보하지 못하고 있는 실정이다. ㉢ 그 결과 우리나라의 사물 인터넷 시장은 선진국에 비해 확대되지 못하고 있다.

그렇다면 국내 사물 인터넷 산업을 활성화하기 위한 방안은 무엇일까? 우선 정부에서는 사물 인터넷 산업의 기반을 구축하는 데 필요한 정책과 제도를 정비하고, 관련 기업에 경제적 지원책을 마련해야 한다. 또한 수익성이 불투명하다고 느끼는 기업으로 하여금 투자를 하도록 유도하여 사물 인터넷 산업이 발전할 수 있도록 해야 한다. 그리고 기업들은 이동 통신 기술 및 차세대 빅데이터 기술 개발에 집중하여 사물 인터넷으로 인해 발생하는 대용량의 데이터를 원활하게 수집하고 분석할 수 있는 기술력을 ㉣ 확증해야 할 것이다.

사물 인터넷은 세상을 연결하여 소통하게 하는 끈이다. 이런 사물 인터넷은 우리에게 편리한 삶을 약속할 뿐만 아니라 경제적 가치를 창출할 미래 산업으로 자리매김할 것이다.

① ㉠ : 서로 다른 내용을 다루고 있는 부분이 있으므로 문단을 두 개로 나눈다.

② ㉡ : 불필요한 피동 표현에 해당하므로 '예상하며'로 수정한다.

③ ㉢ : 앞 문장의 결과라기보다는 원인이므로 '그 이유는 우리나라의 사물 인터넷 시장은 선진국에 비해 확대되지 못하고 있기 때문이다.'로 수정한다.

④ ㉣ : 문맥상 어울리지 않는 단어이므로 '확인'으로 바꾼다.

03 다음 글의 주제로 가장 적절한 것은?

경제학에서는 한 재화나 서비스 등의 공급이 기업에 집중되는 양상에 따라 시장 구조를 크게 독점시장, 과점시장, 경쟁시장으로 구분하고 있다. 소수의 기업이 공급 대부분을 차지할수록 독점시장에 가까워지고, 다수의 기업이 공급을 나누어 가질수록 경쟁시장에 가까워진다. 이렇게 시장 구조를 구분하기 위해서 사용하는 지표 중의 하나가 바로 '시장집중률'이다.

시장집중률을 이해하기 위해서는 먼저 '시장점유율'에 대한 이해가 있어야 한다. 시장점유율이란 시장 안에서 특정 기업이 차지하고 있는 비중을 의미하는데, 생산량, 매출액 등을 기준으로 측정할 수 있다. Y기업의 시장점유율을 생산량 기준으로 측정한다면 '(Y기업의 생산량) ÷ (시장 내 모든 기업의 생산량의 총합) × 100'으로 나타낼 수 있다. 시장점유율이 시장 내 한 기업의 비중을 나타내 주는 수치라면, 시장집중률은 시장 내 일정 수의 상위 기업들이 차지하는 비중을 나타내 주는 수치, 즉 일정 수의 상위 기업의 시장점유율을 합한 값이다. 몇 개의 상위 기업을 기준으로 삼느냐는 나라마다 자율적으로 결정하고 있는데, 우리나라에서는 상위 3대 기업의 시장점유율을 합한 값을, 미국에서는 상위 4대 기업의 시장점유율을 합한 값을 시장집중률로 채택하여 사용하고 있다. 이렇게 산출된 시장집중률을 통해 시장 구조를 구분해 볼 수 있는데, 시장집중률이 높으면 그 시장은 공급이 소수의 기업에 집중되어 있는 독점시장으로 구분하고, 시장집중률이 낮으면 공급이 다수의 기업에 의해 분산되어 있는 경쟁시장으로 구분한다. 한국개발연구원에서는 어떤 산업에서의 시장집중률이 80% 이상이면 독점시장, 60% 이상 80% 미만이면 과점시장, 60% 미만이면 경쟁시장으로 구분하고 있다. 시장집중률을 측정하는 기준에는 여러 가지가 있기 때문에 어느 것을 기준으로 삼느냐에 따라 측정 결과에 차이가 생기며, 이에 대한 경제학적인 해석도 달라진다. 어느 시장의 시장집중률을 '생산량' 기준으로 측정했을 때 A, B, C기업이 상위 3대 기업이고 시장집중률이 80%로 측정되었다고 하더라도, '매출액' 기준으로 측정했을 때는 D, E, F기업이 상위 3대 기업이 되고 시장집중률이 60%가 될 수도 있다.

이처럼 시장집중률은 시장 구조를 구분하는 데 매우 유용한 지표이며, 이를 통해 시장 내의 공급이 기업에 집중되는 양상을 파악해 볼 수 있다.

① 시장 구조의 변천사   ② 시장집중률의 개념과 의의
③ 독점시장과 경쟁시장의 비교   ④ 우리나라 시장점유율의 특성

04 다음 중 문제해결과정에서 선정된 문제를 분석하여 해결해야 할 것이 무엇인지 명확히 하는 단계는?

① 문제 인식   ② 문제 도출
③ 원인 분석   ④ 해결안 개발

05 다음 중 3C 분석에서 3C에 해당하지 것은?

① 자사(Company)   ② 경쟁사(Competitor)
③ 고객(Customer)   ④ 비용(Cost)

06 K공단 식당에는 간편식, 분식, 일식, 양식 코너가 있다. 다음 〈조건〉을 바탕으로 추론한 〈보기〉에 대한 판단으로 옳은 것은?

─〈조건〉─

- 간편식 코너는 가장 오른쪽에 있다.
- 분식 코너는 양식 코너보다 왼쪽에 있다.
- 일식 코너는 분식 코너보다 왼쪽에 있다.

─〈보기〉─

A : 일식 코너는 양식 코너보다 왼쪽에 있다.
B : 간편식 코너는 분식 코너보다 오른쪽에 있다.

① A만 옳다.
② B만 옳다.
③ A, B 모두 옳다.
④ A, B 모두 틀리다.

※ 제시된 명제가 모두 참일 때, 빈칸에 들어갈 결론으로 가장 적절한 것을 고르시오. [7~8]

07

- 철학은 학문이다.
- 모든 학문은 인간의 삶을 의미 있게 해준다.
- 그러므로 _____

① 철학과 학문은 같다.
② 학문을 하려면 철학을 해야 한다.
③ 철학은 인간의 삶을 의미 있게 해준다.
④ 철학을 하지 않으면 삶은 의미가 없다.

08

- 마라톤을 좋아하는 사람은 인내심이 있다.
- 몸무게가 무거운 사람은 체력이 좋고, 명랑한 사람은 마라톤을 좋아한다.
- 그러므로 _____

① 체력이 좋은 사람은 인내심이 없다.
② 명랑한 사람은 인내심이 있다.
③ 마라톤을 좋아하는 사람은 몸무게가 가볍다.
④ 몸무게가 무겁지 않은 사람은 체력이 좋지 않다.

09 귀하는 팀장의 업무지시를 받고 업무스케줄을 작성하였다. 다음 중 적절하지 않은 것은?

팀장 : ○○ 씨, 제가 한 시간 뒤에 출장을 가야 하니까 금일 업무에 대해서 미리 전달할게요. 우선 제가 10시에 나가기 전에 거래처에게 보여줄 샘플상품을 준비해 주세요. 그리고 제가 출장 간 후에 작성한 업무보고서는 점심시간 전까지 부서장님께 전달해 주세요. 오후에는 3시에 있을 프로젝트 회의를 준비해 주세요. 마이크, 노트북 등 프레젠테이션을 할 수 있도록 세팅을 부탁해요. 참! 점심 때 인사부 박부장님께서 오시기로 했어요. 만약 제가 늦는다면 약속장소에 대해 안내해 드리고 저에게 연락해 줘요. 바로 약속장소로 갈 테니까요. 그리고 오늘까지 지난 출장 때 사용했던 경비에 대해 지출결의서를 총무부에 제출해야 돼요. 업무처리를 위해서 퇴근하기 1시간 전까지는 직접 전달해 주세요. 그리고 관리부에 들러서 프로젝트 회의에 사용할 노트북도 대여해 주세요.

	시간	업무	
	09:00 ~ 10:00	• 팀장님 업무지시 수령 • 거래처 샘플상품 준비	업무 시간
①	10:00 ~ 11:00	• 부서장님께 업무보고서 전달	
	11:00 ~ 12:00		
②	12:00 ~ 13:00	• 인사부 박부장님 마중 (팀장님 부재 시 연락 및 약속장소 안내)	점심 시간
	13:00 ~ 14:00		
③	14:00 ~ 15:00	• 노트북 대여(관리부) • 프로젝트 회의 준비(마이크, 노트북 등 세팅)	업무 시간
	15:00 ~ 16:00		
	16:00 ~ 17:00		
④	17:00 ~ 18:00	• 지출결의서 제출(총무부)	
	−		퇴근

10 다음 중 잘못된 직업관을 가지고 있는 사람은?

① 항공사에서 근무하고 있는 A는 자신의 직업에 대해 긍지와 자부심을 갖고 있다.

② IT 회사에서 개발 업무를 담당하는 B는 업계 최고 전문가가 되기 위해 항상 노력한다.

③ 극장에서 근무 중인 C는 언제나 다른 사람에게 봉사한다는 마음을 가지고 즐겁게 일한다.

④ 화장품 회사에 입사한 신입사원 D는 입사 동기들보다 빠르게 승진하는 것을 목표로 삼았다.

11 다음은 귀하의 업체가 주로 거래하는 A은행에서 공지한 내용이다. 안내 사항을 잘못 이해한 것은?

〈서비스 개선 작업에 따른 A은행 거래 일시 중단 안내〉

항상 A은행을 이용해 주시는 고객님께 진심으로 감사드립니다.
고객님들께 더욱 편리하고 유용한 서비스를 제공하기 위한 개선작업으로 인해 서비스가 일시 중단되오니 고객님께 양해를 부탁드립니다.

• 제한일시 : 2024년 1월 5일(금) 00:00 ~ 24:00
• 제한서비스
  – 현금 입출금기(ATM, CD) 이용 거래
  – 인터넷뱅킹, 폰뱅킹, 모바일・스마트폰 뱅킹, 펌뱅킹 등 모든 전자 금융거래
  – 체크카드, 직불카드를 이용한 물품 구매, 인출 등 모든 거래(외국에서의 거래 포함)
  – 타 은행 ATM, 제휴CD기(지하철, 편의점 등)에서 A은행 계좌 거래
  ※ 인터넷뱅킹을 통한 대출 신청・실행・연기 및 지방세 처리 ARS 업무는 1월 8일(월) 12시(정오)까지 계속해서 중지됩니다.

단, 신용카드를 이용한 물품 구매, 고객센터 전화를 통한 카드・통장 분실 신고(외국에서의 신고 포함) 및 자기앞 수표 조회 같은 사고 신고는 정상 이용 가능하다는 점을 참고하시기 바랍니다.

항상 저희 A은행을 이용해 주시는 고객님께 늘 감사드리며, 이와 관련하여 더 궁금하신 점이 있다면 아래 고객센터 번호로 문의 부탁드리겠습니다.

A은행 1500-1234 / 1500-5678
A은행 카드사업부 1500-9875

---

① 1월 6일 내내 A은행의 지방세 처리 ARS 업무를 이용할 수 없다.
② 1월 8일 12시 이후부터 A은행에서 대출 신청이 가능하다.
③ 1월 5일 해외에서 체류 중이더라도, A은행의 고객센터를 통해 신용카드 분실 신고는 언제든지 가능하다.
④ 1월 5일 친구의 A은행 계좌로 돈을 입금하기 위해 다른 은행의 ATM기를 이용하더라도 정상적인 거래를 할 수 없다.

※ 다음 글을 읽고 이어지는 질문에 답하시오. [12~13]

오늘날 인류가 왼손보다 오른손을 선호하는 경향은 어디서 비롯되었을까? 무기를 들고 싸우는 결투에서 오른손잡이는 왼손잡이인 상대를 만나 곤혹을 치르곤 한다. 왼손잡이인 적수가 무기를 든 왼손은 뒤로 감춘 채 오른손을 내밀어 화해의 몸짓을 보이다가 방심한 틈에 공격할 수도 있다. 그러나 이런 상황이 왼손에 대한 폭넓고 뿌리 깊은 반감을 다 설명해 준다고는 생각되지 않는다. 예컨대 그런 종류의 겨루기와 거리가 멀었던 여성들의 오른손 선호는 어떻게 설명할 것인가? 오른손을 귀하게 여기고 왼손을 천대하는 현상은 어쩌면 산업화 이전 사회에서 배변 후 사용할 휴지가 없었다는 사실과 관련이 있을 법하다. 인류 역사에서 대부분의 기간 동안 배변 후 뒤처리를 담당한 것은 맨손이었다. 맨손으로 배변 뒤처리를 하는 것은 불쾌할뿐더러 병균을 옮길 위험을 수반하는 일이었다. 이런 위험의 가능성을 낮추는 간단한 방법은 음식을 먹거나 인사할 때 다른 손을 사용하는 것이었다. 기술 발달 이전의 사회에서는 대개 왼손을 배변 뒤처리에, 오른손을 먹고 인사하는 일에 사용했다. 이런 전통에서 벗어난 행동을 보면 사람들은 기겁하지 않을 수 없었다. 오른손과 왼손의 역할 분담에 관한 관습을 따르지 않는 어린아이는 벌을 받았을 것이다. 나는 이런 배경이 인간 사회에서 널리 나타나는 '오른쪽'에 대한 긍정과 '왼쪽'에 대한 반감을 어느 정도 설명해 줄 수 있으리라고 생각한다. 그러나 이 설명은 왜 애초에 오른손이 먹는 일에, 그리고 왼손이 배변 처리에 사용되었는지 설명해주지는 못한다. 확률로 말하자면 왼손이 배변 처리를 담당하게 될 확률은 1/2이다. 그렇다면 인간 사회 가운데 절반 정도는 왼손잡이 사회였어야 할 것이다. 그러나 동서양을 막론하고, 왼손잡이 사회는 확인된 바 없다. 세상에는 왜 온통 오른손잡이 사회뿐인지에 대한 근본적인 설명은 다른 곳에서 찾아야 할 것 같다. 한쪽 손을 주로 쓰는 경향은 뇌의 좌우 반구의 기능 분화와 관련되어 있는 것으로 보인다. 보고된 증거에 따르면, 왼손잡이는 읽기와 쓰기, 개념적·논리적 사고 같은 좌반구 기능에서 오른손잡이보다 상대적으로 미약한 대신 상상력, 패턴 인식, 창의력 등 전형적인 우반구 기능에서는 상대적으로 기민한 경우가 많다. 비비원숭이의 두개골 화석을 연구함으로써 오스트랄로피테쿠스가 어느 손을 즐겨 썼는지를 추정할 수 있다. 이들이 비비원숭이를 몽둥이로 때려서 입힌 상처의 흔적이 남아 있기 때문이다. 연구에 따르면 오스트랄로피테쿠스는 약 80%가 오른손잡이였다. 이는 현대인과 거의 일치한다. 사람이 오른손을 즐겨 쓰듯 다른 동물들도 앞발 중에 더 선호하는 쪽이 있는데, 포유류에 속하는 동물들은 대개 왼발을 즐겨 쓰는 것으로 나타났다. 이들 동물에서도 뇌의 좌우 반구 기능은 인간과 본질적으로 다르지 않으며, 좌우 반구의 신체 제어에서 좌우 교차가 일어난다는 점도 인간과 다르지 않다. 왼쪽과 오른쪽의 대결은 인간이라는 종의 먼 과거까지 거슬러 올라간다. 나는 이성 대 직관의 힘겨루기, 뇌의 두 반구 사이의 힘겨루기가 오른손과 왼손의 힘겨루기로 표면화된 것이 아닐까 생각한다. 즉, 오른손이 원래 왼손보다 더 능숙했기 때문이 아니라 뇌의 좌반구가 인간의 행동을 지배하는 권력을 갖게 되었기 때문에 오른손 선호에 이르렀다는 생각이다. 그리고 이것이 사실이라면 직관적 사고에 대한 논리적 비판은 거시적 관점에서 그 타당성을 의심해볼 만하다. 어쩌면 뇌의 우반구 역시 좌반구의 권력을 못마땅하게 여기고 있는지도 모른다. 다만 논리적인 언어로 반론을 펴지 못할 뿐이다.

12 다음 중 윗글을 통해 알 수 있는 내용으로 적절하지 않은 것은?

① 위생에 관한 관습은 명문화된 규범 없이도 형성될 수 있다.

② 직관적 사고보다 논리적 사고가 인간의 행위를 더 강하게 지배해 왔다고 볼 수 있다.

③ 인류를 제외한 포유류 대부분의 경우에는 뇌의 우반구가 좌반구와의 힘겨루기에서 우세하다고 볼 수 있다.

④ 먹는 손과 배변을 처리하는 손이 다르게 된 이유는 각 행위에 요구되는 뇌 기능이 다르기 때문이다.

13 다음 중 윗글의 주장과 상반되는 진술은?

① 오스트랄로피테쿠스의 지능은 현생 인류에 비하여 현저하게 뒤떨어지는 수준이었다.

② '왼쪽'에 대한 반감의 정도가 서로 다른 여러 사회에서 왼손잡이의 비율은 거의 일정함이 밝혀졌다.

③ 오른손잡이와 왼손잡이가 뇌의 해부학적 구조에서 유의미한 차이를 보이지 않는다는 사실이 입증되었다.

④ 진화 연구를 통해 인류 조상들의 행동 성패를 좌우한 것이 언어·개념과 무관한 시각 패턴 인식 능력이었음이 밝혀졌다.

14 다음 중 ㉠과 ㉡에 들어갈 내용으로 가장 적절한 것은?

제목 : _____㉠_____
서론 : 환경오염의 심각성이 날로 더해 간다.
본론 :
1. 환경오염 현상에 대한 우리의 반응
　㉮ 부정적 모습 : 환경오염을 남의 일인 양 생각하는 모습
　㉯ 긍정적 모습 : 환경오염의 심각성을 깨닫고 적극적으로 나서는 모습
2. 환경오염의 심각성을 깨닫지 못하는 사람
　㉮ 잠시의 편안함을 위해 주위 환경을 함부로 훼손하는 사람
　㉯ 다른 사람의 환경오염에 대해 참견을 하려고 하지 않는 사람
3. 환경오염 방지에 적극적으로 나서는 사람
　㉮ 자신부터 환경을 오염시키지 않으려는 사람
　㉯ 환경오염 방지는 물론 쾌적한 환경을 위해 노력하는 사람
결론 : _____㉡_____

① ㉠ : 환경오염에 대한 인식
　㉡ : 환경오염의 심각성을 인식하고 이를 방지하기 위해 전 국민적인 노력이 필요하다.

② ㉠ : 환경오염 방지의 생활화
　㉡ : 환경오염 방지를 위한 정부의 대책 마련이 시급하다.

③ ㉠ : 환경 보호의 중요성
　㉡ : 우리가 물려받은 환경을 우리의 후손에게 물려주어야 한다.

④ ㉠ : 자연적 환경과 문화적 환경
　㉡ : 자연적 환경뿐만 아니라 문화적 환경에 대한 중요성을 강조한다.

※ 다음 제시된 상황을 보고 이어지는 질문에 답하시오. **[15~16]**

〈사회통합프로그램 소개〉

Ⅰ. 과정 및 이수시간(2024년 1월 현재)

구분	0단계	1단계	2단계	3단계	4단계	5단계
과정	기초	한국어와 한국문화				한국사회의 이해
		초급 1	초급 2	중급 1	중급 2	
이수시간	15시간	100시간	100시간	100시간	100시간	50시간
사전평가	구술 3점 미만 (지필점수 무관)	3점 ~ 20점	21점 ~ 40점	41점 ~ 60점	61점 ~ 80점	81점 ~ 100점

Ⅱ. 사전평가

1. 평가 대상 : 사회통합프로그램 참여 신청자는 모두 응시해야 함
2. 평가 내용 : 한국어 능력 등 기본소양 정도
3. 평가 장소 : 관할 출입국에서 지정하는 별도 장소
4. 평가 방법 : 필기시험(45) 및 구술시험(5) 등 총 50문항
   가. 필기시험(45문항, 90점)
      - 문항 수는 총 45문항으로 객관식(43), 단답형 주관식(2)
      - 시험시간은 총 50분
      - 답안지는 OMR카드를 사용함
   나. 구술시험(5문항, 10점)
      - 문항 수는 총 5문항으로 읽기, 이해하기, 대화하기, 듣고 말하기 등으로 구성
      - 시험시간은 총 10분
※ 사전평가일로부터 6개월 이내에 교육에 참여하지 않은 경우 해당 평가는 무효가 되며, 다시 사전 평가에 응시하여 단계배정을 다시 받아야만 교육 참여가능 → 이 경우에는 재시험 기회가 추가로 부여되지 않음(평가 결과에 불만이 있더라도 재시험을 신청할 수 없음)
※ 사회통합프로그램의 '0단계(한국어 기초)'부터 참여하기를 희망하는 경우에 한해 사전평가를 면제 받을 수 있습니다. 사전평가를 면제받고자 할 경우에는 사회통합프로그램 참여신청 화면의 '사전평가 응시여부'에 '아니오'를 체크하셔야 합니다.

Ⅲ. 참여 시 참고사항

1. 참여 도중 출산, 치료, 가사 등 불가피한 사유로 30일 이상 계속 참여가 불가능할 경우 참여자는 사유발생일로부터 15일 이내에 사회통합정보망(마이페이지)을 통해 이수정지 신청을 해야 함 → 이 경우 사유 종료 후 계속해서 해당 과정에 참여하며, 과거 이수사항 및 이수시간을 계속 승계하며, 이수정지 후 2년 이상 재등록하지 않을 경우 직권제적 대상이 되므로, 계속 참여 의사가 있는 경우에는 2년 이내에 재등록해야 함
2. 참여 도중 30일 이상 무단으로 결석할 경우 제적 조치하고, 이 경우에는 해당단계에서 이미 이수한 사항은 모두 무효 처리함

15 다음 〈보기〉 중 2024년 1월에 같은 강의를 듣는 사람끼리 바르게 짝지은 것은?

─────〈보기〉─────

ㄱ. 사전평가에서 구술 10점, 필기 30점을 받은 A씨

ㄴ. 사전평가에서 구술 2점, 필기 40점을 받은 B씨

ㄷ. 1년 전 초급1 과정을 30시간 들은 후 이수정지 신청을 한 후 재등록한 C씨

ㄹ. 사전평가에 응시하지 않겠다고 의사를 표시한 후 참여를 신청한 D씨

① ㄱ, ㄴ　　　　　　　　　　　② ㄱ, ㄷ
③ ㄴ, ㄷ　　　　　　　　　　　④ ㄴ, ㄹ

16 고객 상담 게시판에 게시된 다음 문의내용에 따라 고객이 다음 단계에 이수해야 할 과정과 이수시간을 바르게 나열한 것은?

고객 상담 게시판
[1 : 1 상담요청] 제목 : 이수 과목 관련 문의드립니다.　　　　　　　　　　　　　2024. 1. 1
안녕하세요. 2023년 2월에 한국어와 한국문화 초급 2 과정을 수료한 후, 중급 1 과정 30시간을 듣다가 출산 때문에 이수정지 신청을 했었습니다. 다음 달부터 다시 프로그램에 참여하고자 하는데, 어떤 과정을 몇 시간 더 들어야 하나요? 답변 부탁드립니다.

	과정	이수시간
①	초급 2	70시간
②	초급 2	100시간
③	중급 1	70시간
④	중급 1	100시간

17 다음은 K편집팀의 새로운 도서분야 시장진입을 위한 신간 회의 내용이다. 의사결정방법 중 하나인 '브레인 스토밍'을 활용할 때, 이에 적절하지 않게 행동한 사람을 모두 고르면?

> A사원 : 신문 기사를 보니 세분화된 취향을 만족시키는 잡지들이 주목받고 있다고 하던데, 우리 팀에서도 소수의 취향을 주제로 한 잡지를 만들어 보는 건 어떨까요?
>
> B대리 : 그건 수익성은 생각하지 않은 발언인 것 같네요.
>
> C과장 : 아이디어는 많으면 많을수록 좋죠. 더 이야기해 봐요.
>
> D주임 : 요새 직장생활에 관한 이야기를 주제로 독자의 공감을 이끌어내는 도서들이 많이 출간되고 있습니다. '연봉'과 관련한 실용서를 만들어 보는 건 어떨까요? 신선하고 공감을 자아내는 글귀와 제목, 유쾌한 일러스트를 표지에 실어서 눈에 띄게 만들어 보는 것도 좋을 것 같습니다.
>
> E차장 : 위 두 아이디어 모두 신선하네요. '잡지'의 형식으로 가면서 직장인과 관련된 키워드를 매달 주제로 해 발간해 보면 어떨까요? 창간호 키워드는 '연봉'이 좋겠군요.

① A사원

② B대리

③ B대리, C과장

④ A사원, D주임, E차장

18 A팀장은 급하게 해외 출장을 떠나면서 B대리에게 다음과 같은 메모를 남겨두었다. B대리가 가장 먼저 처리해야 할 일은?

> B대리, 지금 급하게 해외 출장을 가야 해서 오늘 처리해야 하는 것들 메모 남겨요.
>
> 오후 2시에 거래처와 미팅 있는 거 알고 있죠? 오전 내로 거래처에 전화해서 다음 주 중으로 다시 미팅날짜 잡아 줘요. 그리고 오늘 신입사원들과 점심 식사하기로 한 거 난 참석하지 못하니까 다른 직원들이 참석해서 신입사원들 고충도 좀 들어주고 해요. 식당은 지난번 갔었던 한정식집이 좋겠네요. 점심 때 많이 붐비니까 오전 10시까지 예약전화하는 것도 잊지 말아요. 식비는 법인카드로 처리하도록 하고, 오후 5시에 진행할 회의 PPT는 거의 다 준비되었다고 알고 있는데 바로 나한테 메일로 보내 줘요. 확인하고 피드백해 줄게요. 아, 그 전에 내가 중요한 자료를 안 가지고 왔어요. 그것부터 메일로 보내 줘요. 고마워요.

① 점심 예약전화를 한다.

② 회의 자료를 준비한다.

③ 메일로 회의 PPT를 보낸다.

④ 메일로 A팀장이 요청한 자료를 보낸다.

19 K은행 S지점에서는 새로 출시된 금융상품 및 신용카드 상품을 홍보하기 위해 판촉 행사를 열기로 했다. 다음 기획안에서 C계장의 지시에 따라 우선적으로 예산을 조정할 항목으로 가장 적절한 것은?

〈K은행 S지점 '고객 행복의 날' 개요〉

1. 대상 : S지점 소재지인 S시 시민과 고객
2. 일시 및 장소 : 2024년 6월 20일 오전 10시 ~ 오후 4시 시민공원 내 만남의 광장
3. 내용
   - 인형탈 쓰고 고객과 사진 찍기 코너 운영
   - 어린이 고객에게 풍선 증정(공기주입기 대여)
   - 금융상품 및 카드 상품 브로슈어 배포
   - 상품설명부스에서는 4명이 2조로 나누어 2시간마다 교대 배치
   - 상품 가입 고객에게 경품 증정(무릎담요, 보조배터리, 화장품 세트 중 택1)
4. 기타
   - 날씨가 매우 더울 것으로 예상, 휴대용 선풍기 및 생수박스 준비
   - 행사 마친 후 지점 전체 회식 예정(××갈비)

C계장 : 어쩌죠? 공원 내 부스 대여료가 지난달부터 오르고, 우리가 대여할 부스는 크기가 커서 추가요금이 있다고 하네요. 본사에서 지원되는 예산은 정해져 있어서, 어쩔 수 없이 예산을 줄여야 할 것 같아요. 기획안을 다시 검토하고 수정해 주세요.

① 풍선 공기주입기   ② 브로슈어
③ 휴대용 선풍기와 생수   ④ 회식비

20 2000년대 이르러 글로벌 금융위기 등 전 세계적 저성장기가 고착화되는 상황에서 수출 주도형 성장전략에 대한 비판이 제기되었다. 다음 중 비판의 내용으로 적절하지 않은 것은?

우리나라를 비롯한 아시아의 대만, 홍콩, 싱가포르 등의 신흥 강대국들은 1960년대 이후 수출주도형 성장전략을 국가의 주요한 성장전략으로 활용하면서 눈부신 경제성장을 이루어 왔다. 이러한 수출주도형 성장전략은 신흥 강대국들의 부상을 이끌면서 전 세계적인 전략으로 자리매김을 하였으며, 이의 전략을 활용하고자 하는 국가가 나타나면서 그 효과에 대한 인정을 받아온 측면이 존재하였다.

기본적으로 수출주도형 성장전략은 수요가 외부에 존재한다는 측면에서 공급중시 경제학적 관점을 띄고 있다고 볼 수 있다. 이는 수출주도형 국가가 물품을 생산하여 수출하면, 타 국가에서 이를 소비한다는 측면에서 공급이 수요를 창출한다고 하는 '세이의 법칙(Say's Law)'과 같은 맥락으로 설명될 수 있다. 고전학파 – 신고전학파로 이어지는 주류경제학 중 공급중시 경제학에서는 기업부분의 역할을 강조하면서 이를 위해 민간 부문의 지속적인 투자의식 고취를 위한 세율인하 등 규제완화에 주력해 왔던 측면이 있다.

① 외부의 수요에 의존하기 때문에 세계 경제 변동의 영향이 너무 커요.
② 외부 의존성을 낮추고 국내의 수요에 기반한 안정적 정책마련이 필요해요.
③ 내부의 수요를 증대시키는 것이 결국 기업의 투자활동을 촉진할 수 있어요.
④ 내부의 수요를 증대시키기 위해 물품을 생산하여 공급하는 것이 중요해요.

21 다음 글의 내용으로 적절하지 않은 것은?

'갑'이라는 사람이 있다고 하자. 이때 사회가 갑에게 강제적 힘을 행사하는 것이 정당화되는 근거는 무엇일까? 그것은 갑이 다른 사람에게 미치는 해악을 방지하려는 데에 있다. 특정 행위가 갑에게 도움이 될 것이라든가, 이 행위가 갑을 더욱 행복하게 할 것이라든가 또는 이 행위가 현명하다든가 혹은 옳은 것이라든가 하는 이유를 들면서 갑에게 이 행위를 강제하는 것은 정당하지 않다. 이러한 이유는 갑에게 권고하거나 이치를 이해시키거나 무엇인가를 간청하거나 하는 데는 충분한 이유가 된다. 그러나 갑에게 강제를 가하는 이유 혹은 어떤 처벌을 가할 이유는 되지 않는다. 이와 같은 사회적 간섭이 정당화되기 위해서는 갑이 행하려는 행위가 다른 어떤 이에게 해악을 끼칠 것이라는 점이 충분히 예측되어야 한다. 한 사람이 행하고자 하는 행위 중에서 그가 사회에 대해서 책임을 져야 할 유일한 부분은 다른 사람에게 관계되는 부분이다.

① 개인에 대한 사회의 간섭은 어떤 조건이 필요하다.
② 행위 수행 혹은 행위 금지의 도덕적 이유와 법적 이유는 구분된다.
③ 한 사람의 행위는 타인에 대한 행위와 자신에 대한 행위로 구분된다.
④ 사회는 개인의 해악에 관해서는 관심이 있지만, 그 해악을 방지할 강제성의 근거는 가지고 있지 않다.

22 다음 〈조건〉에 따라 교육부, 행정안전부, 보건복지부, 농림축산식품부, 외교부 및 국방부에 대한 국정감사 순서를 정한다고 할 때, 항상 옳은 것은?

─────〈조건〉─────

• 행정안전부에 대한 감사는 농림축산식품부와 외교부에 대한 감사 사이에 한다.
• 국방부에 대한 감사는 보건복지부나 농림축산식품부에 대한 감사보다 늦게 시작되지만, 외교부에 대한 감사보다 먼저 시작한다.
• 교육부에 대한 감사는 아무리 늦어도 보건복지부 또는 농림축산식품부 중 적어도 어느 한 부서에 대한 감사보다는 먼저 시작되어야 한다.
• 보건복지부는 농림축산식품부보다 먼저 감사를 시작한다.

① 교육부는 첫 번째 또는 두 번째로 감사를 시작한다.
② 보건복지부는 두 번째로 감사를 시작한다.
③ 농림축산식품부보다 늦게 감사를 받는 부서의 수가 일찍 받는 부서의 수보다 적다.
④ 국방부는 행정안전부보다 감사를 일찍 시작한다.

23 다음 중 문제원인의 패턴에 대한 설명으로 옳은 것은?

① 문제원인의 패턴에는 단순한 인과관계, 추상적 인과관계, 닭과 계란의 인과관계, 복잡한 인과관계가 있다.
② 단순한 인과관계로는 브랜드의 향상이 매출확대로 이어지고, 매출확대가 다시 브랜드의 인지도 향상으로 이어지는 경우가 있다.
③ 닭과 계란의 인과관계로는 소매점에서 할인율을 자꾸 내려서 매출 점유율이 내려가기 시작하는 경우가 있다.
④ 복잡한 인과관계는 단순한 인과관계와 닭과 계란의 인과관계의 두 유형이 복잡하게 서로 얽혀 있는 경우이다.

※ 다음은 K공단이 작성한 중대성 평가 매트릭스와 주요 이슈 보고서이다. 이어지는 질문에 답하시오. [24~25]

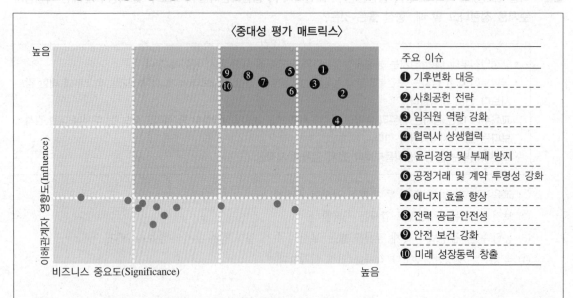

〈중대성 평가 매트릭스〉

주요 이슈
❶ 기후변화 대응
❷ 사회공헌 전략
❸ 임직원 역량 강화
❹ 협력사 상생협력
❺ 윤리경영 및 부패 방지
❻ 공정거래 및 계약 투명성 강화
❼ 에너지 효율 향상
❽ 전력 공급 안전성
❾ 안전 보건 강화
❿ 미래 성장동력 창출

〈주요 이슈 보고서〉

순번	이슈 분야	주요 이슈	보고 경계						캐치프레이즈
			내부	외부					
				고객	주주, 투자자	지역 사회	정부, 유관기관	파트너	
1	대기배출	기후변화 대응	●	●			●		환경을 지켜갑니다.
2	지역사회	사회공헌 전략	●			●			모두와 함께합니다.
3	훈련 및 교육	임직원 역량 강화	●						사람을 생각합니다.
4	구매관행	협력사 상생협력	●					●	모두와 함께합니다.
5	반(反)부패	윤리경영 및 부패 방지	●	●	●			●	윤리경영
6	시장경쟁 저해행위	공정거래 및 계약 투명성 강화	●					●	모두와 함께합니다.
7	에너지	에너지 효율 향상	●				●		환경을 지켜갑니다.
8	효용 및 신뢰	전력 공급 안전성	●	●			●		(가)
9	보건 및 안전	안전 보건 강화	●			●			(나)
10	추가 이슈	미래 성장동력 창출	●			●	●		(다)

24 K공단은 지속가능한 경영을 위한 내·외부 이해관계자로부터 제기되는 다양한 기대 및 관심사항을 조사하여 다음과 같이 중대성 평가 매트릭스를 작성하였다. 이에 대한 해석으로 옳지 않은 것은?

① 선정된 10개의 이슈 중 협력사 상생협력의 이해관계자 영향도 순위가 가장 낮다.

② 이해관계자 영향도나 비즈니스 중요도가 에너지 효율 향상 이슈보다 높은 것은 모두 9개다.

③ 사회공헌 전략이 비즈니스 중요도 측면에서 가장 높지만, 이해관계자 영향도 측면에서는 전체 이슈 중두 번째로 낮다.

④ 기후변화 대응은 이해관계자 영향도 측면에서 가장 높지만, 비즈니스 중요도 측면에서는 사회공헌 전략보다 낮다.

25 다음 중 (가) ~ (다)에 들어갈 내용이 바르게 연결된 것은?

	(가)	(나)	(다)
①	미래로 나아갑니다.	모두와 함께합니다.	환경을 지켜갑니다.
②	미래로 나아갑니다.	사람을 생각합니다.	모두와 함께합니다.
③	고객이 우선입니다.	안전을 생각합니다.	모두와 함께합니다.
④	고객이 우선입니다.	안전을 생각합니다.	미래로 나아갑니다.

26 다음 중 문제해결안 개발방법에 대한 설명으로 옳지 않은 것은?

① 해결안 개발은 문제로부터 도출된 근본원인을 효과적으로 해결할 수 있는 최적의 해결방안을 수립하는단계이다.

② 해결안 개발은 해결안 도출, 해결안 평가 및 최적안 선정의 절차로 진행된다.

③ 해결안 선정은 중요도만을 고려해서 평가를 내린다.

④ 해결안을 도출할 때는 같은 해결안을 그루핑(Grouping)하는 과정을 통해 해결안을 정리해야 한다.

27 다음 중 최근에 많이 사용되고 있는 퍼실리테이션의 문제해결에 대한 설명으로 옳지 않은 것은?

① 어떤 그룹이나 집단이 의사결정을 잘하도록 도와주는 일을 의미한다.

② 깊이 있는 커뮤니케이션을 통해 서로의 문제점을 이해하고 공감함으로써 창조적인 문제해결을 도모한다.

③ 구성원의 동기뿐만 아니라 팀워크도 한층 강화되는 특징을 보인다.

④ 제3자가 합의점이나 줄거리를 준비해놓고 예정대로 결론을 도출한다.

※ 다음 글을 읽고 이어지는 질문에 답하시오. [28~29]

눈의 건조가 시력저하 부른다?

세상을 보는 창인 '눈'은 사계절 중 특히 봄에 건강을 위협받기 쉽다. 건조한 날씨와 더불어 꽃가루, 황사 먼지 등이 우리 눈에 악영향을 끼치기 때문이다. 그 예로 들 수 있는 것이 눈의 건조증이다. 눈이 건조해지면 눈이 쉽게 피로하고 충혈되는 증상이 나타난다. 그리고 여기에 더해 시력이 떨어지는 일이 일어나기도 한다.

우리는 가까운 사물을 볼 때 눈을 잘 깜빡거리지 않는 경향이 있다. 이런 경향은 TV 화면, 컴퓨터, 스마트폰 등에 집중할 때 더해진다. 이 경우 눈의 건조는 더욱 심해질 수밖에 없다. 그렇다면 어떻게 해야 할까? 수시로 수분을 섭취하고 눈을 자주 깜빡이면서 눈의 건조를 막으려는 노력을 해야 한다. 또 1시간에 한 번 2~3분씩 눈을 감은 상태에서 눈동자를 굴리는 것도 눈 근육 발달에 도움을 주어 시력 저하를 막을 수 있다. 가벼운 온찜질로 눈의 피로를 풀어주는 것도 좋은 방법이다.

컴퓨터 화면 증후군 예방법

미국안과의사협회와 코넬 대학은 컴퓨터 화면 증후군을 '컴퓨터 가까이에서 일하거나 컴퓨터를 사용하는 동안 올바른 작업 환경에서 일하지 못해서 눈과 시력에 생기는 여러 가지 증상'이라고 정의한다. 최근 컴퓨터 화면 증후군이 점점 더 많아지고 있는 가운데 미국안과의사협회에서는 컴퓨터 화면 증후군 예방법을 내놓았다.

가장 필요한 것은 눈에 휴식을 주는 것이다. 1시간에 5~10분 정도 눈을 쉬어 주는 것이 눈 건강에 도움이 된다고 한다. 또한 시력은 평생 변하므로 시력이 좋은 사람이라도 정기적인 안과 검사를 통해 시력 교정을 해주어야 하며, 노안이 시작되는 사람은 컴퓨터 사용을 위한 작업용 안경을 맞추는 것이 좋다. 또 업무 시간 내 연속적인 컴퓨터 작업을 피해 전화 걸기, 고객 접대 같은 눈에 무리가 가지 않는 일을 하는 것이 좋으며 야간작업을 할 때는 실내 전체 조명은 어둡게 하고 부분 조명을 사용하면 서로 다른 빛 방향으로 시력이 증진된다고 전했다. 컴퓨터를 자주 사용하는 사람은 보호 필터를 설치하고 모니터의 글씨를 크게 하여 눈이 뚫어지게 집중하는 것을 피하는 것이 좋다.

눈 건강을 위한 영양소

칼슘은 뼈와 치아뿐 아니라 인체 조직의 회복을 돕는 데 전반적인 작용을 한다. 특히 눈을 깜빡이는 근육의 힘이나 염증을 치료하는 데 탁월한 효과를 보인다. 또한, 눈과 관련된 영양소 중 가장 많이 알려진 것은 바로 비타민 A다. 야맹증과 안구건조증, 결막염에 효과가 좋으며 비타민 A와 관련된 복합체 중 하나인 카로티노이드는 망막과 황반의 구성 성분으로 노안으로 시력이 감퇴하는 것을 막아 준다. 다음으로 비타민 C는 피로 회복에 도움을 주고 백내장 발병률을 저하시키며 루틴은 눈 건강을 위한 항염 작용에 도움이 된다. 특히 혈행을 개선해 주는 효과가 탁월한 오메가3는 망막의 구성 성분으로 나이가 들수록 퇴화하는 망막 세포의 손상을 막아 주고, 비타민 B는 시신경 세포의 물질대사를 활발하게 만들어 시신경을 튼튼하고 건강하게 해준다.

28 다음 중 눈 건강을 위한 행동으로 가장 적절한 것은?

① 가까운 사물을 볼 때 눈을 잘 깜빡거리지 않는다.

② 시력이 1.5 이상이면 2년에 한 번 안과검진을 받는다.

③ 비타민 A와 C는 다량 섭취하면 오히려 눈 건강에 좋지 않으니 소량만 섭취한다.

④ 야간작업 시 실내 전체 조명은 어둡게 하고 부분 조명을 사용한다.

29 다음 중 눈 건강을 위한 영양소와 효능이 바르게 연결되지 않은 것은?

① 비타민 A – 야맹증, 안구건조증, 결막염

② 카로티노이드 – 시력 감퇴 예방

③ 비타민 C – 피로 회복, 백내장 발병률 저하

④ 루틴 – 망막 세포의 손상 예방

30 이사원은 시설관리팀 행정원이다. 어느 날 각종 안전 관련 매뉴얼을 살펴보던 중 해당 매뉴얼들의 업데이트 필요성을 인식하게 되었다. 이사원은 팀장에게 이에 대해 보고하고 얼마 후 업데이트한 매뉴얼을 팀장에게 전달했다. 팀장은 매뉴얼을 본 후 다른 내용은 괜찮지만 실현 가능성이 제대로 고려되지 않은 것 같다고 하였다. 다음 중 이사원이 고려해야 할 항목 중 가능성이 가장 낮은 항목은?

① 개발기간   ② 적용가능성

③ 개발능력   ④ 고객만족도

31 K공단은 2024년 신입사원 채용을 진행하고 있다. 최종 관문인 면접평가는 다대다 전형으로 A ~ E면접자를 포함하여 총 8명이 입장하여 다음 〈조건〉과 같이 의자에 앉았다. D면접자가 2번 의자에 앉았다면, 항상 옳은 것은?(단, 면접실 의자는 순서대로 1번부터 8번까지 번호가 매겨져 있다)

〈조건〉

• C면접자와 D면접자는 이웃해 앉지 않고, D면접자와 E면접자는 이웃해 앉는다.
• A면접자와 C면접자 사이에는 2명이 앉는다.
• A면접자는 양 끝(1번, 8번)에 앉지 않는다.
• B면접자는 6번 또는 7번 의자에 앉고, E면접자는 3번 의자에 앉는다.

---

① A면접자는 4번에 앉는다.

② C면접자는 1번에 앉는다.

③ A면접자와 B면접자가 서로 이웃해 앉는다면 C면접자는 4번 또는 8번에 앉는다.

④ B면접자가 7번에 앉으면, A면접자와 B면접자 사이에 2명이 앉는다.

32 다음 〈조건〉을 통해 얻을 수 있는 결론으로 옳은 것은?

〈조건〉

• 재현이가 춤을 추면 서현이나 지훈이가 춤을 춘다.
• 재현이가 춤을 추지 않으면 종열이가 춤을 춘다.
• 종열이가 춤을 추지 않으면 지훈이도 춤을 추지 않는다.
• 종열이는 춤을 추지 않았다.

---

① 서현이만 춤을 추었다.

② 지훈이만 춤을 추었다.

③ 재현이와 지훈이 모두 춤을 추었다.

④ 재현이와 서현이 모두 춤을 추었다.

33 다음 중 예절에 대한 설명으로 옳지 않은 것은?

① 예절은 언어문화권과 밀접한 관계를 갖는다.

② 같은 문화권에 사는 사람들이 가장 바람직한 방법이라고 여겨 모두 그렇게 행하는 생활방법이다.

③ 국가와 겨레가 달라도 예절은 동일하다.

④ 한 나라 안에서는 예절이 통일되어야 국민으로서 생활하기 수월하다.

34 다음은 K공단의 전화응대 매뉴얼이다. 매뉴얼을 참고하여 바르게 답변한 것은?

〈전화응대 매뉴얼〉

1. 전화를 받을 땐 먼저 본인의 소속과 이름을 밝힌다.
2. 동료가 자리를 비울 땐 전화를 당겨 받는다.
3. 전화 당겨 받기 후 상대방에게 당겨 받은 이유를 설명한다.
4. 친절하게 응대한다.
5. 통화내용을 메모로 남긴다.
6. 전화 끊기 전 메모 내용을 다시 한 번 확인한다.
7. 시간 지체가 없도록 펜과 메모지를 항상 준비해 둔다.

A사원 : 네, 전화받았습니다. ··· ①

B사원 : 안녕하세요. 연금급여실 C대리님 자리에 안 계신가요?

A사원 : 네, C대리님이 오늘부터 이틀간 지방 출장이셔서 제가 대신 받았습니다. ······ ②

B사원 : 네, 그렇군요. 여기는 서비스부서입니다.

A사원 : 어떤 일로 전화하셨나요?

B사원 : 다름이 아니라 고객 문의 사항 회신 관련 답변이 없어 전화했습니다.

A사원 : 죄송합니다만, 제 담당이 아니라 잘 알지 못합니다.

B사원 : 그러면, 담당자 분께 고객이 직접 전화 달라는 내용 좀 전해 주시겠습니까?

A사원 : 네, 잠시만요, 메모지 좀 찾을게요…. ·· ③

　　　　담당자가 오시면 메모 전해 드리겠습니다. ······························· ④

B사원 : 네, 감사합니다.

---

35 다음 글과 가장 관련 있는 한자성어는?

> 정부는 호화생활을 누리면서도 세금을 내지 않는 악의적 고액·상습 체납자에 대해 제재를 강화하기로 하였다. 정부가 추진하는 방안에 따르면 정당한 사유 없이 국세를 상습적으로 체납할 경우 최대 30일간 유치장에 가둘 수 있다. 여권 미발급자에게는 출국 금지 조치가 취해질 수 있고, 당사자뿐 아니라 가까운 친인척에 대해서도 금융거래정보 조회가 이뤄질 수 있다. 이는 악성 체납자를 뿌리 뽑겠다는 정부의 강력한 의지 표시이다. 국세청에 따르면 고가 아파트에 살고 외제차를 몰면서 2억 원 이상의 세금 납부를 미루고 있는 고액 체납자는 3만 5,000명이 넘는다. 이들의 체납액은 102조 6,000억 원에 달하지만, 추적 실적은 1조 1,555억 원으로 징수율이 1.1%에 불과하다.
> 이처럼 호화생활 고액 체납자는 강력한 제재로 다스려야 마땅하다. 성실하게 세금을 납부하는 대다수 국민에게 상대적 박탈감을 주고, 계층 간의 위화감으로 사회 통합에 걸림돌이 될 수 있기 때문이다.

① 일벌백계 　　　　　　　　　② 유비무환
③ 일목파천 　　　　　　　　　④ 가정맹어호

36 다음 〈보기〉에서 밑줄 친 단어의 쓰임이 적절하지 않은 것을 모두 고르면?

> ───────〈보기〉───────
> ㄱ. 일이 하도 많아 밤샘 작업이 <u>예삿일</u>로 되어 버렸다.
> ㄴ. 아이는 <u>등굣길</u>에 문구점에 잠깐 들른다.
> ㄷ. 지하 <u>전셋방</u>에서 살림을 시작한 지 10년 만에 집을 장만하였다.
> ㄹ. <u>조갯살</u>로 국물을 내어 칼국수를 끓이면 시원한 맛이 일품이다.
> ㅁ. 우리는 저녁을 어디서 먹을까 망설이다가 만장일치로 <u>피잣집</u>에 갔다

① ㄱ, ㄴ 　　　　　　　　　② ㄱ, ㄷ
③ ㄴ, ㄷ 　　　　　　　　　④ ㄷ, ㅁ

37 다음은 도덕적 해이와 역선택에 대한 사례이다. 역선택의 사례에 해당하는 것을 모두 고르면?

> ㉠ A사장으로부터 능력을 인정받아 대리인으로 고용된 B씨는 A사장이 운영에 대해 세밀히 보고를 받지 않는다는 것을 알게 되었고, 이후 보고서에 올려야 하는 중요한 사업만 신경을 쓰고 나머지 회사 업무는 신경을 쓰지 않았다.
> ㉡ C회사가 모든 사원에게 평균적으로 책정한 임금을 지급하기로 결정하자, 회사의 임금 정책에 만족하지 못한 우수 사원들이 퇴사하게 되었다. 결국 능력이 뛰어나지 않은 사람들만 C회사에 지원하게 되었고, 실제로 고용된 사원들은 우수 사원이 될 가능성이 낮았다.
> ㉢ 중고차를 구입하는 D업체는 판매되는 중고차의 상태를 확신할 수 없다고 판단하여 획일화된 가격으로 차를 구입하기로 하였다. 그러자 상태가 좋은 중고차를 가진 사람은 D업체에 차를 팔지 않게 되었고, 결국 D업체는 상태가 좋지 않은 중고차만 구입하게 되었다.
> ㉣ 공동생산체제의 E농장에서는 여러 명의 대리인이 함께 일하고, 그 성과를 나누어 갖는다. E농장의 주인은 최종 결과물에만 관심을 갖고, 대리인 개개인이 얼마나 노력하였는지는 관심을 갖지 않았다. 시간이 지나자 열심히 일하지 않는 대리인이 나타났고, 그는 최종 성과물의 분배에만 참여하기 시작하였다.

① ㉠, ㉡
③ ㉡, ㉢
② ㉠, ㉢
④ ㉡, ㉣

38 다음 중 개인윤리와 직업윤리의 관계에 대한 설명으로 옳지 않은 것은?

① 직업윤리란 개인윤리를 바탕으로 각자가 직업에 종사하는 과정에서 요구되는 특수한 윤리규범이다.
② 일반적으로 개인윤리가 직업윤리에 포함되지만, 가끔은 충돌하기도 한다.
③ 모든 사람은 직업의 성격에 따라 각각 다른 직업윤리를 가지며, 직업윤리는 개인윤리에 비해 특수성을 갖고 있다.
④ 직업에 종사하는 현대인으로서 누구나 공통적으로 지켜야 할 윤리기준을 직업윤리라고 한다.

39 민호는 겨울방학 동안 6개의 도시를 여행했다. 부산이 민호의 4번째 여행지였다면, 〈조건〉을 미루어 보아 전주는 몇 번째 여행지였는가?

─〈조건〉─
- 춘천은 3번째 여행지였다.
- 대구는 6번째 여행지였다.
- 전주는 강릉의 바로 전 여행지였다.
- 부산은 안동의 바로 전 여행지였다.

① 첫 번째　　　　　　　　　　② 두 번째
③ 세 번째　　　　　　　　　　④ 네 번째

40 다음 중 직장에서 업무와 관련된 이메일(E-mail)에 대한 답장 방법으로 적절하지 않은 것은?

① 이메일에 대한 답장을 어디로, 누구에게 보내는지 주의한다.
② 이메일 내용과 관련된 일관성 있는 답을 하도록 한다.
③ 상대방의 이해를 위해 답장에 감정 표현을 담도록 한다.
④ 이메일에 대한 답장에도 제목을 꼭 넣도록 한다.

01 K중학교의 축구부 전적은 8승 3패이다. 승률이 80% 이상이 되기 위해서는 최소한 몇 경기를 더 이겨야 하는가?

① 3경기

② 4경기

③ 5경기

④ 6경기

02 수현이와 해영이는 새로 산 무전기의 성능을 시험하려고 한다. 두 사람은 같은 곳에서부터 출발하여 수현이는 북쪽으로 10m/s, 해영이는 동쪽으로 25m/s의 일정한 속력으로 이동한다. 해영이가 수현이보다 20초 늦게 출발한다고 했을 때, 해영이가 이동한 지 1분이 되자 더는 통신이 불가능했다고 한다. 무전 통신이 끊겼을 때, 수현이와 해영이 사이의 직선 거리는?

① 1.5km

② 1.6km

③ 1.7km

④ 1.8km

03 원가가 2,000원인 제품에 15%의 마진을 붙여 정가로 판매하였다. 총 판매된 제품은 160개이고 그중 8개 제품에 하자가 발견되어 판매가격의 두 배를 보상금으로 지불했을 때, 얻은 이익은 총 얼마인가?

① 10,800원

② 11,200원

③ 18,200원

④ 24,400원

04 미술 전시를 위해 정육면체 모양의 석고 조각의 각 면에 빨강, 주황, 노랑, 초록, 파랑, 검정으로 색을 칠하려고 한다. 가지고 있는 색깔은 남김없이 모두 사용해야 하고, 이웃하는 면에는 같은 색깔을 칠하지 않는다. 회전해서 같아지는 조각끼리는 서로 같은 정육면체라고 할 때, 만들 수 있는 서로 다른 정육면체는 모두 몇 가지인가?

① 150가지   ② 180가지
③ 210가지   ④ 240가지

05 어느 대학가에 있는 가게 A, B, C는 각각 음식점을 하고 있다. 여름휴가를 함께 가기 위해 쉬는 날을 서로 맞추려고 한다. A식당은 11일을 일하고 3일을 쉬며, B식당은 5일을 일하고 하루를 쉬며, C식당은 6일을 일한 후 2일을 쉰다고 할 때, A, B, C의 휴일이 처음으로 같아지는 날은 며칠 후인가?

① 24일   ② 42일
③ 96일   ④ 128일

06 C사원은 해외출장팀을 마중 나가기 위해 공항에 간다. 회사에서 공항까지 갈 때는 속력 80km/h로, 회사로 돌아갈 때는 속력 120km/h로 왔다. 총 1시간이 걸렸을 때 공항과 회사의 거리는?

① 40km   ② 48km
③ 56km   ④ 64km

07 P연구원과 K연구원은 공동으로 연구를 끝내고 보고서를 제출하려 한다. 이 연구를 혼자 할 경우 P연구원 8일이 걸리고, K연구원은 14일이 걸린다. 처음 이틀은 같이 연구하고, 이후엔 K연구원 혼자 연구를 하다가 보고서 제출 이틀 전부터 같이 연구하였다. 보고서를 제출할 때까지 총 며칠이 걸렸는가?

① 7일   ② 8일
③ 9일   ④ 10일

※ 다음은 한 사람이 하루에 받는 스팸 수신량을 그래프로 나타낸 것이다. 이어지는 질문에 답하시오. **[8~10]**

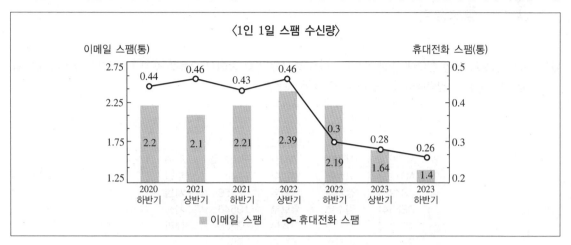

08 총스팸량이 가장 많은 때와 가장 적은 때의 차이는 얼마인가?

① 1.18　　　　　　　　　　　② 1.28

③ 1.29　　　　　　　　　　　④ 1.19

09 2023년 하반기에는 2023년 상반기에 비해 이메일 스팸이 몇 % 감소하였는가?(단, 소수점 둘째 자리에서 반올림한다)

① 12.6%　　　　　　　　　　② 13.6%

③ 14.6%　　　　　　　　　　④ 15.6%

10 다음 중 옳지 않은 것은?

① 2021년 하반기 한 사람이 하루에 받은 이메일 스팸은 2.21통을 기록했다.

② 2023년 하반기에 이메일 스팸은 2020년 하반기보다 0.8통 감소했다.

③ 2021년 하반기부터 1인 1일 스팸 수신량은 계속해서 감소하고 있다.

④ 2020년 하반기 휴대전화를 통한 1인 1일 스팸 수신량은 2023년 하반기보다 약 1.69배 높았다.

01 사내 동호회 활동 현황에 관한 표이다. 다음 중 사원번호 중에서 오른쪽 숫자 네 자리만 추출하려고 할 때, [F13] 셀에 입력해야 할 함수식으로 옳은 것은?

	A	B	C	D	E	F
1	사내 동호회 활동 현황					
2	사원번호	사원명	부서	구내번호	직위	
3	AC1234	고상현	영업부	1457	부장	
4	AS4251	정지훈	기획부	2356	사원	
5	DE2341	김수호	홍보부	9546	사원	
6	TE2316	박보영	기획부	2358	대리	
7	PP0293	김지원	홍보부	9823	사원	
8	BE0192	이성경	총무부	3545	과장	
9	GS1423	이민아	영업부	1458	대리	
10	HS9201	장준하	총무부	3645	부장	
11						
12						사원번호
13						1234
14						4251
15						2341
16						2316
17						0293
18						0192
19						1423
20						9201

① $=$ CHOOSE(2, A3, A4, A5, A6)

② $=$ LEFT(A3, 3)

③ $=$ RIGHT(A3, 4)

④ $=$ MID(A3, 1, 2)

02 다음 2진수 "101111110"을 8진수로 변환하면?

① 558$_{(8)}$

② 576$_{(8)}$

③ 557$_{(8)}$

④ 567$_{(8)}$

03 마이크로프로세서의 성능을 나타내는 MIPS는 무엇의 약자인가?

① Million Instruction Per Second

② Medium Instruction Per Second

③ Minute Instruction Per Second

④ Micro Instruction Per Second

04 다음 시트에서 2024년을 기준으로 재직기간이 8년 이상인 재직자의 수를 구하려고 한다. 재직연수를 구하는 함수식을 [D2] 셀에 넣고 [D8] 셀까지 드래그한 후 [F2] 셀에 앞서 구한 재직연수를 이용하여 조건에 맞는 재직자 수를 구하는 함수식을 넣으려 할 때, 각 셀에 넣을 알맞은 함수식은?

	A	B	C	D	E	F
1	재직자	부서	입사일	재직연수		8년 이상 재직자 수
2	K씨	인사팀	2016-12-21			
3	O씨	회계팀	2014-05-01			
4	G씨	개발팀	2015-10-25			
5	J씨	경영팀	2010-05-05			
6	M씨	마케팅팀	2014-11-02			
7	L씨	디자인팀	2017-01-05			
8	C씨	물류팀	2018-05-07			
9						

               [D2]   [F2]

① =DATEDIF(C2,TODAY(),"Y")   =COUNTIF(D2:D8,">=8")

② =DATEDIF(C2,TODAY(),Y)   =COUNTIF(D2:D8,>=8)

③ =DATEDIF($C$2,NOW(),"Y")   =COUNTIF(D2:D8,>=8)

④ =DATEDIF($C$2,TODAY(),Y)   =COUNTIF(D2:D8,"<=8")

05 연산 자료 중에서 필요 없는 부분을 지우고 필요한 부분만 가지고 연산을 행하는 것을 마스크(Mask)라고 한다. 그렇다면 마스크의 개념을 사용하여 행해지는 연산은?

① OR   ② MOVE

③ AND   ④ NOT

06 한 면에 100개의 트랙을 사용할 수 있는 양면 자기 디스크에서 1트랙은 4개의 섹터로 되어 있으며 섹터당 320 word를 기억시킬 수 있다고 할 경우, 이 디스크는 몇 word를 기억시킬 수 있는가?

① 256,000   ② 124,000

③ 372,000   ④ 254,000

07 다음 워크시트의 [A1:E9] 영역에서 고급 필터를 실행하여 영어점수가 평균을 초과하거나 성명의 두 번째 문자가 '영'인 데이터를 추출하고자 한다. ㉮와 ㉯에 입력할 내용으로 옳은 것은?

	A	B	C	D	E	F	G	H
1	성명	반	국어	영어	수학		영어	성명
2	강동식	1	81	89	99		㉮	
3	남궁영	2	88	75	85			㉯
4	강영주	2	90	88	92			
5	이동수	1	86	93	90			
6	박영민	2	75	91	84			
7	윤영미래	1	88	80	73			
8	이순영	1	100	84	96			
9	명지오	2	95	75	88			

                     ㉮   ㉯

① =D2>AVERAGE(D2:D9)   ="=?영*"

② =D2>AVERAGE(D2:D9)   ="=*영?"

③ =D2>AVERAGE($D$2:$D$9)   ="=?영*"

④ =D2>AVERAGE($D$2:$D$9)   ="=*영?"

※ K공단에 근무 중인 S사원은 체육대회를 준비하고 있다. S사원은 체육대회에 사용될 물품 구입비를 다음과 같이 엑셀로 정리하였다. 자료를 참고하여 이어지는 질문에 답하시오. **[8~9]**

	A	B	C	D	E
1	구분	물품	개수	단가(원)	비용(원)
2	의류	A팀 체육복	15	20,000	300,000
3	식품류	과자	40	1,000	40,000
4	식품류	이온음료수	50	2,000	100,000
5	의류	B팀 체육복	13	23,000	299,000
6	상품	수건	20	4,000	80,000
7	상품	USB	10	10,000	100,000
8	의류	C팀 체육복	14	18,000	252,000
9	식품류	김밥	30	3,000	90,000

08 S사원은 표에서 단가가 두 번째로 높은 물품의 금액을 알고자 한다. S사원이 입력해야 할 함수로 옳은 것은?

① = MAX(D2:D9, 2)

② = MIN(D2:D9, 2)

③ = MID(D2:D9, 2)

④ = LARGE(D2:D9, 2)

09 S사원은 구입물품 중 의류의 총개수를 파악하고자 한다. S사원이 입력해야 할 함수로 옳은 것은?

① = SUMIF(A2:A9, A2, C2:C9)

② = COUNTIF(C2:C9, C2)

③ = VLOOKUP(A2, A2:A9, 1, 0)

④ = HLOOKUP(A2, A2:A9, 1, 0)

10 다음 중 워크시트의 데이터 입력에 대한 설명으로 옳은 것은?

① 숫자와 문자가 혼합된 데이터가 입력되면 문자열로 입력된다.

② 문자 데이터는 기본적으로 오른쪽으로 정렬된다.

③ 날짜 데이터는 자동으로 셀의 왼쪽으로 정렬된다.

④ 수치 데이터는 셀의 왼쪽으로 정렬된다.

01 철수, 영희, 상수는 재충전 횟수에 따른 업체들의 견적을 비교하여 리튬이온배터리를 구매하려고 한다. 다음 〈조건〉에 따를 때 옳지 않은 것은?

누적방수액 재충전	유	무
0회 이상 ~ 100회 미만	5,000원	5,000원
100회 이상 ~ 300회 미만	10,000원	5,000원
300회 이상 ~ 500회 미만	20,000원	10,000원
500회 이상 ~ 1000회 미만	30,000원	15,000원
12,000회 이상	50,000원	20,000원

―――〈조건〉―――

철수 : 재충전이 12,000회 이상은 되어야 해.

영희 : 나는 그렇게 많이는 필요하지 않고, 200회면 충분해.

상수 : 나는 무조건 누적방수액을 발라야 해.

① 철수, 영희, 상수가 리튬이온배터리를 가장 저렴하게 구매하는 가격은 30,000원이다.

② 철수, 영희, 상수가 리튬이온배터리를 가장 비싸게 구매하는 가격은 110,000원이다.

③ 영희가 리튬이온배터리를 가장 저렴하게 구매하는 가격은 10,000원이다.

④ 영희가 가장 비싸게 구매하는 가격과 상수가 가장 비싸게 구매하는 가격의 차이는 30,000원 이상이다.

02 다음은 A사에 근무하는 K사원의 급여명세서이다. K사원이 10월에 시간외근무를 10시간 했을 경우 시간외수당으로 받는 금액은 얼마인가?

〈급여지급명세서〉

사번	A26	성명	K
소속	회계팀	직급	사원

• 지급 내역

지급항목(원)		공제항목(원)	
기본급여	1,800,000	주민세	4,500
시간외수당	( )	고용보험	14,400
직책수당	0	건강보험	58,140
상여금	0	국민연금	81,000
특별수당	100,000	장기요양	49,470
교통비	150,000		
교육지원	0		
식대	100,000		
급여 총액	2,150,000	공제 총액	207,510

※ (시간외수당)=(기본급)×$\dfrac{(시간외근무\ 시간)}{200}$×150%

① 135,000원   ② 148,000원

③ 167,000원   ④ 195,000원

03 다음은 출발지 – 목적지 간 거리와 B사원이 이용하는 차종의 연비를 제시한 표, 휘발유·경유의 분기별 리터당 공급가를 나타낸 그래프이다. 3분기에 경유로 거래처를 순회한다면, 10만 원의 예산으로 주행할 수 있는 총거리는 몇 km인가?

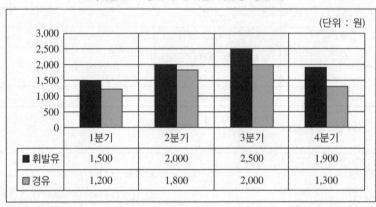

〈출발지 – 목적지 간 거리와 차종별 연비〉

출발지 – 목적지	거리(km)	차종	연비(km/L)
본사 – A사	25	001	20
A사 – B사	30	002	15
B사 – C사	25	003	15
C사 – D사	40	004	10
D사 – E사	30	005	10
E사 – F사	50	006	25

〈휘발유 · 경유의 분기별 리터당 공급가〉

(단위 : 원)

	1분기	2분기	3분기	4분기
■ 휘발유	1,500	2,000	2,500	1,900
▨ 경유	1,200	1,800	2,000	1,300

① 1,210km ② 1,220km
③ 1,230km ④ 1,250km

04 대구에서 광주까지 편도운송을 하는 A사는 다음과 같이 화물차량을 운용한다. 수송비 절감을 통해 경영에 필요한 예산을 확보하기 위하여 적재효율을 기존 1,000상자에서 1,200상자로 높여 운행 횟수를 줄인다면, A사가 얻을 수 있는 월 수송비 절감액은?

〈A사의 화물차량 운용 정보〉

• 차량 운행대수 : 4대
• 1대당 1일 운행횟수 : 3회
• 1대당 1회 수송비 : 100,000원
• 월 운행일수 : 20일

① 3,500,000원　　　　　② 4,000,000원
③ 4,500,000원　　　　　④ 5,000,000원

05 K공단은 노후화된 직원휴게실을 새롭게 단장하기 위해 도배 비용을 추산하고자 한다. 직원휴게실의 규모와 도배지의 가격정보가 다음과 같을 때, 도배에 필요한 예산은 얼마인가?(단, 최소비용의 10%를 여유자금으로 보유하여 최종 예산을 추산한다)

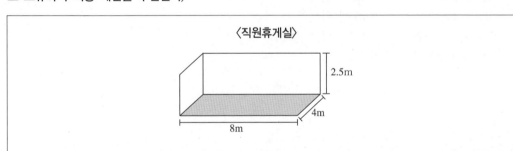

〈직원휴게실〉

재질	규격	가격
물결무늬 실크벽지	(폭) 100cm×(길이) 150cm/Roll	40,000원
	(폭) 100cm×(길이) 100cm/Roll	30,000원
	(폭) 50cm×(길이) 100cm/Roll	20,000원

※ 무늬를 고려하여 도배지는 위에서 아래로 붙이며, 남는 부분은 잘라서 활용한다.
※ 직원휴게실 도배 비용 산정 시 창문과 문은 없는 것으로 간주한다.

① 1,628,000원　　　　　② 1,672,000원
③ 1,760,000원　　　　　④ 1,892,000원

06 다음은 확정급여형과 확정기여형 2가지의 퇴직연금제도에 대한 자료이다. A의 근무정보 및 예상투자수익률 등에 대한 정보가 〈보기〉와 같을 때, 퇴직연금제도별로 A가 수령할 것으로 예상되는 퇴직금 총액으로 바르게 연결된 것은?

〈퇴직연금제도〉

○ 확정급여형(DB형)
- 근로자가 받을 퇴직금 급여의 수준이 사전에 결정되어 있는 퇴직연금제도로서, 회사는 금융기관을 통해 근로자의 퇴직금을 운용하고 근로자는 정해진 퇴직금을 받는 제도이다.
- (퇴직금)=(직전 3개월 평균임금×근속년수)

○ 확정기여형(DC형)
- 회사가 부담해야 할 부담금 수준이 사전에 결정되어 있는 제도로서, 회사가 회사부담금을 금융기관에 납부하고, 회사부담금 및 근로자부담금을 근로자가 직접 운용해서 부담금(원금) 및 그 운용 손익을 퇴직금으로 받는 제도이다.
- (퇴직금)=[(연 임금총액/12)×(1+운용수익률)]

〈보기〉

- A는 퇴직하려는 회사에 2014년 5월 7일에 입사하여 2024년 8월 2일에 퇴직할 예정이다.
- A가 퇴직하려는 해의 A의 예상 월급은 900만 원이다.
- A의 월급은 매년 1월 1일에만 50만 원씩 인상되었다.
- A의 예상 운용수익률은 매년 10%이다.
- 매년 회사의 퇴직금 부담률은 A의 당해 연도 평균월급의 50%이다.

	확정급여형	확정기여형
①	1억 원	7,425만 원
②	1억 원	6,750만 원
③	9,000만 원	7,425만 원
④	9,000만 원	6,750만 원

07 Q제약회사는 상반기 신입사원 공개채용을 시행했다. 1차 서류전형과 인적성, 면접전형이 모두 끝나고 최종 면접자들의 점수를 확인하여 합격 점수 산출법에 따라 합격자를 선정하려고 한다. 총점이 80점 이상인 지원자가 합격한다고 할 때, 다음 중 합격자끼리 바르게 짝지어진 것은?

〈최종 면접 점수〉

구분	A	B	C	D	E
직업기초능력	75	65	60	68	90
의사소통능력	52	70	55	45	80
문제해결능력	44	55	50	50	49

〈합격 점수 산출법〉

- (직업기초능력)×0.6
- (문제해결능력)×0.4
- (의사소통능력)×0.3
- 총점 : 80점 이상

※ 과락 점수(미만) : 직업기초능력 60점, 의사소통능력 50점, 문제해결능력 45점

① A, C
② A, D
③ B, E
④ C, E

08 다음 자료를 보고 하루 동안 고용할 수 있는 최대 인원을 구하면?

총예산	본예산	500,000원
	예비비	100,000원
고용비	1인당 수당	50,000원
	산재보험료	(수당)×0.504%
	고용보험료	(수당)×1.3%

① 10명
② 11명
③ 12명
④ 13명

09 K공단은 적합한 인재를 채용하기 위하여 NCS 기반 능력중심 공개채용을 시행하였다. 4차 면접전형까지 모두 마친 면접자들의 평가점수를 '최종 합격자 선발기준'에 따라 판단하여 A ~ E 중 상위자 2명을 최종 합격자로 선정하고자 한다. 다음 중 최종 합격자들을 모두 고르면?

〈최종 합격자 선발기준〉

구분	의사소통	문제해결	조직이해	대인관계	합계
평가비중	40%	30%	20%	10%	100%

〈면접평가 결과〉

구분	A	B	C	D	E
의사소통능력	A^+	A^+	A^+	B^+	C
문제해결능력	B^+	B+5	A^+	B+5	A+5
조직이해능력	A+5	A	C^+	A^+	A
대인관계능력	C	A^+	B^+	C^+	B^++5

※ 등급별 변환 점수 : A^+=100, A=90, B^+=80, B=70, C^+=60, C=50
※ 면접관의 권한으로 등급별 점수에 +5점을 가점할 수 있음

① A, B

② B, C

③ C, D

④ D, E

10 다음 글을 근거로 판단할 때, 〈보기〉에서 옳은 것을 모두 고르면?

- A국의 1일 통관 물량은 1,000건이며, 모조품은 1일 통관 물량 중 1%의 확률로 존재한다.
- 검수율은 전체 통관 물량 중 검수대상을 무작위로 선정해 실제로 조사하는 비율을 뜻하는데, 현재 검수율은 10%로 전문 조사 인력은 매일 10명을 투입한다.
- 검수율을 추가로 10%p 상승시킬 때마다 전문 조사 인력은 1일당 20명이 추가로 필요하다.
- 인건비는 1인당 1일 기준 30만 원이다.
- 모조품 적발 시 부과되는 벌금은 건당 1,000만 원이며, 이 중 인건비를 차감한 나머지를 세관의 '수입'으로 한다.
- ※ 검수대상에 포함된 모조품은 모두 적발되고, 부과된 벌금은 모두 징수된다.

〈보기〉

ㄱ. 1일 평균 수입은 700만 원이다.
ㄴ. 모든 통관 물량을 전수조사한다면 수입보다 인건비가 더 클 것이다.
ㄷ. 검수율이 40%면 1일 평균 수입은 현재의 4배 이상일 것이다.
ㄹ. 검수율을 30%로 하는 방안과 검수율을 10%로 유지한 채 벌금을 2배로 인상하는 방안을 비교하면 벌금을 인상하는 방안의 1일 평균 수입이 더 많을 것이다.

① ㄱ, ㄴ
② ㄴ, ㄷ
③ ㄱ, ㄴ, ㄹ
④ ㄱ, ㄷ, ㄹ

※ 다음은 K전자의 어떤 제품에 대한 사용설명서이다. 이어지는 질문에 답하시오. **[1~3]**

〈사용 시 주의사항〉

- 운전 중에 실내기나 실외기의 흡입구를 열지 마십시오.
- 침수가 되었을 때에는 반드시 서비스 센터에 의뢰하십시오.
- 청소 시 전원 플러그를 뽑아주십시오.
- 세척 시 부식을 발생시키는 세척제를 사용하지 마십시오. 특히 내부 세척은 전문가의 도움을 받으십시오.
- 필터는 반드시 끼워서 사용하고 2주에 1회가량 필터를 청소해 주십시오.
- 운전 중에 가스레인지 등 연소기구 이용 시 수시로 환기를 시키십시오.
- 어린이가 제품 위로 올라가지 않도록 해 주십시오.

〈문제발생 시 확인사항〉

발생 문제	확인사항	조치
제품이 작동하지 않습니다.	전원 플러그가 뽑혀 있지 않습니까?	전원플러그를 꽂아 주십시오.
	전압이 너무 낮지 않습니까?	공급 전력이 정격 전압 220V인지 한국전력에 문의하십시오.
	리모컨에 이상이 없습니까?	건전지를 교환하거나 (+), (−)극에 맞게 다시 투입하십시오.
찬바람이 지속적으로 나오지 않습니다.	전원을 끈 후 곧바로 운전시키지 않았습니까?	실외기의 압축기 보호 장치 작동으로 약 3분 후 다시 정상 작동됩니다.
	희망온도가 실내온도보다 높게 설정되어있지 않습니까?	희망온도를 실내온도보다 낮게 설정하십시오.
	제습모드나 절전모드는 아닙니까?	운전모드를 냉방으로 변경하십시오.
배출구에 이슬이 맺힙니다.	실내 습도가 너무 높지 않습니까?	공기 중의 습기가 이슬로 맺히는 자연스러운 현상으로, 증상이 심한 경우 마른 수건으로 닦아 주십시오.
예약운전이 되지 않습니다.	예약시각이 올바르게 설정되었습니까?	설명서를 참고하여 올바른 방법으로 예약해 주십시오.
	현재시각이 올바르게 설정되어있습니까?	현재시각을 다시 설정해 주십시오.
원하는 만큼 실내가 시원해지지 않습니다.	제품의 냉방가능 면적이 실내 면적보다 작지 않습니까?	냉방가능 면적이 실내 면적과 일치하는 성능의 제품을 사용하십시오.
	실내기와 실외기의 거리가 멀지 않습니까?	실내기와 실외기 사이가 5m 이상이 되면 냉방능력이 다소 떨어질 수 있습니다.
	실내에 인원이 너무 많지 않습니까?	실내에 인원이 많으면 냉방효과가 다소 떨어질 수 있습니다.
	햇빛이 실내로 직접 들어오지 않습니까?	커튼이나 블라인드 등으로 햇빛을 막아 주십시오.
	문이나 창문이 열려있지 않습니까?	찬 공기가 실외로 빠져나가지 않도록 문을 닫아 주십시오.
	실내기·실외기 흡입구나 배출구가 막혀있지 않습니까?	실내기·실외기 흡입구나 배출구의 장애물을 제거해 주십시오.
	필터에 먼지 등 이물질이 끼지 않았습니까?	필터를 깨끗이 청소해 주십시오.

	건전지의 수명이 다 되지 않았습니까?	새 건전지로 교체하십시오.
리모컨이 작동하지 않습니다.	주변에 너무 강한 빛이 있지 않습니까?	네온사인이나 삼파장 형광등 등, 강한 빛이 발생하는 주변에서는 간혹 리모컨이 작동하지 않을 수 있으므로 실내기 수신부 앞에서 에어컨을 작동시키십시오.
	리모컨의 수신부가 가려져 있지 않습니까?	가리고 있는 물건을 치우십시오.
냄새가 나고 눈이 따갑습니다.	냄새를 유발하는 다른 요인(조리, 새집의 인테리어 및 가구, 약품 등)이 있지 않습니까?	환풍기를 작동하거나 환기를 해 주세요.
	곰팡이 냄새가 나지 않습니까?	제품에서 응축수가 생겨 잘 빠지지 않을 경우 냄새가 날 수 있습니다. 배수호스를 점검해 주세요.
제품이 저절로 꺼집니다.	꺼짐 예약 또는 취침예약이 되어있지 않습니까?	꺼짐 예약이나 취침예약을 취소하십시오.
실내기에서 안개 같은 것이 발생합니다.	습도가 높은 장소에서 사용하고 있지 않습니까?	습도가 높으면 습기가 많은 바람이 나오면서 안개 같은 것이 배출될 수 있습니다.
	기름을 많이 사용하는 장소에서 사용하고 있지 않습니까?	음식점 등 기름을 많이 사용하는 장소에서 사용할 경우 기기 내부를 정기적으로 청소해 주십시오.

01 다음 중 제시된 사용설명서는 어떤 제품에 대한 사용설명서인가?

① 에어컨 ② 냉장고
③ TV ④ 가스레인지

02 다음 중 제품에서 곰팡이 냄새가 날 때 취해야 하는 조치로 가장 적절한 것은?

① 환기를 해야 한다. ② 제품 내부를 청소해야 한다.
③ 직사광선이 심한지 확인한다. ④ 배수호스를 점검해야 한다.

03 귀하는 K전자 고객지원팀에서 온라인 문의에 대한 답변 업무를 하고 있다. 다음 중 귀하의 답변으로 옳지 않은 것은?

① Q : 제품이 더러워져서 청소를 하려고 해요. 마트에 갔더니 가전제품 전용 세제가 있어서 사왔는데, 이걸로 청소를 하면 괜찮을까요?
  A : 외부 청소만 하신다면 상관이 없으나, 기기 내부 청소의 경우에는 반드시 전문가의 도움을 받으셔야 합니다.
② Q : 예약시간을 매번 정확히 입력하는데도 예약운전이 되지 않아요.
  A : 기기의 현재 시간이 올바르게 설정되어 있는지 확인해주시기 바랍니다.
③ Q : 리모컨이 작동하지 않네요. 확인해보니까 건전지 약은 아직 남아 있습니다. 고장인가요?
  A : 삼파장 형광등이나 네온사인 같은 강한 빛이 나는 물건을 주변에서 치워 보시고, 이후에도 미해결 시 A/S 센터로 연락 주십시오.
④ Q : 구입한 지 시간이 좀 지나서 필터 청소를 하려고 합니다. 필터 청소 주기는 어떻게 되나요?
  A : 필터 청소는 2주에 1회가량을 권장하고 있습니다.

※ K공단은 사무실이 건조하다는 직원들의 요청으로 에어워셔를 설치하였다. 이어지는 질문에 답하시오. **[4~6]**

〈에어워셔 설명서〉

■ 안전한 사용법

- 벽면에 가깝게 놓고 사용하지 마세요(제품의 좌·우측, 뒷면은 실내공기가 흡입되는 곳이므로 벽면으로부터 30cm 이상 간격을 두고 사용하세요. 적정공간을 유지하지 않으면 고장의 원인이 됩니다).
- 바닥이 튼튼하고 평평한 곳에 두고 사용하세요(바닥이 기울어져 있으면 소음이 발생하거나 내부부품 변형으로 고장의 원인이 될 수 있습니다. 탁자 위보다 바닥에 두는 것이 안전합니다).
- 제품에 앉거나 밟고 올라가지 마세요(제품이 파손되고, 상해를 입을 수도 있습니다).
- 가연성 스프레이를 제품 가까이에서 사용하지 마세요(화재 발생의 위험이 있으며 플라스틱 면이 손상될 수 있습니다).
- 플라스틱에 유해한 물질은 사용하지 마세요(향기 제품 사용 시 플라스틱 부분의 깨짐, 변형 및 고장의 원인이 됩니다).
- 하부 수조에 뜨거운 물을 부어 사용하지 마세요(제품에 변형이 발생하거나 고장 발생의 원인이 될 수 있습니다).
- 사용 중인 제품 위에는 옷, 수건 등 기타 물건을 올려놓지 마세요(발열에 의한 화재 원인이 됩니다).
- 운전조작부를 청소할 때는 물을 뿌려 닦지 마세요(감전이나 화재, 제품고장의 원인이 됩니다).
- 장기간 사용하지 않을 때에는 수조 내부의 물을 완전히 비우고 수조와 디스크에 세제를 풀어 부드러운 솔로 청소하여 건조시킨 후 보관하세요(오염의 원인이 되므로 7일 이상 사용하지 않을 경우 물을 비우고 전원플러그를 빼 두세요).
- 직사광선을 받는 곳, 너무 더운 곳, 전열기와 가까운 곳은 피해 주세요(제품 외관의 변형이 발생하고, 전열기와 너무 가까운 곳에 두면 화재가 발생할 수 있습니다).

■ 서비스 신청 전 확인사항

증상	확인사항	해결방안
소음이 나요.	평평하지 않거나 경사진 곳에서 작동시켰습니까?	평평한 곳을 찾아 제품을 놓는다.
	상부 본체와 하부 수조가 빈틈없이 잘 조립되어 있습니까?	상부 본체와 하부 수조를 잘 맞춰 주세요.
	디스크 캡이 느슨하게 체결되어 있습니까?	디스크 캡을 조여 줍니다.
팬이 돌지 않아요.	상부 본체와 하부 수조의 방향이 맞게 조립되어 있습니까?	상부 본체와 하부 수조를 잘 맞춰 주세요.
	상부 본체와 하부 수조가 빈틈없이 잘 조립되어 있습니까?	상부 본체와 하부 수조를 잘 맞춰 주세요.
	표시등에 'E3'이 깜박이고 있습니까?	물을 보충해 주세요.
	팬 주변으로 이물질이 끼어 있습니까?	전원을 차단시킨 후 이물질을 제거해 주세요.
	표시등에 'E5'가 깜박이고 있습니까?	팬모터 이상으로 전원을 빼고 서비스센터에 문의하세요.
디스크가 돌지 않아요.	상부 본체와 하부 수조의 방향이 맞게 조립되어 있습니까?	상부 본체와 하부 수조를 잘 맞춰 주세요.
	디스크가 정위치에 올려져 있습니까?	디스크가 회전하는 정위치에 맞게 올려 주세요.
	디스크 캡이 풀려있지 않습니까?	디스크 캡을 다시 조여 주세요.
	자동운전 / 취침운전이 설정되어 있지 않습니까?	자동운전 / 취침운전 시 습도가 60% 이상이면 자동으로 디스크가 정지합니다.

04 다음 중 감전이나 화재에 대한 원인으로 적절하지 않은 것은?

① 가연성 스프레이를 에어워셔 옆에서 뿌렸다.

② 장기간 사용하지 않았으나 물을 비우지 않았다.

③ 히터를 에어워셔 옆에서 작동시켰다.

④ 전원을 켠 상태로 수건을 올려두었다.

05 A사원은 에어워셔 사용 도중 작동이 원활하지 않아 서비스센터에 수리를 요청하였다. 다음 중 A사원이 서비스센터에 문의한 증상으로 가장 적절한 것은?

① 디스크 캡이 느슨하게 체결되어 있다.

② 표시등에 'E3'이 깜박이고 있다.

③ 팬 주변으로 이물질이 끼어 있다.

④ 표시등에 'E5'가 깜박이고 있다.

06 다음 중 에어워셔의 고장 원인으로 볼 수 없는 것은?

① 에어워셔와 벽면과의 좌 · 우측 간격은 30cm로, 뒷면과의 간격은 10cm로 두었다.

② 하부 수조에 뜨거운 물을 부어 사용하였다.

③ 수조 내부에 세제를 풀어 부드러운 수세미로 닦아 주었다.

④ 향기 제품을 물에 희석하여 사용하였다.

※ 다음은 그래프 구성 명령어 실행 예시이다. 이어지는 질문에 답하시오. [7~8]

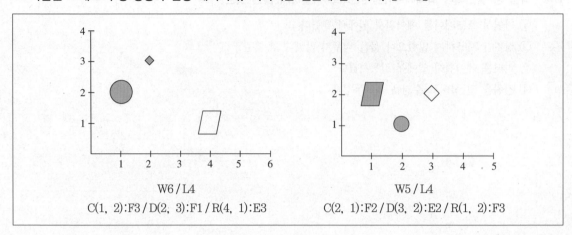

W6 / L4
C(1, 2):F3 / D(2, 3):F1 / R(4, 1):E3

W5 / L4
C(2, 1):F2 / D(3, 2):E2 / R(1, 2):F3

07 W6 / L2 C(1, 1):F1 / D(3, 2):F2 / R(4, 1):F2의 그래프를 산출할 때, 오류가 발생하여 다음과 같은 그래프가 산출되었다. 다음 중 오류가 발생한 값은?

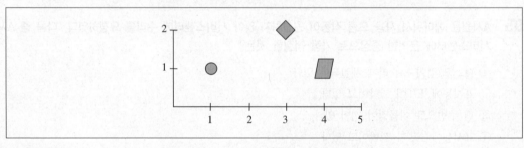

① W6 / L2

② C(1, 1):F1

③ D(3, 2):F2

④ R(4, 1):F2

08 다음의 그래프에 알맞은 명령어는 무엇인가?

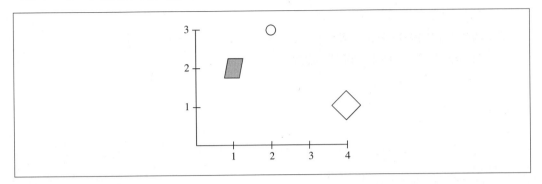

① W4 / L3
   C(2, 3):E1 / D(4, 1):E2 / R(1, 2):F3
② W4 / L3
   C(2, 3):F1 / D(4, 1):F3 / R(1, 2):E2
③ W4 / L3
   C(2, 3):E1 / D(4, 1):E3 / R(1, 2):F2
④ W4 / L3
   C(3, 2):E1 / D(1, 4):E3 / R(2, 1):F2

09 다음 중 기술적용 시 고려해야 할 사항이 아닌 것은?

① 기술적용에 따른 비용이 많이 드는가?

② 기술의 수명주기는 어떻게 되는가?

③ 기술의 전략적 중요도는 어떻게 되는가?

④ 기술 매뉴얼은 있는가?

10 다음 중 기술경영자에게 요구되는 능력이 아닌 것은?

① 기술을 효과적으로 평가할 수 있는 능력

② 기술 이전을 효과적으로 할 수 있는 능력

③ 새로운 제품개발 시간을 연장할 수 있는 능력

④ 빠르고 효과적으로 새로운 기술을 습득하고 기존의 기술에서 탈피하는 능력

제3회 국민연금공단

NCS 직업기초능력평가

〈모의고사 안내〉

지원하시는 분야에 따라 다음 영역의 문제를 풀어주시기 바랍니다.

사무직	심사직	전산직	기술직
|01| NCS 공통영역(의사소통능력 / 문제해결능력 / 조직이해능력 / 직업윤리)			
|02| 수리능력	|02| 수리능력	|03| 정보능력	|04| 자원관리능력
|03| 정보능력	|04| 자원관리능력	|04| 자원관리능력	|05| 기술능력

제3회 최종모의고사

문항 수 : 60문항
시험시간 : 60분

01 다음 (A) ~ (D) 문단을 논리적 순서대로 바르게 나열한 것은?

(A) 하지만 영화를 볼 때 소리를 없앤다면 어떤 느낌이 들까? 아마 내용이나 분위기, 인물의 심리 등을 파악하기 힘들 것이다. 이런 점을 고려할 때 영화 속 소리는 영상과 분리해서 생각할 수 없는 필수 요소라고 할 수 있다. 소리에는 영상 못지않게 다양한 기능이 있기 때문에 현대 영화감독들은 영화 속 소리를 적극적으로 활용하고 있다.

(B) 이와 같이 영화 속 소리는 다양한 기능을 수행하기 때문에 영화의 예술적 상상력을 빼앗는 것이 아니라 오히려 더 풍부하게 해 준다. 그래서 현대 영화에서 소리를 빼고 작품을 완성한다는 것은 생각하기 어려운 일이 되었다.

(C) 영화의 소리에는 대사, 음향 효과, 음악 등이 있으며, 이러한 소리들은 영화에서 다양한 기능을 수행한다. 우선, 영화 속 소리는 다른 예술 장르의 표현 수단보다 더 구체적이고 분명하게 내용을 전달하는 데 도움을 줄 수 있다. 그리고 줄거리 전개에 도움을 주거나 작품의 상징적 의미를 전달할 뿐만 아니라 주제의식을 강조하는 역할을 하기도 한다. 또 영상에 현실감을 줄 수 있으며, 영상의 시공간적 배경을 확인시켜 주는 역할도 한다. 또한 영화 속 소리는 영화의 분위기를 조성하고 인물의 내면 심리도 표현할 수 있다.

(D) 유성영화가 등장했던 1920년대 후반에 유럽의 표현주의나 형식주의 감독들은 영화 속의 소리에 대한 부정적인 견해가 컸다. 그들은 가장 영화다운 장면은 소리 없이 움직이는 그림으로만 이루어진 장면이라고 믿었다. 그래서 그들은 영화 속 소리가 시각 매체인 영화의 예술적 효과와 영화적 상상력을 빼앗을 것이라고 내다보았다.

① (C) – (A) – (D) – (B)
② (C) – (D) – (A) – (B)
③ (D) – (A) – (C) – (B)
④ (D) – (C) – (A) – (B)

※ 다음 글을 읽고 이어지는 질문에 답하시오. [2~3]

발전된 산업 사회는 인간을 단순한 도구로 지배하기 위한 새로운 수단을 발전시키고 있다. 여러 사회 과학과 심층 심리학이 이를 위해서 동원되고 있다. 목적이나 이념의 문제를 배제하고 가치 판단으로부터의 중립을 표방하는 사회 과학들은 쉽게 인간 조종을 위한 기술적·합리적인 수단을 개발해서 대중 지배에 이바지한다. 마르쿠제는 발전된 산업 사회에 있어서의 이러한 도구화된 지성을 비판하면서 이것을 '현대인의 일차원적 사유'라고 불렀다. 비판과 초월을 모르는 도구화된 사유라는 것이다. 따라서 산업 사회에서의 합리화라는 것은 기술적인 수단의 합리화를 의미하는 데 지나지 않는다.

발전된 산업 사회는 이와 같이 사회 과학과 도구화된 지성을 동원해서 인간을 조종하고 대중을 지배할 뿐만 아니라 향상된 생산력을 통해서 인간을 매우 효율적으로 거의 완전하게 지배한다. 곧 발전된 산업 사회는 그의 높은 생산력을 통해서 늘 새로운 수요들을 창조하고 이러한 새로운 수요들을 광고와 매스컴과 모든 선전 수단을 동원해서 인간의 삶을 위한 불가결의 것으로 만든 다. 그뿐만 아니라 사회 구조와 생활 조건을 변화시켜서 그러한 수요들을 필수적인 것으로 만들어서 인간으로 하여금 그것들을 지향하지 않을 수 없게 한다. 이렇게 산업 사회는 늘 새로운 수요의 창조와 그 공급을 통해서 인간의 삶을 거의 완전히 지배하고, 그의 인격을 사로잡아 버릴 수 있게 되어가고 있다.

02 윗글의 중심 내용으로 가장 적절한 것은?

① 산업 사회에서 도구화된 지성의 필요성
② 산업 사회의 발전과 경제력 향상
③ 산업 사회의 특징과 문제점
④ 산업 사회의 대중 지배 양상

03 윗글의 내용으로 보아 우리가 취해야 할 태도로 가장 적절한 것은?

① 산업 사회에서 인간 소외를 줄이는 방향으로 생활양식을 변화시킨다.
② 전통 문화와 외래문화를 조화시켜 발전시킨다.
③ 산업 사회의 긍정적인 측면을 최대한 부각시킨다.
④ 보다 효율적인 산업 사회로의 발전 방향을 모색한다.

04 6층 건물인 S빌딩에 〈조건〉과 같이 A ~ F회사가 있다. C회사가 4층에 있을 때, 다음 중 항상 옳은 것은?

─────〈조건〉─────
- 한 층에 한 개 회사만이 입주할 수 있다.
- A회사와 D회사는 5층 차이가 난다.
- D회사와 E회사는 인접할 수 없다.
- B회사는 C회사보다 아래층에 있다.
- A회사는 B회사보다 아래층에 있다.
─────────────

① B회사는 3층이다.
② F회사는 6층이다.
③ D회사는 5층이다.
④ F회사는 5층이다.

05 다음은 K대리가 체결한 A ~ G회사와의 7개 계약의 체결순서에 대한 〈조건〉이다. K대리와 다섯 번째로 계약을 체결한 회사는?

─────〈조건〉─────
(가) B와의 계약은 F와의 계약에 선행한다.
(나) G와의 계약은 D와의 계약보다 먼저 이루어졌는데, E와의 계약과 F와의 계약보다는 나중에 이루어졌다.
(다) B와의 계약은 가장 먼저 맺어진 계약이 아니다.
(라) D와의 계약은 A와의 계약보다 먼저 이루어졌다.
(마) C와의 계약은 G와의 계약보다 나중에 이루어졌다.
(바) A와의 계약과 D와의 계약의 체결시간은 인접하지 않는다.
─────────────

① A   ② C
③ D   ④ F

06 다음은 A회사의 직무전결표의 일부분이다. 이에 따라 문서를 처리하였을 경우 옳지 않은 것은?

직무 내용	대표이사	위임 전결권자		
		전무이사	상무이사	부서장
정기 월례 보고				○
각 부서장급 인수인계		○		
3천만 원 초과 예산 집행	○			
3천만 원 이하 예산 집행		○		
각종 위원회 위원 위촉	○			
해외 출장			○	

① 인사부장의 인수인계에 관하여 전무이사에게 결재받은 후 시행하였다.
② 인사징계위원회 위원을 위촉하기 위하여 대표이사 부재중에 전무이사가 전결하였다.
③ 영업팀장의 해외 출장을 위하여 상무이사에게 결재를 받았다.
④ 3천만 원에 해당하는 물품 구매를 위하여 전무이사 전결로 처리하였다.

07 다음 〈보기〉에서 조직변화의 과정을 바르게 나열한 것은?

┌─────────────〈보기〉─────────────┐
ㄱ. 환경변화 인지　　　　　　　ㄴ. 변화결과 평가
ㄷ. 조직변화 방향 수립　　　　　ㄹ. 조직변화 실행
└──────────────────────────────┘

① ㄱ - ㄷ - ㄹ - ㄴ　　　　　② ㄱ - ㄹ - ㄷ - ㄴ
③ ㄴ - ㄷ - ㄹ - ㄱ　　　　　④ ㄹ - ㄱ - ㄷ - ㄴ

※ 다음은 K에너지월드의 관람 정보이다. 이어지는 질문에 답하시오. [8~9]

관람시간	10:00 ~ 17:00
입장요금	무료
관람소요시간	약 1시간
예약	• 에너지월드 관람은 사전 예약이 필요하며, 20인 이상 단체관람의 경우 예약은 필수입니다. • 신청시간 단위당 최대예약 가능 인원은 40명입니다. • 예약 없이 오시는 개인관람객의 경우에는 자유 관람이 가능합니다.
예약시간	오전 10시부터 30분 단위로 예약 가능
휴관	매주 일요일, 신정, 설날 연휴, 추석 연휴, 근로자의 날
주차시설	대형버스 5대 및 일반차량 63대 동시 주차 가능(무료)
사진촬영	전시관 실내 사진촬영 가능(전시관 실외는 일부 사진촬영이 제한되는 곳이 있습니다)
안내자 휴식시간	12:00 ~ 13:00은 점심시간입니다. 점심시간에는 전시관의 입장이 불가하고, 미리 오신 분들께서는 에너지월드 내·외부 공간에서 자유롭게 휴식하실 수 있습니다.
관람 시 유의사항	• 본 시설은 국가보안목표시설 '나'급 시설로 국가보안목표관리지침 제9조 및 제11조에 의거하여 신원확인 및 방문증 발급 등 에너지월드 방문을 위한 본부 출입 절차가 까다로울 수 있으니 이 점 양지하여 주시기 바랍니다. • 에너지월드 내의 모든 공간은 금연입니다. • 전시관 내부의 음식물 반입과 안내견 이외의 반려동물 출입은 금지되어 있습니다. • 전시실 입장 전 다른 관람객을 위해 휴대전화는 진동으로 전환해 주시기 바랍니다. • 체험전시물을 제외한 전시물은 눈으로 감상해 주시기 바랍니다.

08 다음 중 관람 정보의 내용으로 적절하지 않은 것은?

① 관람료는 무료이다.

② 단체관람객은 예약을 해야만 입장할 수 있다.

③ 30분 단위로 예약이 가능하다.

④ 매주 일요일, 신정, 명절 당일, 근로자의 날에는 휴관한다.

09 다음 중 K에너지월드 관람이 어려운 학생은?

① 토요일 오전 10시 정각에 개인관람객으로 입장하려는 수민

② 정오에 관람하러 간 슬기

③ 카메라로 전시관 실내를 촬영하는 수현

④ 학급 대표로 37명의 단체 관람을 예약해 입장하려는 지호

10 T공단에 재직 중인 B대리는 혁신우수 연구대회에 출전하여 첨단장비를 활용한 차종별 보행자사고 모형 개발 착수를 발표했다. 이후 SWOT 분석을 통해 추진방향을 도출하기 위해 다음 표를 작성했다. 주어진 분석 결과에 대응하는 전략과 그 내용이 옳지 않은 것은?

<table>
<tr><th colspan="2">〈차종별 보행자사고 모형 개발 SWOT 분석〉</th></tr>
<tr><th>강점(Strength)</th><th>약점(Weakness)</th></tr>
<tr><td>10년 이상 지속적인 교육과 연구로 신기술 개발을 위한 인프라 구축</td><td>보행자사고 모형개발을 위한 예산 및 실차 실험을 위한 연구소 부재</td></tr>
<tr><th>기회(Opportunity)</th><th>위협(Threat)</th></tr>
<tr><td>첨단 과학장비(3D스캐너, MADYMO) 도입으로 정밀 시뮬레이션 분석 가능</td><td>교통사고에 대한 국민의 관심과 분석수준 향상으로 공단의 사고분석 질적 제고 필요</td></tr>
</table>

① SO전략 : 첨단 과학장비를 통한 정밀 시뮬레이션 분석을 토대로 국내 차량의 전면부 형상을 취득하고 보행자사고를 분석해 신기술 개발에 도움

② WO전략 : 실차 실험 대신 첨단 과학장비를 통한 정밀 시뮬레이션 연구로 보행자사고 모형 개발

③ ST전략 : 지속적인 교육과 연구로 쌓아온 데이터를 바탕으로 사고분석 프로그램 신기술 개발을 통해 사고 분석 질적 향상에 기여

④ WT전략 : 신기술 개발을 위한 연구대회를 개최해 인프라를 더욱 탄탄히 구축

11 A ~ E학생은 각자 〈조건〉에 따라 주말을 포함하여 일주일 중 하루는 봉사를 하러 간다. 다음 중 항상 참이 되지 않는 것은?

〈조건〉
• A ~ E는 일주일 동안 정해진 요일에 혼자서 봉사를 하러 간다.
• A는 B보다 빠른 요일에 봉사를 하러 간다.
• E는 C가 봉사를 다녀오고 이틀 후에 봉사를 하러 간다.
• B와 D는 평일에 봉사를 하러 간다.
• C는 목요일에 봉사를 하러 가지 않는다.
• A는 월요일, 화요일 중에 봉사를 하러 간다.

① B가 화요일에 봉사를 하러 간다면 토요일에 봉사를 하러 가는 사람은 없다.
② D가 금요일에 봉사를 하러 간다면 다섯 명은 모두 평일에 봉사를 하러 간다.
③ D가 A보다 빨리 봉사를 하러 간다면 B는 금요일에 봉사를 하러 가지 않는다.
④ E가 수요일에 봉사를 하러 간다면 토요일에 봉사를 하러 가는 사람이 있다.

12 다음 글에서 제시된 조직의 특성으로 옳은 것은?

> K공단의 사내 봉사 동아리에 소속된 70여 명의 임직원이 연탄 나르기 봉사 활동을 펼쳤다. 이날 임직원들은 지역 주민들이 보다 따뜻하게 겨울을 날 수 있도록 연탄 3,000장과 담요를 직접 전달했다. 사내 봉사 동아리에 소속된 K공단 ○○○대리는 "매년 진행하는 연말 연탄 나눔 봉사활동을 통해 지역사회에 도움의 손길을 전할 수 있어 기쁘다."며 "오늘의 작은 손길이 큰 불씨가 되어 많은 분들이 따뜻한 겨울을 보내길 바란다."라고 말했다.

① 인간관계에 따라 형성된 자발적인 조직
② 이윤을 목적으로 하는 조직
③ 규모와 기능 그리고 규정이 조직화되어 있는 조직
④ 조직 구성원들의 행동을 통제할 장치가 마련되어 있는 조직

13 귀하는 〈보기〉와 같은 보고서를 토대로 5명의 팀원에 대한 평가를 해야 한다. 귀하가 가장 낮게 평가할 사람은 누구인가?

> ─────〈보기〉─────
> • A는 일의 효율성을 위해 비슷한 업무끼리 함께 묶어서 처리한다.
> • B는 오늘 해야 할 업무는 미루지 않고 반드시 기한 내에 처리한다.
> • C는 팀의 지침을 따르기보다 자신의 판단대로 업무를 처리한다.
> • D는 롤 모델을 정해 최대한 비슷하게 업무를 처리한다.

① A   ② B
③ C   ④ D

14 귀하는 현재 Z과장이 지시한 업무를 처리하고 있다. 그런데 A대리가 급한 일이라며 다른 업무를 맡기면서 빨리 처리해 달라고 요청했다. 이때 귀하가 해야 할 행동으로 옳은 것은?

① Z과장이 먼저 업무를 시켰으므로 먼저 처리한다.
② 동료에게 Z과장의 업무를 부탁하고, 나는 A대리의 업무를 처리한다.
③ 모두 나에게 주어진 일이니 야근을 해서 모두 처리한다.
④ Z과장과 A대리에게 양해를 구하고 우선순위를 정해 처리한다.

15 다음 글의 빈칸에 들어갈 내용으로 가장 적절한 것은?

오존층 파괴의 주범인 프레온 가스로 대표되는 냉매는 그 피해를 감수하고도 사용할 수밖에 없는 '필요악'으로 인식되어 왔다. 지구 온난화 문제를 해결할 수 있는 대체물질이 요구되는 이러한 상황에서 최근 이를 만족할 수 있는 4세대 신냉매가 새롭게 등장해 각광을 받고 있다. 그중 온실가스 배출량을 크게 줄인 대표적인 4세대 신냉매는 HFO(수소불화올레핀)계 냉매이다.

HFO는 기존 냉매에 비해 비싸고 불에 탈 수 있다는 단점이 있으나, 온실가스 배출이 거의 없고 에너지 효율성이 높은 장점이 있다. 이러한 장점으로 4세대 신냉매에 대한 관심이 급격히 증가하고 있다. 지난 2003 ~ 2017년 중 냉매 관련 특허출원건수는 총 686건이었고, 온실가스 배출량을 크게 줄인 4세대 신냉매 관련 특허출원들은 꾸준히 늘어나고 있다. 특히 2008년부터 HFO계 냉매를 포함한 출원건수가 큰폭으로 증가하면서 같은 기간의 HFO계 비중이 65%까지 증가했다. 이러한 출원 경향은 국제 규제로 2008부터 온실가스를 많이 배출하는 기존 3세대 냉매의 생산과 사용을 줄이면서 4세대 신냉매가 필수적으로 요구됐기 때문으로 분석된다.

냉매는 자동차, 냉장고, 에어컨 등 우리 생활 곳곳에 사용되는 물질로서 시장 규모가 대단히 크지만, 최근 환경 피해와 관련된 엄격한 국제표준이 요구되고 있다. 우수한 친환경 냉매가 조속히 개발될 수 있도록 관련 특허 동향을 제공해야 할 것이며 4세대 신냉매 개발은 _____

① 인공지능 기술의 확장을 열게 될 것이다.
② 엄격한 환경 국제표준을 약화시킬 것이다.
③ 또 다른 오존층 파괴의 원인으로 이어질 것이다.
④ 지구 온난화 문제 해결의 열쇠가 될 것이다.

※ 다음 글을 읽고 이어지는 질문에 답하시오. [16~17]

민화는 매우 자유분방한 화법을 구사한다. 민화는 본(本)에 따라 그리는 그림이기 때문에 전부가 비슷할 것이라고 생각하기 쉽다. 그러나 실상은 그 반대로 같은 주제이면서 똑같은 그림은 없다. 왜냐하면 양반처럼 제약받아야 할 사상이나 규범이 현저하게 약한 민중들은 얼마든지 자기 취향대로 생략하고 과장해서 그림을 그릴 수 있었기 때문이다. 민화의 자유분방함은 공간 구성법에서도 발견된다. 많은 경우 민화에는 공간을 묘사하는 데 좌우·상하·고저가 분명한 일관된 작법이 없다. 사실 중국이 중심이 된 동북아시아에서 통용되던 전형적인 화법은 한 시점에서 바라보고 그 원근에 따라 일관되게 그리는 것이 아니라 이른바 삼원법(三遠法)에 따라 다각도에서 그리는 것이다. ㉠ 민화에서는 대상을 바라보는 시각이 이보다 더 자유롭다. 그렇다고 민화에 나타난 화법에 전혀 원리가 없다고는 할 수 없다. 민화에서는 종종 그리려는 대상을 한층 더 완전하게 표현하기 위해 그 대상의 여러 면을 화면에 동시에 그려 놓는다. 그런 까닭에 민화의 화법은 서양의 입체파들이 사용하는 화법과 비교되기도 한다. 가령 김홍도의 맹호도를 흉내 내 그린 듯한 민화의 경우처럼 호랑이의 앞면과 옆면을 동시에 그려 놓은 예나, 책거리 그림의 경우처럼 겉과 속, 왼쪽과 오른쪽을 동시에 그려 놓은 것이 그 예에 속한다. 민화의 화가들은 객관적으로 보이는 현실을 무시하고 자신의 의도에 따라 표현하고 싶은 것을 마음대로 표현해 버린 것이다. 그러니까 밖에 주어진 현실에 종속되기보다는 자신의 자유로운 판단을 더 믿은 것이다.

같은 맥락에서 볼 때 민화에서 가장 이해하기 힘든 화법은 아마 역원근법일 것이다. 이 화법은 책거리에 많이 나오는 것으로 앞면을 작고 좁게 그리고 뒷면을 크고 넓게 그리는 화법인데, 이는 그리려는 대상의 모든 면, 특히 물체의 왼쪽 면과 오른쪽 면을 동시에 표현하려는 욕심에서 나온 화법으로 판단된다. 이런 작법을 통해 우리는 당시의 민중들이 자신들의 천진하고 자유분방한 사고방식을 스스럼없이 표현할 수 있을 정도로 사회적 여건이 성숙되었음을 알 수 있다. ㉡ 이것은 19세기에 농상(農商)의 경제 체제의 변화나 신분 질서의 와해 등으로 기존의 기층민들이 자기를 표현할 수 있는 경제적·신분적 근거가 확고하게 되었음을 의미한다.

민중들의 자유분방함이 표현된 민화에는 화법적인 것 말고도 내용 면에서도 억압에서 벗어나려는 해방의 염원이 실려 있다. 민화가 농도 짙은 해학을 깔면서도 그러한 웃음을 통해 당시 부조리한 현실을 풍자했다는 것은 잘 알려진 사실이다. 호랑이 그림에서 까치나 토끼는 서민을, 호랑이는 권력자나 양반을 상징한다. 즉, 까치나 토끼가 호랑이에게 면박을 주는 그림을 통해 서민이 양반들에게 면박을 주고 싶은 마음을 표현하고 있다. 이 모두가 민중들의 신장된 힘 혹은 표현력을 나타낸다.

16 다음 중 ㉠, ㉡에 들어갈 접속어가 바르게 연결된 것은?

	㉠	㉡			㉠	㉡
①	그러므로	따라서		②	그런데	즉
③	따라서	즉		④	그러므로	그런데

17 다음 중 윗글의 내용으로 가장 적절한 것은?

① 민화는 일정한 화법이나 원리가 존재하지 않는 것이 특징이다.
② 민화와 서양의 입체파 화법이 닮은 것은 둘 다 서민층의 성장을 배경으로 하고 있기 때문이다.
③ 민화는 화법이나 내용면에서 모두 신분 상승의 염원을 드러내고 있다.
④ 민화의 화가들은 객관적인 현실보다 자신의 내면의 목소리에 더 귀를 기울였다.

18 다음 글의 내용으로 가장 적절한 것은?

10월 9일은 오늘의 한글을 창제해서 세상에 펴낸 것을 기념하고, 한글의 우수성을 기리기 위한 국경일이다. 한글은 인류가 사용하는 문자 중에서 창제자와 창제연도가 명확히 밝혀진 문자임은 물론, 체계적이고 과학적인 원리로 어린아이도 배우기 쉬운 문자이다. 한글의 우수성은 한자나 영어와 비교해 봐도 쉽게 알 수 있다. 기본적인 생활을 하기 위해서 3,000자에서 5,000자 정도의 수많은 문자의 모양과 의미를 외워야 하는 표의문자인 한자와는 달리, 한글은 소리를 나타내는 표음문자이기 때문에 24개의 문자만 익히면 쉽게 조합하여 학습할 수 있다.

한글의 이러한 과학적인 부분은 실제로 세계 학자들 사이에서도 찬탄을 받는다. 한글이 세계 언어학계에 본격적으로 알려진 것은 1960년대이다. 영국의 저명한 언어학자인 샘프슨(G. Sampson) 교수는 '한글은 세계에서 과학적인 원리로 창제된 가장 훌륭한 글자'라고 평가한다. 그는 특히 '발성 기관이 소리를 내는 모습을 따라 체계적으로 창제된 점이 과학적이며 문자 자체가 소리의 특징을 반영했다는 점이 놀랍다.'라고 평가한다. 동아시아 역사가 라이샤워(O. Reichaurer)도 '한글은 전적으로 독창적이고 놀라운 음소문자로, 세계 어떤 나라의 일상 문자에서도 볼 수 없는 가장 과학적인 표기 체계이다.'라고 찬탄하고 있으며, 미국의 다이아몬드(J. Diamond) 교수 역시 '세종이 만든 28자는 세계에서 가장 훌륭한 알파벳이자, 가장 과학적인 표기법 체계'라고 평가한다.

이러한 점을 반영하여 유네스코에서는 훈민정음을 기록유산으로 등록함은 물론, 세계적으로 문맹 퇴치에 이바지한 사람에게 '세종대왕'의 이름을 붙인 상을 주고 있다. 이처럼 세계적으로 인정받는 우리의 독창적이고 고유한 글자인 '한글'에 대해 우리는 더욱더 큰 자긍심을 느껴야 할 것이다.

① 영국의 저명한 언어학자인 샘프슨(G. Sampson) 교수는 '세종이 만든 28자는 세계에서 가장 훌륭한 알파벳'이라고 평가했다.

② 한글은 소리를 나타내는 표음문자이기 때문에 한자와 달리 문자를 따로 익힐 필요는 없다.

③ 한글 창제에 담긴 세종대왕의 정신을 기리기 위해 유네스코에서는 세계적으로 문맹 퇴치에 이바지한 사람에게 '세종대왕 상'을 수여한다.

④ 한글을 배우기 위해서는 문자의 모양과 의미를 외워야 한다.

※ 다음은 낱말퍼즐 게임에 대한 설명이다. 게임 규칙을 보고 이어지는 질문에 답하시오. [19~20]

〈게임 규칙〉

• 4×4 낱말퍼즐에는 다음과 같이 각 조각당 숫자 1개와 알파벳 1개가 함께 적혀 있다.

1 B	2 M	3 A	4 J
5 P	6 Y	7 L	8 D
9 X	10 E	11 O	12 R
13 C	14 K	15 U	16 I

• 게임을 하는 사람은 '가 ~ 다' 카드 3장 중 2장을 뽑아 카드에 적힌 규칙대로 조각끼리 자리를 바꿔 단어를 만든다.
• 카드는 가, 나, 다 각 1장이 있고, 뽑힌 각 1장의 카드로 낱말퍼즐 조각 2개를 아래와 같은 방식으로 1회 맞바꿀 수 있다.

구분	내용
가	낱말퍼즐 조각에 적힌 숫자가 소수인 조각끼리 자리 바꿈
나	낱말퍼즐 조각에 적힌 숫자를 5로 나눈 나머지가 같은 조각끼리 자리 바꿈
다	홀수가 적혀 있는 낱말퍼즐 조각끼리 자리 바꿈

• 카드 2장을 모두 사용할 필요는 없다.
• '단어'란 낱말퍼즐에서 같은 가로 혹은 세로 줄에 있는 4개의 문자를 가로는 왼쪽에서부터 세로는 위에서부터 차례대로 읽는 것을 의미한다.

19 규칙에 따라 게임을 진행할 때, 〈보기〉의 설명 중 옳은 것을 모두 고르면?

─〈보기〉─

ㄱ. '가', '다' 카드를 뽑았다면 'BEAR'라는 단어를 만들 수 있다.
ㄴ. '나', '다' 카드를 뽑았다면 'MEAL'이라는 단어를 만들 수 있다.
ㄷ. '가', '나' 카드를 뽑았다면 'COLD'라는 단어를 만들 수 있다.

① ㄱ   ② ㄴ
③ ㄱ, ㄷ   ④ ㄴ, ㄷ

20 '나', '다' 카드를 다음과 같이 교체하였다. 변경된 카드와 기존의 게임 규칙에 따라 게임을 진행할 때, 〈보기〉의 설명 중 옳지 않은 것을 모두 고르면?

<table>
<tr><td colspan="2">〈교체 사항〉</td></tr>
<tr><td>구분</td><td>내용</td></tr>
<tr><td>가</td><td>낱말퍼즐 조각에 적힌 숫자가 소수인 조각끼리 자리 바꿈</td></tr>
<tr><td>나</td><td>낱말퍼즐 조각에 적힌 숫자를 5로 나눈 나머지가 같은 조각끼리 자리 바꿈</td></tr>
<tr><td>다</td><td>홀수가 적혀 있는 낱말퍼즐 조각끼리 자리 바꿈</td></tr>
</table>

↓

구분	내용
가	낱말퍼즐 조각에 적힌 숫자가 소수인 조각끼리 자리 바꿈
라	낱말퍼즐 조각에 적힌 숫자를 4로 나눈 나머지가 같은 조각끼리 자리 바꿈
마	낱말퍼즐 조각에 적힌 숫자를 더하여 15를 초과하는 낱말퍼즐 조각끼리 자리 바꿈

〈보기〉

ㄱ. '가', '라' 카드를 뽑았다면 'PLAY'이라는 단어를 만들 수 있다.

ㄴ. '가', '마' 카드를 뽑았다면 'XERO'라는 단어를 만들 수 있다.

ㄷ. '라', '마' 카드를 뽑았다면 'COLD'라는 단어를 만들 수 있다.

① ㄱ
② ㄷ
③ ㄱ, ㄴ
④ ㄱ, ㄷ

21 다음 〈보기〉에서 직장 내 인사예절로 옳은 것을 모두 고르면?

<보기>

ㄱ. 사람에 따라 인사법을 다르게 한다.

ㄴ. 악수를 할 때는 신뢰감을 주기 위해 꽉 잡는다.

ㄷ. 윗사람에게 먼저 목례를 한 후 악수를 한다.

ㄹ. 상대보다 먼저 인사한다.

① ㄱ, ㄴ 　　　　　　　　　　　　② ㄴ, ㄷ

③ ㄷ, ㄹ 　　　　　　　　　　　　④ ㄴ, ㄷ, ㄹ

22 다음 글을 보고 직장생활에서 적절하게 적용한 사람은?

정의는 선행이나 호의를 베푸는 것과 아주 밀접한 관련이 있다. 그러나 선행이나 호의에도 몇 가지 주의할 점이 있다. 첫째, 받는 자에게 피해가 되지 않도록 주의하고 둘째, 베푸는 자는 자신이 감당할 수 있는 능력 내에서 베풀어야 하며 셋째, 각자 받을 만한 가치에 따라서 베풀어야 한다.

– 키케로 『의무론』

공자께서 말씀하시기를 "윗사람으로서 아랫사람을 너그럽게 관용할 줄 모르고, 예도를 행함에 있어 공경심이 없으며, 사람이 죽어 장례를 치르는 문상자리에서도 애도할 줄 모른다면 그런 인간을 어찌 더 이상 볼 가치가 있다 하겠느냐?"라고 하였다.

– 『논어』 팔일 3-26

① A사원 : 며칠 후에 우리 부장님 생신이라 비상금을 털어서 고급 손목시계 하나 해 드리려고.

② B과장 : 출근해서 사원들과 즐겁게 아침인사를 나누었어. 내가 먼저 반갑게 아침인사를 건네면 기분이 좋아져 좋은 하루를 보낼 수 있거든.

③ C사원 : 내가 준 김밥을 먹고 배탈이 났다고? 냉장보관을 안 하긴 했는데….

④ D부장 : G사원이 어제 회식자리에서 내 옷에 김칫국물을 흘렸으니 세탁비를 받아야겠어.

23 다음 중 S사원에게 해줄 수 있는 조언으로 가장 적절한 것은?

> S사원은 팀장으로부터 업무성과를 높이기 위한 방안을 보고하라는 지시를 받았고, 다음날 팀장에게 보고서를 제출하였다. 보고서를 본 팀장은 S사원에게 다음과 같이 말했다.
> "S씨, 보고서에 있는 방법은 우리 회사에서는 적용할 수가 없습니다. 노사규정상 근무시간을 늘릴 수 없게 되어 있어요. 근무시간을 늘려서 업무성과를 높이자는 건 바람직한 해결책이 아니군요."

① 자신의 능력 범위 안에서 가능한 목표를 설정해야 한다.
② 조직의 구조, 문화, 규칙 등의 체제요소를 고려해야 한다.
③ 조직의 목표 달성을 위해서는 조직 응집력이 중요하다.
④ 새로운 자원을 발굴하고, 도전하는 것을 중시해야 한다.

24 다음 〈보기〉의 직원 중 업무수행상 방해요인에 대하여 잘못 설명한 사람을 모두 고르면?

〈보기〉

> 김대리 : 계획을 철저하게 세우면 방해요인이 발생하지 않아요. 발생한다고 하더라도 금방 생산성 회복이 가능합니다.
> 차주임 : 방해요인들은 절대적으로 유해한 요소이므로 업무성과를 위해서는 반드시 제거해야 합니다.
> 박사원 : 협력업체 직원들의 전화도 업무상 방해요인에 해당됩니다. 그래서 저는 이에 응답하는 시간을 정해두었습니다.
> 김대리 : 부서 간 갈등도 업무수행상 방해요인에 해당돼요. 이럴 땐 갈등요인을 무작정 미루고 업무를 수행하는 것보다는 대화를 통해서 신속히 해결하는 것이 좋습니다.
> 정주임 : 스트레스는 신체적 문제 뿐 아니라 정신적 문제도 야기할 수 있으므로 완전히 해소하는 것이 좋죠.

① 김대리, 정주임
② 차주임, 정주임
③ 김대리, 박사원, 정주임
④ 김대리, 차주임, 정주임

25 다음은 경쟁사의 매출이 나날이 오르는 것에 경각심을 느낀 K회사의 신제품 개발 회의의 일부이다. 효과적인 회의의 5가지 원칙에 기반을 두어 가장 효과적으로 회의에 임한 사람은?

〈효과적인 회의의 5가지 원칙〉

1. 긍정적인 어법으로 말하라.
2. 창의적인 사고를 할 수 있게 분위기를 조성하라.
3. 목표를 공유하라.
4. 적극적으로 참여하라.
5. 주제를 벗어나지 마라.

팀장 : 매운맛하면 역시 우리 회사 라면이 가장 잘 팔렸는데 최근 너도나도 매운맛을 만들다 보니 우리 회사 제품의 매출이 상대적으로 줄어든 것 같아서 신제품 개발을 위해 오늘 회의를 진행하게 되었습니다. 아주 중요한 회의이니만큼 각자 좋은 의견을 내주시기 바랍니다.

A : 저는 사실 저희 라면이 그렇게 매출이 좋았던 것도 아닌데 괜한 걱정을 하는 것이라고 생각해요. 그냥 전이랑 비슷한 라면에 이름만 바꿔서 출시하면 안 됩니까?

B : 하지만 그렇게 했다간 입소문이 안 좋아져서 회사가 문을 닫게 될지도 모릅니다.

C : 그나저나 이번에 타사에서 출시된 까불면이 아주 맛있던데요?

D : 까불면도 물론 맛있긴 하지만, 팀장님 말씀대로 매운맛하면 저희 회사 제품이 가장 잘 팔린 것으로 알고 있습니다. 더 다양한 소비자층을 끌기 위해 조금 더 매운맛과 덜 매운맛까지 3가지 맛을 출시하면 매출성장에 도움이 될 것 같습니다.

---

① A　　　　　　　　　　　　　　　② B
③ C　　　　　　　　　　　　　　　④ D

26 다음 중 업무에 대한 설명으로 옳지 않은 것은?

① 보통 업무는 개인이 선호하는 업무를 임의로 선택하여 맡게 된다.
② 같은 규모의 조직이라고 하더라도 업무의 종류와 범위가 다를 수 있다.
③ 총무부 업무의 예로는 주주총회 및 이사회 개최 업무, 차량 및 통신시설의 운영 등이 있다.
④ 상품이나 서비스를 창출하기 위한 생산적인 활동으로 조직의 목적을 달성하기 위해 업무는 중요한 근거가 된다.

27 K공단에 근무 중인 B차장은 새로운 사업을 실행하기에 앞서 설문조사를 하려고 한다. 다음의 방법을 이용하려고 할 때, 설문조사 순서를 바르게 나열한 것은?

> 델파이 기법은 전문가들의 의견을 종합하기 위해 고안된 기법으로, 불확실한 상황을 예측하고자 할 경우 사용하는 인문사회과학 분석기법 중 하나이다. 설문지로만 이루어지기 때문에 전문가들의 익명성이 보장되고, 반복적인 설문을 통해 얻은 반응을 수집·요약해 특정한 주제에 대한 전문가 집단의 합의를 도출하는 방식으로 진행된다.

① 설문지 제작 – 발송 – 회수 – 검토 후 결론 도출 – 결론 통보
② 설문지 제작 – 1차 대면 토론 – 중간 분석 – 2차 대면 토론 – 합의 도출
③ 설문지 제작 – 발송 – 회수 – 중간 분석 – 재발송 – 회수 – 합의 도출
④ 설문지 제작 – 발송 – 새 설문지 제작 – 발송 – 회수 – 합의 도출

28 다음 빈칸에 공통으로 들어갈 용어로 적절한 것은?

> _____은/는 문제가 발생된 근본 모순을 찾아내 이를 해결할 수 있는 방안을 모색하는 방법론을 말한다. 1940년대 옛 소련의 과학자 겐리흐 알트슐레르 박사가 20여 만 건에 이르는 전 세계의 창의적인 특허를 뽑아 분석한 결과로 얻은 40가지 원리를 응용한 것이다.
> _____은/는 주어진 문제에 대하여 얻을 수 있는 가장 이상적인 결과를 정의하고, 그 결과를 얻기 위해 관건이 되는 모순을 찾아내어 그 모순을 극복할 수 있는 해결책을 생각해 내도록 하는 방법에 대한 이론이다. 예를 들어 전사품질관리(TQM)나 6시그마와 같은 기존 혁신기법은 주로 품질개선과 원가절감에 초점을 맞추고 있는 반면 _____은/는 제품 구성이나 생산라인, 작업 시스템 등을 통째로 바꾸는 창조적 혁신을 추구한다.

① 브레인라이팅   ② SWOT 분석
③ 마인드맵   ④ 트리즈

29 다음 제시된 사자성어와 유사한 뜻을 가진 속담은?

부화뇌동(附和雷同)

① 서른세 해 만에 꿈 이야기 한다.
② 누운 소 똥 누듯 한다.
③ 서낭에 가 절만 한다.
④ 차돌에 바람 들면 석돌보다 못하다.

30 다음은 ○○박물관의 관람정보이다. 틀린 단어는 모두 몇 개인가?(단, 띄어쓰기는 무시한다)

〈관람정보〉

■ 안내
 1. 계관시간 : 월~토, 10:00~17:00
 2. 휴관일 : 매주 일요일, 공유일, 10월 1일(창사기념일), 5월 1일(근로자의 날)
 3. 관람료 : 무료
 4. 단체관람 : 20인 이상 단체관람은 혼선을 방지하기 위해 사전예약을 받습니다.

■ 박물관 예절
 1. 전시작품이나 전시케이스에 손대지 않습니다.
 2. 음식물을 바닙하지 않습니다.
 3. 안내견 외의 반려동물은 출입하지 못합니다.
 4. 휴대전화는 꺼두거나 진동으로 전환합니다.
 5. 전시실에서는 큰소리로 떠들지 않습니다.
 6. 전시실에서는 뛰어다니지 않습니다.
 7. 박물관 전시실은 금연입니다.
 8. 사진촬영 시 플래시와 삼각대를 사용하지 않습니다.
 9. 전시물은 소중한 문화유산이니 훼손하지 않습니다.
 10. 전시실에서는 전시물을 찬찬히 살펴보고 기록합니다.

① 1개 ② 2개
③ 3개 ④ 4개

31 다음 중 〈보기〉의 문장이 들어갈 위치로 가장 적절한 곳은?

> (가) 자연계는 무기적인 환경과 생물적인 환경이 상호 연관되어 있으며 그것은 생태계로 불리는 한 시스템을 이루고 있음이 밝혀진 이래, 이 이론은 자연을 이해하기 위한 가장 기본이 되는 것으로 받아들여지고 있다. (나) 그동안 인류는 더 윤택한 삶을 누리기 위하여 산업을 일으키고 도시를 건설하며 문명을 이룩해왔다. (다) 이로써 우리의 삶은 매우 윤택해졌으나 우리의 생활환경은 오히려 훼손되고 있으며 환경오염으로 인한 공해가 누적되고 있고, 우리 생활에서 없어서는 안 될 각종 자원도 바닥이 날 위기에 놓이게 되었다. (라) 따라서 우리는 낭비되는 자원, 그리고 날로 황폐해져 가는 자연에 대하여 우리가 해야 할 시급한 임무가 무엇인지를 깨닫고, 이를 실천하기 위해 우리 모두의 지혜와 노력을 모아야만 한다.

> ─────〈보기〉─────
> 만약 우리가 이 위기를 슬기롭게 극복해내지 못한다면 인류는 머지않아 파멸에 이르게 될 것이다.

① (가) ② (나)
③ (다) ④ (라)

32 다음 중 밑줄 친 ㉠ ~ ㉣의 수정 사항으로 적절하지 않은 것은?

> 조직문화란 조직 구성원들이 공유하는 가치체계·신념체계·사고방식의 복합체를 말한다. 그리하여 조직문화는 조직 구성원들에게 정체성과 집단적 몰입(Collective Commitment)을 가져오며, 조직체계의 안정성과 조직 구성원들의 행동을 형성하는 기능을 ㉠ 수행할 것이다.
> 따라서 어느 조직사회에서나 조직 구성원들에게 소속감을 부여하고 화합을 도모하여 조직생활의 활성화를 ㉡ 기하므로 여러 가지 행사를 마련하게 되는데, 예컨대 본 업무 외에 회식·야유회(MT)·체육대회·문화행사 등의 진행이 그것이다.
> 개인이 규범·가치·습관·태도 등에서 ㉢ 공통점이 느껴지고 동지의식을 가지며 애착·충성의 태도로 임하는 집단을 내집단(In Group)이라고 한다. 가족·친구·국가·민족 등이 이에 해당한다. 반면에 타인·타국 등 다른 문화를 가진 집단을 외집단(Out Group)이라고 부른다. 조직 구성원 간의 단합을 ㉣ 도모함으로써 조직의 정체성과 집단적 몰입을 꾀하는 조직문화는 곧 조직의 내집단 의식 고취를 목적으로 한다고 할 수 있다.

① ㉠ : 미래·추측의 의미가 아니므로 '수행한다.'로 수정한다.
② ㉡ : 문맥을 고려하여 '기하기 위해'로 수정한다.
③ ㉢ : 문장 중간에 동작 표현이 바뀌어 어색하므로 '공통점을 느끼고'로 수정한다.
④ ㉣ : 문장의 부사어로 사용되고 있으므로 '도모함으로서'로 수정한다.

33 영업부장에게 '다음 달까지 거래처에 납품하기로 한 제품이 5배 더 늘었다.'라는 문자를 받았다. 이때 생산팀을 담당하고 있는 A사원의 행동으로 가장 적절한 것은?

① 영업부장에게 왜 납품량이 5배나 늘었냐며 화를 낸다.

② 거래처 담당자에게 납품량을 다시 확인한 후 생산라인에 통보한다.

③ 잘못 보낸 문자라 생각하고 아직은 조치를 취하지 않는다.

④ 생산해야 할 제품 수가 5배나 늘었다고 빠르게 생산라인에 통보한다.

34 K사의 인사담당자인 귀하는 채용설명회에 사용할 포스터를 만들려고 한다. 다음 인재상을 실제 업무환경과 관련지어 포스터에 문구를 삽입하려고 할 때, 그 문구로 적절하지 않은 것은?

인재상	업무환경
1. 책임감	1. 격주 토요일 근무
2. 고객지향	2. 자유로운 분위기
3. 열정	3. 잦은 출장
4. 목표의식	4. 고객과 직접 대면하는 업무
5. 글로벌인재	5. 해외지사와 업무협조

① 고객을 최우선으로 생각하고 행동하는 인재

② 자신의 일을 사랑하고 책임질 수 있는 인재

③ 어느 환경에서도 잘 적응할 수 있는 인재

④ 중압적인 분위기를 잘 이겨낼 수 있는 열정적인 인재

35 다음은 '과소비의 문제점과 대책'이라는 제목으로 글을 쓰기 위해 작성한 개요이다. 빈칸에 들어갈 내용으로 적절하지 않은 것은?

Ⅰ. 서론 : 현재의 과소비 실태 소개
　　가. 유명 상표 선호 현상
　　나. 고가 외제 물건 구매 현상

Ⅱ. 본론 : 과소비의 문제점과 억제 방안 제시
　　가. 과소비의 문제점
　　　　＿＿＿＿＿＿＿＿＿＿＿
　　나. 과소비의 억제 방안
　　　　1. 근검절약의 사회 기풍 진작
　　　　2. 과소비에 대한 무거운 세금 부과
　　　　3. 건전한 소비 생활 운동 전개

Ⅲ. 결론 : 건전한 소비문화의 정착 강조

---

① 소비재 산업의 기형적 발전
② 개방화에 따른 외국 상품의 범람
③ 충동구매로 인한 가계 부담의 가중
④ 외화 낭비 및 계층 간의 위화감 조성

36 다음 〈보기〉에서 설명하는 의사결정 방법은?

───────〈보기〉───────
여러 전문가의 의견을 되풀이해 모으고, 교환하고, 발전시켜 미래를 예측하는 질적 예측 방법이다.

① 브레인스토밍　　　　　　　② 다수결
③ 만장일치　　　　　　　　　④ 델파이 기법

37 다음 〈보기〉에서 업무의 일반적 특성에 대한 설명으로 옳지 않은 것을 모두 고르면?

─〈보기〉─
ㄱ. 한 조직의 다양한 업무들은 공통된 조직의 목적을 지향한다.
ㄴ. 한 조직의 각 업무에 요구되는 지식, 기술, 도구 등은 유사한 편이다.
ㄷ. 한 조직 내의 모든 업무들은 상호 유기적이다.
ㄹ. 한 조직 내의 업무들은 각각 부여된 재량 및 자율의 정도가 상이할 수 있다.

① ㄱ, ㄴ
② ㄱ, ㄷ
③ ㄴ, ㄷ
④ ㄴ, ㄹ

38 다음 〈보기〉 중 직장에서 근면한 생활을 하는 사람을 모두 고르면?

─〈보기〉─
A사원 : 저는 이제 더 이상 일을 배울 필요가 없을 만큼 업무에 익숙해졌어요. 실수 없이 완벽하게 업무를
　　　　해결할 수 있어요.
B사원 : 저는 요즘 매일 운동을 하고 있어요. 일에 지장이 가지 않도록 건강관리에 힘쓰고 있습니다.
C대리 : 저도 오늘 할 일을 내일로 미루지 않으려고 노력 중이에요. 그래서 업무 시간에는 개인적인 일을
　　　　하지 않아요.
D대리 : 저는 업무 시간에 잡담을 하지 않아요. 대신 사적인 대화는 사내 메신저를 활용하는 편이에요.

① A사원, B사원
② A사원, C대리
③ B사원, C대리
④ B사원, D대리

39 다음은 K공단의 신규직원 윤리경영 교육내용이다. 이를 통해 추론할 수 없는 것은?

주제 : 정보취득에 있어 윤리적 / 합법적 방법이란 무엇인가?

〈윤리적 / 합법적〉
1. 공개된 출판물, 재판기록, 특허기록
2. 경쟁사 종업원의 공개 증언
3. 시장조사 보고서
4. 공표된 재무기록, 증권사보고서
5. 전시회, 경쟁사의 안내문, 제품설명서
6. 경쟁사 퇴직직원을 합법적으로 면접, 증언 청취

〈비윤리적 / 합법적〉
1. 세미나 등에서 경쟁사 직원에게 신분을 속이고 질문
2. 사설탐정을 고용하는 등 경쟁사 직원을 비밀로 관찰
3. 채용계획이 없으면서 채용공고를 하여 경쟁사 직원을 면접하거나 실제 스카우트

〈비윤리적 / 비합법적〉
1. 설계도면 훔치기 등 경쟁사에 잠입하여 정보 수집
2. 경쟁사 직원이나 납품업자에게 금품 등 제공
3. 경쟁사에 위장 취업
4. 경쟁사의 활동을 도청
5. 공갈, 협박

---

① 경쟁사 직원에게 신분을 속이고 질문하는 행위는 윤리적으로 문제가 없다.
② 시장조사 보고서를 통해 정보획득을 한다면 법적인 문제가 발생하지 않을 것이다.
③ 경쟁사 종업원의 공개 증언을 활용하는 것은 적절한 정보획득 행위이다.
④ 정보획득을 위해 경쟁사 직원을 협박하는 행위는 비윤리적인 행위이다.

40 다음 중 직무평가의 방법으로 적절하지 않은 것은?

① 각 직무의 중요도·곤란도·책임도 등을 종합적으로 판단하여 일정한 순서로 늘어놓는다.
② 직무의 가치를 단계적으로 구분하는 등급표를 만들고 평가직무를 이에 맞는 등급으로 분류한다.
③ 급여율이 가장 적정하다고 생각되는 직무를 기준직무로 하고 그에 비교해 지식·숙련도 등 모든 요인별로 서열을 정한 다음, 평가직무를 비교함으로써 평가직무가 차지할 위치를 정한다.
④ 실제직무담당자가 직무내용, 노동환경, 위험재해, 직무조건, 지도책임 등을 분석하고 측정하여 기입한다.

※ 다음은 A시 팜랜드와 관련한 자료이다. 이어지는 질문에 답하시오. **[1~2]**

▲ 기본정보
- 위치 : 경기도 A시(031-8888-2222)
- 개장시간 : 10:00 ~ 18:00(17:00까지 입장)
- 입장료

구분	성인	소인(18세 미만)	기타
평일	12,000원	10,000원	36개월 미만 무료입장
주말	15,000원	12,000원	

▲ 주변 숙박 요금 비교(1박 기준)

구분		A민박	B펜션	C펜션
평일	2인실	45,000원	65,000원	90,000원
	4인실	60,000원	80,000원	100,000원
주말 / 공휴일	2인실	70,000원	80,000원	100,000원
	4인실	95,000원	100,000원	120,000원
추가비용		30,000원/인	25,000원/인	40,000원/인

※ 숙박시설 모두 최대 4인실까지 있으며 인원 추가는 최대 2명까지만 가능하다.
※ 추가비용은 주말·평일 동일하다.

01 주희는 토요일에 주희네 가족 4명과 중학생, 초등학생인 사촌동생 2명과 함께 A시 팜랜드를 방문하는 1박 2일 여행을 다녀왔다. 6명이 다 같이 사용할 수 있으며 숙박비가 총 15만 원을 초과하지 않는 방을 예약한 주희는 여행을 다녀와서 총경비를 정리하였다. 다음 자료를 참고해 총 경비를 바르게 계산한 것은?(단, 주희네 가족은 모두 성인이다)

- 총인원 : 6명
- 교통 : 6인승 차량 이용
  - 서울 → A시 팜랜드(약 1시간 30분 소요)
    주유비 : 약 10,000원 / 통행료 : 약 5,800원
  - A시 팜랜드 → 서울(서울 → A시 팜랜드 교통 경비와 동일)
- 입장료 : (   )
- 숙박비 : (   )
  _____
- 총경비 : (   )

① 216,500원   ② 265,600원
③ 281,000원   ④ 285,600원

02 승준이는 일주일 뒤인 수요일에 친구들과 1박 2일로 A시 팜랜드를 방문 및 주변 여행을 위해 A민박에 예약을 하였다. 업체 사정에 따라 7명의 인원이 4인실에 4명, 2인실에 3명으로 나누어 예약하고 숙박비를 모두 냈으나, 부득이한 사정으로 못 가게 되었다. 숙박시설별 환불 규정에 따라 오늘 예약을 취소할 경우, 승준이가 환불 받는 금액과 지불해야 할 수수료는?

▲ 숙박시설 환불 규정

구분	A민박	B펜션	C펜션
30일 전	전액 환불	전액 환불	전액 환불
14일 전	50% 환불, 수수료 5,000원 발생	40% 환불, 수수료 7,000원 발생	35% 환불, 수수료 9,000원 발생
7일 전	30% 환불, 수수료 10,000원 발생	20% 환불, 수수료 12,000원 발생	10% 환불, 수수료 13,000원 발생

※ 예약일 하루 전부터 예약 당일까지는 취소가 불가능하며, 노쇼(No-Show)의 경우에는 환불해 주지 않는다.

① 30,000원, 10,000원
② 40,500원, 10,000원
③ 50,000원, 5,000원
④ 63,000원, 12,000원

※ K사는 별관과 복지동을 연결하는 다리 건설을 계획하고 있다. 입찰에는 A~F 총 6개 기업이 참여하였다. 다음은 K사의 입찰기준에 따라 입찰업체를 각 분야별로 10점 척도로 점수화한 자료와 업체별 입찰가격을 나타낸 자료이다. 이어지는 질문에 답하시오. **[3~4]**

〈업체별 입찰기준 점수〉

업체	경영점수	안전점수	디자인점수	수상실적
A	9점	7점	4점	-
B	6점	8점	6점	2회
C	7점	7점	5점	-
D	6점	6점	4점	1회
E	7점	5점	2점	-
F	7점	6점	7점	1회

※ (입찰점수)=(경영점수)+(안전점수)+(디자인점수)+(수상실적 가점)
※ 수상실적 가점은 수상실적 1회당 2점의 가점을 부여한다.

〈업체별 입찰가격〉

업체	A	B	C	D	E	F
입찰가격	11억 원	10억 5천만 원	12억 1천만 원	9억 8천만 원	10억 1천만 원	8억 9천만 원

03 K사는 〈조건〉에 따라 다리 건설 업체를 선정하고자 한다. 다음 중 최종 선정될 업체는?

―〈조건〉―
• 입찰가격이 12억 원 미만인 업체 중에서 선정한다.
• 입찰점수가 가장 높은 3개 업체를 중간 선정한다.
• 중간 선정된 업체들 중 안전점수와 디자인점수의 합이 가장 높은 곳을 최종 선정한다.

① A ② B
③ D ④ E

04 K사는 입찰가격도 구간별로 점수화하여 다시 업체를 선정하고자 한다. 입찰가격에 따른 가격점수를 산정하고, 기존 입찰점수에 가격점수를 추가로 합산하여 최종 입찰점수를 계산하고자할 때, 입찰점수가 가장 높은 업체는?

입찰가격	9억 원 미만	9억 원 이상 10억 원 미만	10억 원 이상 11억 원 미만	11억 원 이상 12억 원 미만	12억 원 이상
가격점수	10점	8점	6점	4점	2점

① A ② B
③ C ④ F

05 다음은 K사의 연도별 임직원 현황에 대한 자료이다. 이에 대한 설명으로 옳은 것을 〈보기〉에서 모두 고르면?

〈K사의 연도별 임직원 현황〉

(단위 : 명)

구분		2021년	2022년	2023년
국적	한국	9,566	10,197	9,070
	중국	2,636	3,748	4,853
	일본	1,615	2,353	2,749
	대만	1,333	1,585	2,032
	기타	97	115	153
고용형태	정규직	14,173	16,007	17,341
	비정규직	1,074	1,991	1,516
연령	20대	8,914	8,933	10,947
	30대	5,181	7,113	6,210
	40대 이상	1,152	1,952	1,700
직급	사원	12,365	14,800	15,504
	간부	2,801	3,109	3,255
	임원	81	89	98

〈보기〉

ㄱ. 매년 일본, 대만 및 기타 국적 임직원 수의 합은 중국 국적 임직원 수보다 많다.
ㄴ. 매년 전체 임직원 중 20대 임직원이 차지하는 비중은 50% 이상이다.
ㄷ. 2022년과 2023년에 임직원 수가 전년 대비 가장 많이 증가한 국적은 중국이다.
ㄹ. 2022년 대비 2023년의 임직원 수의 감소율이 가장 큰 연령대는 30대이다.

① ㄱ, ㄴ   ② ㄱ, ㄷ
③ ㄴ, ㄹ   ④ ㄱ, ㄷ, ㄹ

※ 다음은 한국, 일본의 스포츠 소비 비용 통계자료이다. 이어지는 질문에 답하시오. **[6~7]**

<한국, 일본의 스포츠 소비 비용>

구분	한국(2022년)		한국(2023년)		일본(2023년)	
	규모(억 원)	비율(%)	규모(억 원)	비율(%)	규모(억 엔)	비율(%)
합계	43,277	100.0	46,539	100.0	49,590	100.0
용품 소비	14,426	33.3	17,002	36.5	23,090	46.5
시설 이용료·강습비	28,680	66.3	29,195	62.8	25,270	51.0
운동경기 관람료	171	0.4	342	0.7	1,230	2.5

06 2023년 한국의 스포츠 소비 비용 중 2022년 대비 증가율이 가장 큰 품목의 비용 차이는?

① 171억 원
② 515억 원
③ 2,576억 원
④ 3,262억 원

07 2023년 일본의 스포츠 소비 비용 중 용품 소비 대비 운동경기 관람료가 차지하는 비율은?(단, 소수점 셋째 자리에서 반올림한다)

① 약 5.31%
② 약 5.32%
③ 약 5.33%
④ 약 5.34%

08 올해 현식이는 아버지와 18살 차이가 나고, 4년 후에는 아버지의 나이가 현식이의 나이의 3배가 된다고 할 때, 내년 현식이는 몇 살인가?

① 3세

② 6세

③ 9세

④ 12세

09 연속하는 두 홀수의 합을 a라 할 때, 연속하는 홀수의 곱은?

① $\dfrac{a^2}{4} - 1$

② $\dfrac{a^2}{4} - 2$

③ $\dfrac{a^2}{4} - 3$

④ $\dfrac{a^2}{4} - 4$

10 서울 시내 M지점에서 D지점까지 운행하는 버스가 있다. 이 버스는 도중에 V지점의 정거장에서만 정차한다. 이 버스의 운행요금은 M지점에서 V지점까지는 1,050원, V지점에서 D지점까지는 1,350원, M지점에서 D지점까지는 1,450원이다. 어느 날 이 버스가 승객 53명을 태우고 M지점을 출발했는데, D지점에서 하차한 승객은 41명이었다. 승차권 판매요금이 총 77,750원일 때, V지점의 정거장에서 하차한 승객은 몇 명인가?

① 16명

② 17명

③ 18명

④ 19명

01 귀하는 고객의 지출성향을 파악하기 위하여 다음과 같은 내역을 조사하여 파일을 작성하였다. 외식비로 지출된 금액의 총액을 구하고자 할 때, [G5] 셀에 들어갈 함수식으로 옳은 것은?

	A	B	C	D	E	F	G
1							
2		날짜	항목	지출금액			
3		01월 02일	외식비	35,000			
4		01월 05일	교육비	150,000			
5		01월 10일	월세	500,000		외식비 합계	
6		01월 14일	외식비	40,000			
7		01월 19일	기부	1,000,000			
8		01월 21일	교통비	8,000			
9		01월 25일	외식비	20,000			
10		01월 30일	외식비	15,000			
11		01월 31일	교통비	2,000			
12		02월 05일	외식비	22,000			
13		02월 07일	교통비	6,000			
14		02월 09일	교육비	120,000			
15		02월 10일	월세	500,000			
16		02월 13일	외식비	38,000			
17		02월 15일	외식비	32,000			
18		02월 16일	교통비	4,000			
19		02월 20일	외식비	42,000			
20		02월 21일	교통비	6,000			
21		02월 23일	외식비	18,000			
22		02월 24일	교통비	8,000			
23							
24							

① =SUMIF(C4:C23,"외식비",D4:D23)

② =SUMIF(C3:C22,"외식비",D3:D22)

③ =SUMIF(C3:C22,"C3",D3:D22)

④ =SUMIF("외식비",C3:C22,D3:D22)

02 다음 중 정보화 사회의 정보통신 기술 활용 사례와 그 내용이 바르게 연결된 것을 〈보기〉에서 모두 고르면?

───〈보기〉───

ㄱ. 유비쿼터스 기술(Ubiquitous Technology) : 장소에 제한받지 않고 네트워크에 접속된 컴퓨터를 자신의 컴퓨터와 동일하게 활용하는 기술

ㄴ. 임베디드 컴퓨팅(Embedded Computing) : 네트워크의 이동성을 극대화하여 특정장소가 아닌 어디서든 컴퓨터를 사용할 수 있게 하는 기술

ㄷ. 감지 컴퓨팅 (Sentient Computing) : 센서를 통해 사용자의 상황을 인식하여 사용자가 필요한 정보를 적시에 제공해주는 기술

ㄹ. 사일런트 컴퓨팅 (Silent Computing) : 장소, 사물, 동식물 등에 심어진 컴퓨터들이 사용자가 의식하지 않은 상태에서 사용자의 요구에 의해 일을 수행하는 기술

ㅁ. 노매딕 컴퓨팅(Nomadic Computing) : 제품에서 특정 작업을 수행할 수 있도록 탑재되는 솔루션이나 시스템

① ㄱ, ㄴ

② ㄱ, ㄷ

③ ㄴ, ㅁ

④ ㄱ, ㄷ, ㄹ

03 K공단에 근무하고 있는 C사원은 CONCATENATE 함수를 이용하여 우리나라 국경일을 다음과 같이 입력하고자 한다. [C2] 셀에 입력해야 하는 함수식으로 옳은 것은?

	A	B	C
1	국경일	날짜	우리나라 국경일
2	3·1절	매년 3월 1일	3·1절(매년 3월 1일)
3	제헌절	매년 7월 17일	제헌절(매년 7월 17일)
4	광복절	매년 8월 15일	광복절(매년 8월 15일)
5	개천절	매년 10월 3일	개천절(매년 10월 3일)
6	한글날	매년 10월 9일	한글날(매년 10월 9일)

① =CONCATENATE(A2,B2)

② =CONCATENATE(A2,(,B2,))

③ =CONCATENATE(B2,(,A2,))

④ =CONCATENATE(A2,"(",B2,")")

04 다음 상황에서 B사원이 제시해야 할 해결방안으로 가장 적절한 것은?

> A팀장 : 이제 부탁한 보고서 작성은 다 됐나?
> B사원 : 네, 제 컴퓨터의 '문서' 폴더를 공유해 놓았으니 보고서를 내려 받으시면 됩니다.
> A팀장 : 내 컴퓨터의 인터넷은 잘 되는데, 혹시 자네 인터넷이 지금 문제가 있나?
> B사원 : (모니터를 들여다보며) 아닙니다. 잘 되는데요?
> A팀장 : 네트워크 그룹에서 자네의 컴퓨터만 나타나지 않네. 어떻게 해야 하지?

① 공유폴더의 사용권한 수준을 소유자로 지정해야 합니다.
② 화면 보호기를 재설정해야 합니다.
③ 디스크 검사를 실행해야 합니다.
④ 네트워크상의 작업 그룹명을 동일하게 해야 합니다.

05 다음 중 워크시트에 외부 데이터를 가져오는 방법이 아닌 것은?

① 데이터 연결 마법사　　　　　　　　② Microsoft Query
③ 하이퍼링크　　　　　　　　　　　　④ 웹

06 다음 중 워드프로세서의 조판과 관련된 용어에 대한 설명으로 옳은 것은?

① 마진(Margin)은 본문 속의 중요한 용어들을 문서 제일 뒤에 모아 문서 몇 페이지에 있는지 알려주는 기능이다.
② 각주는 특정 문장이나 단어에 대한 보충 설명들을 해당 페이지의 상단에 표시된다.
③ 꼬리말은 문서의 오른쪽에 항상 동일하게 지정할 수 있다.
④ 미주는 문서의 문구에 대한 보충 설명들을 문서의 첫 페이지에 모아서 표시한다.

07 다음 중 워드프로세서에서 〈Shift〉에 대한 설명으로 옳지 않은 것은?

① 문단을 강제로 분리할 때 사용한다.
② 한글 입력 시 위쪽의 글자를 입력할 때 사용한다.
③ 영어 입력 시 대·소문자를 전환하여 입력할 때 사용한다.
④ 다른 키와 조합하여 특수한 기능을 수행한다.

08 다음 중 운영체제(OS)의 역할에 대한 설명으로 옳지 않은 것은?

① 컴퓨터와 사용자 사이에서 시스템을 효율적으로 운영할 수 있도록 인터페이스 역할을 담당한다.

② 사용자가 시스템에 있는 응용 프로그램을 편리하게 사용할 수 있다.

③ 하드웨어의 성능을 최적화할 수 있도록 한다.

④ 운영체제의 기능에는 제어기능, 기억기능, 연산기능 등이 있다.

09 HRN 스케줄링 방식에서 입력된 작업이 다음과 같을 때, 우선순위가 가장 높은 것은?

작업	대기시간	서비스(실행)시간
A	5	20
B	40	20
C	15	45
D	20	2

① A   ② B

③ C   ④ D

10 다음 중 하이퍼텍스트(Hypertext)에 대한 설명으로 옳지 않은 것은?

① 하이퍼텍스트는 사용자의 선택에 따라 관련 있는 쪽으로 옮겨갈 수 있도록 조직화된 정보를 말한다.

② 월드와이드웹의 발명을 이끈 주요 개념이 되었다.

③ 여러 명의 사용자가 서로 다른 경로를 통해 접근할 수 있다.

④ 하이퍼텍스트는 선형 구조를 가진다.

01 의복 제조업체 사장인 A씨는 2023년 산재보험료를 3월 말까지 납부하였으며 2024년이 되면서 확정보험료를 신고하기 위해 준비 중이다. 계산방법이 다음과 같을 때, A씨가 실제 납부한 개산보험료와 확정보험료의 차액은?

〈산재보험료 계산방법〉

보험가입자는 매 보험연도마다 1년간의 개산보험료를 계산하여 그 금액을 3월 말까지 공단에 신고·납부하여야 한다. 개산보험료는 '(1년간 지급될 임금총액추정액)×(해당사업보험료율)'로 계산하며 해당사업보험료율은 고용노동부장관이 매년 결정·고시한다.

개산보험료는 분할납부(분기별 최대 4번)할 수 있다. 분할납부할 수 있는 보험료를 납부기한 내에 전액을 납부하면 5%의 금액이 공제된다. 사업주가 개산보험료를 납부한 후 다음해에 확정보험료를 공단에 신고하면 반환, 추가납부 등 정산을 하게 된다.

확정보험료는 '(1년간 지급된 임금 총액)×(해당사업보험료율)'로 계산한다. 산재보험가입대상사업주가 가입신고를 하지 않거나 보험료의 신고·납부를 지연하면 보험료를 소급징수하고 가산금(확정보험료의 10%)과 체납된 금액의 1000분의 12에 해당하는 금액을 추가로 징수한다.

〈상황〉

- A씨의 사업장에는 직원 4명이 근무하고 있다.
- 개산보험료 계산 시 A씨는 1인당 월 250만 원의 임금 지급을 가정하였다.
- A씨는 납부기한 내에 모든 보험료를 일시 납부하였다.
- A씨 직종의 보험료율은 13.60‰이다.
- 실제 직원들의 월급은 다음과 같았다.

갑	을	병	정
200만 원	190만 원	260만 원	250만 원

① 79,450원

② 81,600원

③ 82,500원

④ 83,420원

02 K공단은 7월 중에 신입사원 면접을 계획하고 있다. 면접에는 마케팅팀과 인사팀 차장, 인사팀 부장과 과장, 총무팀 주임이 한 명씩 참여한다. K공단에서는 6 ~ 7월에 계획된 여름 휴가를 팀별로 나누어 간다고 할 때, 다음 중 면접이 가능한 날짜는?

휴가 규정	팀별 휴가 시작일
• 차장급 이상 : 4박 5일 • 대리 ~ 과장 : 3박 4일 • 사원 ~ 주임 : 2박 3일	• 마케팅팀 : 6월 29일 • 인사팀 : 7월 6일 • 총무팀 : 7월 1일

① 7월 1일

② 7월 3일

③ 7월 5일

④ 7월 7일

03 K공단에서는 2월 셋째 주에 연속 이틀에 걸쳐 본사에 있는 B강당에서 인문학 특강을 진행하려고 한다. 강당을 이용할 수 있는 날과 강사의 스케줄을 고려할 때, 섭외 가능한 강사를 모두 고르면?

〈B강당 이용 가능 날짜〉

구분	월요일	화요일	수요일	목요일	금요일
오전(9시 ~ 12시)	×	○	×	○	○
오후(13시 ~ 14시)	×	×	○	○	×

※ 가능 : ○, 불가능 : ×

〈섭외 강사 후보 스케줄〉

A강사	매주 수 ~ 목요일 10 ~ 14시 문화센터 강의
B강사	첫째 주, 셋째 주 화요일, 목요일 10시 ~ 14시 대학교 강의
C강사	매월 첫째 주 ~ 셋째 주 월요일, 수요일 오후 12시 ~ 14시 면접 강의
D강사	매주 수요일 오후 13시 ~ 16시, 금요일 오전 9시 ~ 12시 도서관 강좌
E강사	매월 첫째, 셋째 주 화 ~ 목요일 오전 9시 ~ 11시 강의

※ A기업 본사까지의 이동거리와 시간은 고려하지 않는다.
※ 강의는 연속 이틀로 진행되며 강사는 동일해야 한다.

① A, B강사

② B, C강사

③ C, D강사

④ C, E강사

04 K공단에서는 A ~ N직원 중 면접위원을 선발하고자 한다. 다음 중 면접위원의 구성 조건을 읽고 옳지 않은 것은?

<면접위원 구성 조건>

- 면접관은 총 6명으로 구성한다.
- 이사 이상의 직급으로 50% 이상 구성해야 한다.
- 인사팀을 제외한 모든 부서는 두 명 이상 선출할 수 없고, 인사팀은 반드시 두 명 이상을 포함한다.
- 모든 면접위원의 입사 후 경력은 3년 이상으로 한다.

직원	직위	부서	입사 후 경력
A	대리	인사팀	2년
B	과장	경영지원팀	5년
C	이사	인사팀	8년
D	과장	인사팀	3년
E	사원	홍보팀	6개월
F	과장	홍보팀	2년
G	이사	고객지원팀	13년
H	사원	경영지원	5개월
I	이사	고객지원팀	2년
J	과장	영업팀	4년
K	대리	홍보팀	4년
L	사원	홍보팀	2년
M	과장	개발팀	3년
N	이사	개발팀	8년

① L사원은 면접위원으로 선출될 수 없다.
② N이사는 반드시 면접위원으로 선출된다.
③ B과장이 면접위원으로 선출됐다면 K대리도 선출된다.
④ 과장은 두 명 이상 선출되었다.

05 K공단에서는 약 2개월 동안 근무할 인턴사원을 선발하고자 다음과 같은 공고를 게시하였다. 이에 지원한 A~D 중에서 K공단의 인턴사원으로 가장 적절한 지원자는?

〈인턴 모집 공고〉

- 근무기간 : 약 2개월(6월~8월)
- 자격 요건
  - 1개월 이상 경력자
  - 포토샵 가능자
  - 근무 시간(9시~18시) 이후에도 근무가 가능한 자
- 기타사항
  - 경우에 따라서 인턴 기간이 연장될 수 있음

A지원자	• 경력사항 : 출판사 3개월 근무 • 컴퓨터 활용 능력 中(포토샵, 워드 프로세서) • 대학 휴학 중(9월 복학 예정)
B지원자	• 경력 사항 : 없음 • 포토샵 능력 우수 • 전문대학 졸업
C지원자	• 경력 사항 : 마케팅 회사 1개월 근무 • 컴퓨터 활용 능력 上(포토샵, 워드 프로세서, 파워포인트) • 4년제 대학 졸업
D지원자	• 경력 사항 : 제약 회사 3개월 근무 • 포토샵 가능 • 저녁 근무 불가

① A지원자
② B지원자
③ C지원자
④ D지원자

06 A도시락 전문점은 요일별 도시락 할인 이벤트를 진행하고 있다. K공단이 지난 한 주간 A도시락 전문점에서 구매한 내역이 〈보기〉와 같을 때, K공단의 지난주 도시락 구매비용은?

〈A도시락 요일별 할인 이벤트〉

요일	월		화		수		목		금	
할인품목	치킨마요		동백		돈까스		새치고기		진달래	
구분	원가	할인가	원가	할인가	원가	할인가	원가	할인가	원가	할인가
가격(원)	3,400	2,900	5,000	3,900	3,900	3,000	6,000	4,500	7,000	5,500

요일	토		일				매일			
할인품목	치킨제육		육개장		김치찌개		치킨(대)		치킨(중)	
구분	원가	할인가	원가	할인가	원가	할인가	원가	할인가	원가	할인가
가격(원)	4,300	3,400	4,500	3,700	4,300	3,500	10,000	7,900	5,000	3,900

※ 요일별 할인품목이 아닌 품목들은 원가로 계산한다.

〈보기〉
〈K공단의 A도시락 구매내역〉

요일	월	화	수	목	금	토	일
구매내역	동백 3개 치킨마요 10개	동백 10개 김치찌개 3개	돈까스 8개 치킨(중) 2개	새치고기 4개 치킨(대) 2개	진달래 4개 김치찌개 7개	돈까스 2개 치킨제육 10개	육개장 10개 새치고기 4개

① 316,400원
② 326,800원
③ 352,400원
④ 375,300원

07 K공단은 직원들에게 매월 25일 월급을 지급하고 있다. A대리는 이번 달 급여명세서를 보고 자신의 월급이 잘못 나왔음을 알았다. 다음 〈조건〉을 참고하여, 다음 달 A대리가 상여금과 다른 수당들이 없고 기본급과 식대, 소급액만 받는다고 할 때, 소급된 금액과 함께 받을 월급은 총 얼마인가?(단, 4대 보험은 국민연금, 건강보험, 장기요양, 고용보험이며 각 항목의 금액은 10원 미만 절사한다)

〈급여명세서〉

(단위 : 원)

성명 : A		직책 : 대리		지급일 : 2024-1-25	
지급항목	지급액		공제항목		공제액
기본급	2,000,000		소득세		17,000
야근수당(2일)	80,000		주민세		1,950
휴일수당	–		고용보험		13,000
상여금	50,000		국민연금		90,000
기타	–		장기요양		4,360
식대	100,000		건강보험		67,400
교통비	–		연말정산		–
복지후생	–				
			공제합계		193,710
급여계	2,230,000		차감수령액		2,036,290

〈조건〉

- 국민연금은 9만 원이고, 건강보험은 기본급의 6.24%이며 회사와 50%씩 부담한다.
- 장기요양은 건강보험 총금액의 7.0% 중 50%만 내고 고용보험은 13,000원이다.
- 잘못 계산된 금액은 다음 달에 소급한다.
- 야근수당은 하루당 기본급의 2%이며, 상여금은 5%이다.
- 다른 항목들의 금액은 급여명세서에 명시된 것과 같으며 매달 같은 조건이다.

① 1,865,290원

② 1,866,290원

③ 1,924,290원

④ 1,966,290원

08 서울에 사는 A씨는 결혼기념일을 맞이하여 가족과 함께 KTX를 타고 부산으로 여행을 다녀왔다. A씨의 가족이 이번 여행에서 지불한 교통비는 모두 얼마인가?

- A씨 부부에게는 만 6세인 아들, 만 3세인 딸이 있다.
- 갈 때는 딸을 무릎에 앉혀 갔고, 돌아올 때는 좌석을 구입했다.
- A씨의 가족은 일반석을 이용하였다.

〈KTX 좌석별 요금〉

구분	일반석	특실
가격	59,800원	87,500원

※ 만 4세 이상 13세 미만 어린이는 운임의 50%를 할인합니다.
※ 만 4세 미만의 유아는 보호자 1명당 2명까지 운임의 75%를 할인합니다.
　(단, 유아의 좌석을 지정하지 않을 시 보호자 1명당 유아 1명의 운임을 받지 않습니다)

① 299,000원   ② 301,050원
③ 307,000원   ④ 313,950원

09 다음 〈보기〉에 따라 사원 A ~ D가 성과급을 다음과 같이 나눠가졌을 때, 총성과급은 얼마인가?

─〈보기〉─
- A는 총성과급의 3분의 1에 20만 원을 더 받았다.
- B는 그 나머지 성과급의 2분의 1에 10만 원을 더 받았다.
- C는 그 나머지 성과급의 3분의 1에 60만 원을 더 받았다.
- D는 그 나머지 성과급의 2분의 1에 70만 원을 더 받았다.

① 840만 원   ② 900만 원
③ 960만 원   ④ 1,020만 원

10 B씨는 정원이 12명이고 개인 회비가 1인당 20,000원인 모임의 총무이다. 정기 모임을 카페에서 열기로 했는데 음료를 1잔씩 주문하고 음료와 곁들일 디저트도 2인에 한 개씩 시킬 예정이다. 〈조건〉에 따라 가장 저렴하게 먹을 수 있는 방법으로 메뉴를 주문한 후 남는 금액은?(단, 2명은 커피를 마시지 못한다)

COFFEE		NON-COFFEE		DESSERT	
아메리카노	3,500원	그린티라테	4,500원	베이글	3,500원
카페라테	4,100원	밀크티라테	4,800원	치즈케이크	4,500원
카푸치노	4,300원	초코라테	5,300원	초코케이크	4,700원
카페모카	4,300원	곡물라테	5,500원	티라미수	5,500원

―――――〈조건〉―――――
- 10잔 이상의 음료 또는 디저트를 구매하면 4,500원 이하의 음료 2잔이 무료로 제공된다.
- 세트 메뉴로 음료와 디저트를 구매하면 해당 메뉴 금액의 10%가 할인된다.

① 175,000원   ② 178,500원
③ 180,500원   ④ 188,200원

※ 다음은 제습기 사용과 보증기간에 대한 설명서이다. 이어지는 질문에 답하시오. [1~2]

〈사용 전 알아두기〉

• 제습기의 적정 사용온도는 18℃ ~ 35℃입니다.
   - 18℃ 미만에서는 냉각기에 결빙이 시작되어 제습량이 줄어들 수 있습니다.
• 제습 운전 중에는 컴프레서 작동으로 실내 온도가 올라갈 수 있습니다.
• 설정한 희망 습도에 도달하면 운전을 멈추고 실내 습도가 높아지면 자동 운전을 다시 시작합니다.
• 물통이 가득 찰 경우 제습기 작동이 멈춥니다.
• 안전을 위하여 제습기 물통에 다른 물건을 넣지 마십시오.
• 제습기가 작동하지 않거나 아무 이유 없이 작동을 멈추는 경우 다음 사항을 확인하세요.
   - 전원플러그가 제대로 끼워져 있는지 확인하십시오.
   - 위의 사항이 정상인 경우, 전원을 끄고 10분 정도 경과 후 다시 전원을 켜세요.
   - 여전히 작동이 안 되는 경우, 판매점 또는 서비스 센터에 연락하시기 바랍니다.
• 현재 온도 / 습도는 설치장소 및 주위 환경에 따라 실제와 차이가 있을 수 있습니다.

〈보증기간 안내〉

• 보증기간 산정 기준
   - 품목별 소비자 피해 보상규정에 의거 아래와 같이 제품에 대한 보증을 실시합니다.
• 제품 산정 기준
   - 제품 보증기간이라 함은 제조사 또는 제품 판매자가 소비자에게 정상적인 상태에서 자연 발생한 품질 성능 기능
     하자에 한하여 무상 수리해 주겠다고 약속한 기간을 말합니다.
   - 제품 보증기간은 구입일자를 기준으로 산정하며, 구입일자의 확인은 제품보증서를 기준으로 합니다. 단, 보증
     서가 없는 경우는 제조일(제조번호 검사필증)로부터 3개월이 경과한 날부터 보증기간을 계산합니다.
   - 중고품(전파상 구입, 모조품) 구입 시 보증기간은 적용되지 않으며, 수리 불가의 경우 피해보상을 책임지지 않
     습니다.
• 당사와의 계약을 통해 납품되는 제품의 보증은 그 계약내용을 기준으로 합니다.
• 제습기 보증기간은 일반제품으로 1년으로 합니다.
   - 2017년 1월 이전 구입분은 2년 적용

〈제습기 부품 보증기간〉

• 인버터 컴프레서(2016년 1월 이후 생산 제품) : 10년
• 컴프레서(2018년 1월 이후 생산 제품) : 4년
• 인버터 컴프레서에 한해서 5년차부터 부품대만 무상 적용함

01 다음 중 구매자가 제습기 사용 중 서비스센터에 연락해야 할 상황은 무엇인가?

① 실내 온도가 17℃일 때 제습량이 줄어들었다.

② 제습기 사용 후 실내 온도가 올라갔다.

③ 물통에 물이 $\frac{1}{2}$ 정도 들어있을 때 작동이 멈췄다.

④ 제습기가 갑자기 작동되지 않아 잠시 10분 꺼두었다가 다시 켰더니 작동하였다.

02 보증기간 안내 및 제습기 및 부품 보증기간을 참고할 때, 제습기 사용자가 잘못 이해한 내용은 무엇인가?

① 제품 보증서가 없는 경우, 구매자가 영수증에 찍힌 구입한 날짜부터 계산한다.

② 보증기간 무료 수리는 정상적인 상태에서 자연 발생한 품질 성능 기능 하자가 있을 때이다.

③ 제습기 보증기간은 구입일로부터 1년이다.

④ 2017년도 이전에 구입한 제습기는 보증기간이 2년 적용된다.

※ 정보기획팀에 근무하는 귀하는 새롭게 입사할 인턴사원들을 위하여 컴퓨터에 복합기를 설정해 두려고 한다. 복합기 설치 방법 및 설명서에는 다음의 내용이 포함되어 있다. 이어지는 질문에 답하시오. **[3~4]**

〈복합기 설치 방법 및 설명서〉

폴더 공유 보안 설정 변경 / 확인

▶ [시작] → [설정] → [제어판] → [네트워크 및 공유센터]를 클릭한다.

▶ 네트워크가 홈 또는 회사 네트워크인지 확인한다.

　주의 : 공용인 경우 설정이 정상으로 되어 있어도, 스캔 문서가 저장이 되지 않는 문제가 발생함

▶ 홈 또는 회사 네트워크인지 확인 후, 고급 공유 설정 변경을 클릭한다.

▶ 고급 공유 설정 변경에서 다음의 항목들의 설정을 변경한다(필수사항).

　• 네트워크 검색 : 네트워크 검색 켜기

　• 파일 및 프린터 공유 : 파일 및 프린터 공유 켜기

　• 파일공유연결 : 40비트 또는 54비트 암호화를 사용하는 장치에 대해 파일 공유

　• 암호로 보호된 공유 : 암호 보호 공유 끄기

▶ [시작] → [설정] → [제어판] → [네트워크 및 공유 센터]에서 로컬 영역 연결을 더블 클릭한다.

▶ 로컬 영역 연결 '속성'에서 Internet Protocol Version 4(TCP / IPv4) '속성'을 클릭한다.

폴더 공유 보안 설정 변경 / 확인, IP주소 확인

▶ Internet Protocol Version 4(TCP / IPv4) '고급'에서 NetBIOS over TCP / IP 사용 선택을 한다.

　단, IP 취득방법이 '다음 IP 주소사용'으로 되어 있는 경우, 'IP 주소'를 메모한다.

▶ [제어판] → [Windows 방화벽]을 선택한다.

▶ 'Windows 방화벽을 통해 프로그램 또는 기능 허용'을 선택한다.

▶ 파일 및 프린터 공유를 체크한다.

폴더 공유 권한 부여

▶ 스캔 문서가 저장이 될 폴더를 만들고 마우스 오른쪽 버튼 클릭 후 '속성'에서 '공유'를 선택한다.

▶ Everyone 계정을 추가하고, 읽기 / 쓰기 권한 부여 후, '공유'를 클릭하여 공유 설정을 완료한다.

PC 이름확인

▶ 바탕화면 '내 컴퓨터' 속성 또는 '시작 – 컴퓨터'의 속성 또는 '제어판 – 시스템' 항목을 클릭한다.

▶ 컴퓨터 이름을 메모한다(IP 취득방법이 자동으로 되어 있을 경우임).

　IP가 고정으로 설정되어 있을 경우는 PC의 IP 주소를 메모한다.

PC 계정확인

▶ [제어판] → [사용자 계정 및 가족보호] → [사용자 계정 항목]에서 로그인 계정을 확인한다. 또는 [내 컴퓨터] → [관리] → [로컬 사용자 및 그룹] → [사용자 항목]에서 로그인 계정을 확인한다. 단, 2개의 계정이 틀린 경우 컴퓨터 관리에서 확인한 계정을 메모한다.

03 귀하는 설명서를 토대로 복합기 설정을 마무리하였다. 올바르게 작동하는지 테스트하기 위하여 스캔을 한 결과, 문서가 저장이 되지 않는다는 것을 알았다. 다음 중 해당 문제점의 원인을 파악하기 위해서 반드시 확인해야 할 사항으로 옳지 않은 것은?

① 네트워크가 공유로 되어 있는지 여부

② 고급 공유 설정 변경에서 네트워크 검색이 켜져 있는지 여부

③ 고급 공유 설정 변경에서 파일 및 프린터 공유가 켜져 있는지 여부

④ 고급 TCP / IP 설정에서 LMHOSTS 조회 가능이 선택되었는지 여부

04 귀하는 A인턴에게 귀하의 컴퓨터에 있는 공유폴더에서 신입사원 교육자료를 인쇄하여 숙지하라고 지시하였다. 그러나 A인턴은 귀하의 공유폴더를 찾을 수 없다고 하며, 귀하에게 도움을 요청하였다. A인턴이 귀하의 공유폴더를 볼 수 없는 이유를 파악하기 위해 확인해야 할 사항으로 옳은 것은?

① 고급 공유 설정 변경에서 파일 및 프린터 공유 켜기 여부

② 제어판 → Windows 방화벽에서 원격 데스크톱이 설정되어 있는지 여부

③ 내 컴퓨터 → 관리 → 로컬 사용자 및 그룹 → 사용자 항목에서 로그인 계정이 설정되어 있는지 여부

④ 고급 TCP / IP 설정에서 LMHOSTS 조회 가능이 선택되었는지 여부

〈코인세탁기 설명서〉

■ 설치 시 주의사항

- 전원은 교류 220V / 60Hz 콘센트를 제품 단독으로 사용하세요.
- 전원코드를 임의로 연장하지 마세요.
- 열에 약한 물건 근처나 습기, 기름, 직사광선 및 물이 닿는 곳이나 가스가 샐 가능성이 있는 곳에 설치하지 마세요.
- 안전을 위해서 반드시 접지하도록 하며 가스관, 플라스틱 수도관, 전화선 등에는 접지하지 마세요.
- 제품을 설치할 때는 전원코드를 빼기 쉬운 곳에 설치하세요.
- 바닥이 튼튼하고 수평인 곳에 설치하세요.
- 세탁기와 벽면과는 10cm 이상 거리를 두어 설치하세요.
- 물이 새는 곳이 있으면 설치하지 마세요.
- 온수 단독으로 연결하지 마세요.
- 냉수와 온수 호스의 연결이 바뀌지 않도록 주의하세요.

■ 문제해결방법

증상	확인	해결
동작이 되지 않아요.	세탁기의 전원이 꺼져 있는 것은 아닌가요?	세탁기의 전원버튼을 눌러 주세요.
	문이 열려있는 건 아닌가요?	문을 닫고 〈동작〉 버튼을 눌러 주세요.
	물을 받고 있는 중은 아닌가요?	물이 설정된 높이까지 채워질 때까지 기다려 주세요.
	수도꼭지가 잠겨 있는 것은 아닌가요?	수도꼭지를 열어 주세요.
세탁 중 멈추고 급수를 해요.	옷감의 종류에 따라 물을 흡수하는 세탁물이 있어 물의 양을 보충하기 위해 급수하는 것입니다.	이상이 없으니 별도의 조치가 필요 없어요.
	거품이 많이 발생하는 세제를 권장량보다 과다 투입 시 거품 제거를 위해 배수 후 재급수하는 것입니다.	이상이 없으니 별도의 조치가 필요 없어요.
세제 넣는 곳 앞으로 물이 흘러 넘쳐요.	세제를 너무 많이 사용한 것은 아닌가요?	적정량의 세제를 넣어 주세요.
	물이 지나치게 뜨거운 것은 아닌가요?	50℃ 이상의 온수를 단독으로 사용하면 세제 투입 시 거품이 발생하여 넘칠 수 있습니다.
	세제 넣는 곳이 더럽거나 열려 있는 것은 아닌가요?	세제 넣는 곳을 청소해 주세요.
겨울에 진동이 심해요.	세탁기가 언 것은 아닌가요?	세제 넣는 곳이나 세탁조에 60℃ 정도의 뜨거운 물 10L 정도 넣어 세탁기를 녹여 주세요.
급수가 안 돼요.	거름망에 이물질이 끼어 있는 것은 아닌가요?	급수호스 연결부에 있는 거름망을 청소해 주세요.
탈수 시 세탁기가 흔들리거나 움직여요.	세탁기를 앞뒤 또는 옆으로 흔들었을 때 흔들리나요?	세탁기 또는 받침대를 다시 설치해 주세요.
	세탁기를 나무나 고무판 위에 설치하셨나요?	바닥이 평평한 곳에 설치하세요.
문이 열리지 않아요.	세탁기 내부온도가 높나요?	세탁기 내부온도가 70℃ 이상이거나 물 온도가 50℃ 이상인 경우 문이 열리지 않습니다. 내부온도가 내려갈 때까지 잠시 기다리세요.
	세탁조에 물이 남아 있나요?	탈수를 선택하여 물을 배수하세요.

05 다음 중 세탁기 설치 장소 선정 시 고려해야 할 사항으로 적절하지 않은 것은?

① 세탁기와 수도꼭지와의 거리를 확인한다.

② 220V / 60Hz 콘센트인지 확인한다.

③ 물이 새는 곳이 있는지 확인한다.

④ 바닥이 튼튼하고 수평인지 확인한다.

06 호텔 투숙객이 세탁기 이용 도중 세탁기 문이 열리지 않는다며 불편사항을 접수하였다. 다음 중 투숙객의 불편사항에 대한 해결방법으로 가장 적절한 것은?

① 세탁조에 물이 남아있는 것을 확인하고 급수를 선택하여 물을 급수하도록 안내한다.

② 세탁기 내부온도가 높으므로 세탁조에 차가운 물을 넣도록 안내한다.

③ 세탁기의 받침대를 다시 설치하여 세탁기의 흔들림을 최소화시켜야 한다.

④ 세탁기 내부온도가 높으므로 내부온도가 내려갈 때까지 기다려달라고 안내한다.

07 다음은 K은행의 ARS 서비스 기능에 대한 설명이다. A씨가 누른 코드로 적절하지 않은 것은?

〈코드별 ARS 서비스 기능〉

코드	서비스
1	보이스 피싱 및 분실 신고
2	K카드 연결
3	잔액 조회
4	K은행 송금
5	타 은행 송금
6	거래내역 조회
7	다시 듣기
0	상담사 연결

〈사례〉

A씨는 잔액 조회를 해 보고 생각보다 돈이 적게 남아 있다는 사실에 놀라 거래 내역을 조회해 보았다. 조회 결과, 타 은행으로 거액이 송금되어 있는 내역을 확인했고, 9일 전 보험 회사의 전화를 받아 개인 정보를 알려준 것을 기억해 냈다. 상담사에게 상황에 대해 물어보니 보이스 피싱이 의심된다고 신고를 하라고 하였고, 그 즉시 보이스 피싱 피해 신고를 접수하였다.

① 1   ② 3

③ 5   ④ 6

08 다음은 산업재해가 발생한 상황에 대해서 예방 대책을 세운 것이다. 재해 예방 대책에서 보완해야 할 사항은?

<사고사례>

(B소속 정비공인 피재자 A가 대형 해상크레인의 와이어로프 교체작업을 위해 고소작업대(차량탑재형 이동식 크레인)바스켓에 탑승하여 해상크레인 상부 붐(33m)으로 공구를 올리던 중 해상크레인 붐이 바람과 파도에 의해 흔들려 피재자가 탑승한 바스켓에 충격을 가하였고, 바스켓 연결부(로드셀)가 파손되면서 바스켓과 함께 도크바닥으로 떨어져 사망한 재해임.

재해 예방 대책	1단계	사고 조사, 안전 점검, 현장 분석, 작업자의 제안 및 여론 조사, 관찰 및 보고서 연구 등을 통하여 사실을 발견한다.
	2단계	재해의 발생 장소, 재해 형태, 재해 정도, 관련 인원, 직원 감독의 적절성, 공구 장비의 상태 등을 정확히 분석한다.
	3단계	원인 분석을 토대로 적절한 시정책, 즉 기술적 개선, 인사 조정 및 교체, 교육, 설득, 공학적 조치 등을 선정한다.
	4단계	안전에 대한 교육 및 훈련 시행, 안전시설과 장비의 결함 개선, 안전 감독 실시 등의 선정된 시정책을 적용한다.

① 안전 관리 조직
② 시정책 선정
③ 원인 분석
④ 시정책 적용 및 뒤처리

09 다음 중 산업재해에 해당되는 사례가 아닌 것은?

① 산업활동 중의 사고로 인해 사망하는 경우
② 근로자가 휴가 기간 중 사고로 부상당한 경우
③ 회사에 도보로 통근을 하는 도중 교통사고를 당하는 경우
④ 일용직, 계약직, 아르바이트생이 산업활동 중 부상당하는 경우

10 다음 중 기술과 관련된 용어에 대한 설명으로 옳지 않은 것은?

① 노하우(Know-how)는 어떤 일을 오래 함에 따라 자연스럽게 터득한 방법이나 요령이다.
② 노와이(Know-why)는 원인과 결과를 알아내고 파악하는 것을 말한다.
③ OJT(On the Job Training)는 국가에서 직원을 집합하여 교육하는 기본적인 훈련 방법이다.
④ 벤치마킹(Benchmarking)은 기업에서 경쟁력을 키우기 위한 방법으로 경쟁 회사의 비법을 배우면서 혁신하는 기법이다.

제4회
국민연금공단

NCS 고난도
직업기초능력평가

〈모의고사 안내〉

지원하시는 분야에 따라 다음 영역의 문제를 풀어주시기 바랍니다.

사무직	심사직	전산직	기술직
|01| NCS 공통영역(의사소통능력 / 문제해결능력 / 조직이해능력 / 직업윤리)			
|02| 수리능력	**|02|** 수리능력	**|03|** 정보능력	**|04|** 자원관리능력
|03| 정보능력	**|04|** 자원관리능력	**|04|** 자원관리능력	**|05|** 기술능력

제4회 최종모의고사

문항 수 : 60문항
시험시간 : 60분

제1영역 NCS 공통영역

※ 다음 글을 읽고 이어지는 질문에 답하시오. [1~3]

가격의 변화가 인간의 주관성에 좌우되지 않고 객관적인 근거를 갖는다는 가설이 정통 경제 이론의 핵심이다. 이러한 정통 경제 이론의 입장에서 증권시장을 설명하는 기본 모델은 주가가 기업의 내재적 가치를 반영한다는 가설로부터 출발한다. 기본 모델에서는 기업이 존재하는 동안 이익을 창출할 수 있는 역량, 즉 기업의 내재적 가치를 자본의 가격으로 본다. 기업가는 이 내재적 가치를 보고 투자를 결정한다. 그런데 투자를 통해 거두어들일 수 있는 총이익, 즉 기본 가치를 측정하는 일은 매우 어렵다. 따라서 이익의 크기를 예측할 때 신뢰할 만한 계산과 정확한 판단이 중요하다.

증권시장은 바로 이 기본 가치에 대해 믿을 만한 예측을 제시할 수 있기 때문에 사회적 유용성을 갖는다. 증권시장은 주가를 통해 경제계에 필요한 정보를 제공하며 자본의 효율적인 배분을 가능하게 한다. 즉, 투자를 유익한 방향으로 유도해 자본이라는 소중한 자원을 낭비하지 않도록 만들어 경제 전체의 효율성까지 높여 준다. 이런 측면에서 볼 때 증권시장은 실물경제의 충실한 반영일 뿐 어떤 자율성도 갖지 않는다.

이러한 기본 모델의 관점은 대단히 논리적이지만, 증권시장을 효율적으로 운영하는 방법에 대한 적절한 분석까지 제공하지는 못한다. 증권시장에서 주식의 가격과 그 기업의 기본 가치가 현격하게 차이가 나는 '투기적 거품 현상'이 발생하는 것을 볼 수 있는데, 이러한 현상은 기본 모델로는 설명할 수 없다. 실제로 증권시장에 종사하는 관계자들은 기본 모델이 이러한 가격 변화를 설명해 주지 못하기 때문에 무엇보다 증권시장 자체에 관심을 기울이고 증권시장을 절대적인 기준으로 삼는다.

여기에서 우리는 자기참조 모델을 생각해 볼 수 있다. 자기참조 모델의 중심 내용은 '사람들은 기업의 미래 가치를 읽을 목적으로 실물경제보다 증권시장에 주목하며 증권시장의 여론 변화를 예측하는 데 초점을 맞춘다.'는 것이다. 기본 모델에서 가격은 증권시장 밖의 객관적인 기준인 기본 가치를 근거로 하여 결정되지만, 자기참조 모델에서 가격은 증권시장에 참여한 사람들의 여론에 의해 결정된다. 따라서 투자자들은 증권시장 밖의 객관적인 기준을 분석하기보다는 다른 사람들의 생각을 꿰뚫어 보려고 안간힘을 다할 뿐이다. 기본 가치를 분석했을 때는 주가가 상승할 객관적인 근거가 없어도 투자자들은 증권시장의 여론에 따라 주식을 사는 것이 합리적이라고 생각한다. 이러한 이상한 합리성을 '모방'이라고 한다. 이런 모방 때문에 주가가 변덕스러운 등락을 보이기 쉽다.

그런데 하나의 의견이 투자자 전체의 관심을 꾸준히 끌 수 있는 기준적 해석으로 부각되면 이 '모방'도 안정을 유지할 수 있다. 모방을 통해서 합리적이라 인정되는 다수의 비전인 '묵계'가 제시되어 객관적 기준의 결여라는 단점을 극복한다.

따라서 사람들은 묵계를 통해 미래를 예측하고, 증권시장은 이러한 묵계를 조성하고 유지해 가면서 단순한 실물경제의 반영이 아닌 경제를 자율적으로 평가할 힘을 가질 수 있다.

01 다음 중 윗글의 논지 전개상 특징으로 가장 적절한 것은?

① 기업과 증권시장의 관계를 분석하고 있다.

② 증권시장의 개념을 단계적으로 규명하고 있다.

③ 사례 분석을 통해 정통 경제 이론의 한계를 지적하고 있다.

④ 주가 변화의 원리를 중심으로 다른 관점을 대비하고 있다.

02 다음 중 윗글의 내용으로 적절하지 않은 것은?

① 증권시장은 객관적인 기준이 인간의 주관성보다 합리적임을 입증한다.

② 정통 경제 이론에서는 가격의 변화가 객관적인 근거를 갖는다고 본다.

③ 기본 모델의 관점은 주가가 자본의 효율적인 배분을 가능하게 한다고 본다.

④ 증권시장의 여론을 모방하려는 경향으로 인해 주가가 변덕스러운 등락을 보이기도 한다.

03 윗글을 바탕으로 할 때, 다음 중 빈칸에 들어갈 내용으로 가장 적절한 것은?

> 자기참조 모델에 따르면 증권시장은 _____

① 합리성과 효율성이라는 경제의 원리가 구현되는 공간이다.

② 기본 가치에 대해 객관적인 평가를 제공하는 금융시장이다.

③ 객관적인 미래 예측 정보를 적극적으로 활용하는 금융시장이다.

④ 투자자들이 묵계를 통해 자본의 가격을 산출해 내는 제도적 장치이다.

04 다음 〈조건〉을 바탕으로 추론한 〈보기〉에 대한 판단으로 옳은 것은?

───────────〈조건〉───────────
- 뇌세포가 일정 비율 이상 활동하지 않으면 집중력이 떨어진다.
- 잠이 잘 오면 얕게 자지 않아 다음 날 개운해진다.
- 잠이 잘 오지 않는다면 뇌세포가 일정 비율 이상 활동하고 있다는 것이다.

───────────〈보기〉───────────
A : 뇌세포가 일정 비율 이상 활동하지 않으면 얕게 자지 않아 다음 날 개운해진다.
B : 집중력이 떨어지면 얕게 자지 않아 다음날 개운해진다.

① A만 옳다.
② B만 옳다.
③ A와 B 모두 옳다.
④ A와 B 모두 틀리다.

05 TV광고 모델에 지원한 A ~ G 7명 중에서 2명이 선발되었다. 누가 선발되었는가에 대하여 5명이 〈보기〉와 같이 진술하였다. 이 중 3명의 진술만 옳을 때, 다음 중 반드시 선발된 사람은?

───────────〈보기〉───────────
- A, B, G는 모두 탈락하였다.
- E, F, G는 모두 탈락하였다.
- C와 G 중에서 1명만 선발되었다.
- A, B, C, D 중에서 1명만 선발되었다.
- B, C, D 중에서 1명만 선발되었고, D, E, F 중에서 1명만 선발되었다.

① A   ② C
③ D   ④ E

06 〈보기〉는 200명의 시민을 대상으로 A ~ C회사에서 생산한 자동차의 소유 현황을 조사한 결과이다. 조사 대상자 중 세 회사에서 생산된 어떤 자동차도 가지고 있지 않은 사람의 수는?

---〈보기〉---

- 자동차를 2대 이상 가진 사람은 없다.
- A사 자동차를 가진 사람은 B사 자동차를 가진 사람보다 10명 많다.
- B사 자동차를 가진 사람은 C사 자동차를 가진 사람보다 20명 많다.
- A사 자동차를 가진 사람 수는 C사 자동차를 가진 사람 수의 2배이다.

① 20명   ② 40명
③ 60명   ④ 80명

07 다음 (A), (B), (C)에 들어갈 단어를 순서대로 바르게 나열한 것은?

(A) : 이미 잘 알려져 있어서 경쟁이 매우 치열한 시장을 말한다. 같은 목표와 같은 고객을 가지고 치열하게 경쟁한다.
(B) : 현재 존재하지 않거나 알려져 있지 않아 경쟁자가 없는 유망한 시장을 말한다. 높은 수익과 빠른 성장을 가능하게 하는 엄청난 기회가 존재한다.
(C) : 기존의 (A)에서 발상의 전환을 통하여 새로운 가치의 시장을 만드는 경영 전략을 말한다.

① 레드오션 – 블루오션 – 퍼플오션
② 레드오션 – 퍼플오션 – 블루오션
③ 퍼플오션 – 레드오션 – 블루오션
④ 퍼플오션 – 블루오션 – 레드오션

08 (가)의 입장에서 (나)의 문제점을 해결하기 위해 제시할 수 있는 자세를 〈보기〉에서 모두 고르면?

> (가) 모든 사회구성원이 공정하게 대우받는 정의로운 공동체를 만들기 위해서는 부패 행위를 방지해야 한다. 우리 조상들은 전통적으로 청렴 의식을 강조하는 전통 윤리를 지켜왔다.
>
> (나) 부패 인식 지수는 공무원과 정치인이 얼마나 부패해 있는지에 대한 정도를 비교하여 국가별로 순위를 매긴 것이다. 100점 만점을 기준으로 점수가 높을수록 청렴하다. 2022년 조사한 결과 우리나라의 부패 인식 지수는 62로 조사대상국 180개국 중 31위를 기록했다.

> ──────────〈보기〉──────────
>
> ㉠ 공동체와 국가의 공사(公事)를 넘어서 개인의 일을 우선하는 정신을 기른다.
> ㉡ 공직자들은 개인적 이익과 출세만을 추구하지 않고 바른 마음과 정성을 가진다.
> ㉢ 부당한 방법으로 공익을 추구하려 하지 않고 개인의 이익을 가장 중요하게 여긴다.
> ㉣ 공직자들은 청빈한 생활 태도를 유지하면서 국가의 일에 충심을 다하려는 정신을 지닌다.

① ㉠, ㉡　　　　　　　　　　　　　② ㉠, ㉢
③ ㉡, ㉢　　　　　　　　　　　　　④ ㉡, ㉣

09 총무부에서 근무하던 B는 승진하면서 다른 부서로 발령이 났다. 기존에 같이 근무하던 D에게 사무인수인계를 해야 하는 상황에서 B와 D가 수행해야 할 사무인수인계 요령에 대한 내용으로 옳지 않은 것은?

① 기밀에 속하는 사항일수록 문서에 의함을 원칙으로 한다.

② 사무인수인계서 1장을 작성하여 인계자와 인수자 및 입회자가 기명날인을 한 후 해당 부서에서 이를 보관한다.

③ 사무인수인계와 관련하여 편철된 부분과 오류의 수정이 있는 부분은 인수자와 인계자가 각각 기명날인을 한다.

④ 사무의 인수인계와 관련하여 인수자가 인계자에게 제증빙을 요구하였으나, 증빙이 미비 또는 분실 시에는 그 사실을 별지에 반드시 기재하도록 한다.

※ A역 부근에 거주하는 귀하는 B역 부근에 위치한 지사로 발령을 받아 출근하고 있다. 지하철 노선도의 〈조건〉을 보고 이어지는 질문에 답하시오. **[10~11]**

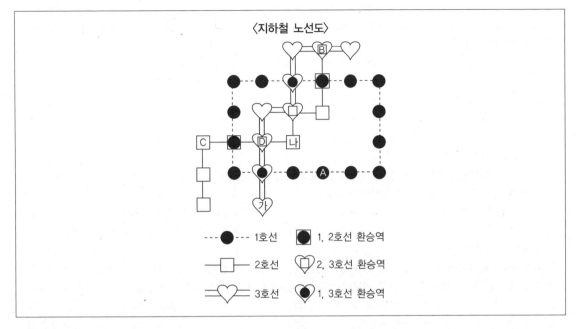

<조건>
- A역 부근의 주민이 지하철 또는 셔틀버스를 타기 위해 집에서 A역까지 이동하는 시간은 고려하지 않는다.
- 지하철이나 셔틀버스는 대기시간 없이 바로 탈 수 있다.
- 역과 역 사이의 운행 소요시간은 1호선 6분, 2호선 4분, 3호선 2분이다(정차시간은 고려하지 않음).
- 셔틀버스에서 지하철로 환승할 때나 지하철 노선 간 환승 시에는 3분이 소요된다.

10 귀하는 오늘 회사에 들르기 전 C역에서 거래처 사람을 만난 후, 회사로 들어가 차장님께 30분간 보고를 해야 한다. 보고가 끝나면 D역에 위치한 또 다른 거래처를 방문해야 한다. 귀하의 일정에 대한 설명으로 옳지 않은 것은?(단, 셔틀버스는 고려하지 않는다)

① A역에서 C역까지 최소 소요시간으로 가는 방법은 2번 환승을 하는 것이다.

② A역에서 C역까지 5개의 역을 거치는 방법은 두 가지가 있다.

③ C역에서 거래처 사람을 만난 후, 회사로 돌아갈 때 최소 소요시간은 21분이다.

④ D역에서 현지퇴근을 하게 되면 회사에서 퇴근하는 것보다 13분이 덜 걸린다.

11 D역의 거래처 방문을 마치고 회사에 돌아왔을 때, 귀하는 거래처에 중요한 자료를 주지 않고 온 것이 생각났다. 최대한 빨리 D역으로 가려고 지하철을 탔으나, 지하철 고장으로 약 ○○분 이상 지하철이 정차할 것이라는 방송이 나왔다. 귀하가 다른 지하철을 통해 D역으로 갔다면 원래 타려던 지하철은 B역에서 최소 몇 분 이상 정차하였겠는가?(단, 환승은 하지 않는다)

① 11분 　　　　　　　　② 12분

③ 13분 　　　　　　　　④ 14분

사람들은 은퇴 이후 소득이 급격하게 줄어드는 위험에 처하고는 한다. 이러한 위험이 발생할 때 일정 수준의 생활(소득)을 보장해 주기 위한 제도가 공적연금제도이다. 우리나라의 연금제도에는 대표적으로 국민의 노후 생계를 보장해 주는 국민연금이 있다.

공적연금제도는 강제가입을 원칙으로 한다. 연금은 가입자가 비용은 현재 지불하지만 그 편익은 나중에 얻게 된다. 그러나 사람들은 현재의 욕구를 더 긴박하고 절실하게 느끼기 때문에 불확실한 미래의 편익을 위해서 당장은 비용을 지불하지 않으려는 경향이 있다. 또한, 국가는 사회보장제도를 통하여 젊은 시절에 노후를 대비하지 않은 사람들에게도 최저생계를 보장해준다. 이 경우, 젊었을 때 연금에 가입하여 성실하게 납부한 사람들이 방만하게 생활한 사람들의 노후생계를 위해 세금을 추가로 부담해야 하는 문제가 생긴다. 그러므로 국가가 나서서 국민들이 강제로 연금에 가입하도록 하는 것이다.

공적연금제도의 재원을 충당하는 방식은 연금 관리자의 입장과 연금 가입자의 입장에서 각기 다르게 나누어 볼 수 있다. 연금 관리자의 입장에서는 '적립방식'과 '부과방식'의 두 가지가 있다. '적립방식'은 가입자가 낸 보험료를 적립해 기금을 만들고 이 기금에서 나오는 수익으로 가입자가 납부한 금액에 비례하여 연금을 지급하지만, 연금액은 확정되지 않는다. '적립방식'은 인구 구조가 변하더라도 국가는 재정을 투입할 필요가 없고, 받을 연금과 내는 보험료의 비율이 누구나 일정하므로 보험료 부담이 공평하다. 하지만 일정한 기금이 형성되기 전까지는 연금을 지급할 재원이 부족하므로, 제도도입 초기에는 연금 지급이 어렵다. '부과방식'은 현재 일하고 있는 사람들에게서 거둔 보험료로 은퇴자에게 사전에 정해진 금액만큼 연금을 지급하는 것이다. 이는 '적립방식'과 달리 세대 간 소득 재분배 효과가 있으며, 제도도입과 동시에 연금지급을 개시할 수 있다는 장점이 있지만 인구 변동에 따른 불확실성이 있다. 노인 인구가 늘어나 역삼각형의 인구구조가 만들어질 때는 젊은 세대의 부담이 증가하여 연금제도를 유지하기가 어려워질 수 있다.

연금 가입자의 입장에서는 납부하는 금액과 받을 연금액의 관계에 따라 확정기여방식과 확정급여방식으로 나눌 수 있다. 확정기여방식은 가입자가 일정한 액수나 비율로 보험료를 낼 것만 정하고 나중에 받을 연금의 액수는 정하지 않는 방식이다. 이는 연금 관리자의 입장에서 보면 '적립방식'으로 연금 재정을 운용하는 것이다. 그래서 이 방식은 이자율이 낮아지거나 연금 관리자가 효율적으로 기금을 관리하지 못할 때, 개인이 손실 위험을 떠안게 된다. 또한, 물가가 인상되는 경우 확정기여에 따른 적립금의 화폐가치가 감소하는 위험도 가입자가 감수해야 한다.

확정급여방식은 가입자가 얼마의 연금을 받을지를 미리 정해 놓고, 그에 따라 개인이 납부할 보험료를 정하는 방식이다. 이는 연금 관리자의 입장에서는 '부과방식'으로 연금 재정을 운용하는 것이다. 나중에 받을 연금을 미리 정하면 기금 운용 과정에서 발생하는 투자의 실패는 연금 관리자가 부담하게 된다. 그러나 이 경우에도 물가상승에 따른 손해는 가입자가 부담해야 하는 단점이 있다.

12 공적연금의 재원 충당 방식 중 '적립방식'과 '부과방식'을 비교한 내용으로 적절하지 않은 것은?

	항목	적립방식	부과방식
①	연금지급 재원	가입자가 적립한 기금	현재 일하는 세대의 보험료
②	연금지급 가능 시기	일정한 기금이 형성된 이후	제도도입 즉시
③	세대 간 부담의 공평성	세대 간 공평성 미흡	세대 간 공평성 확보
④	소득 재분배 효과	소득 재분배 어려움	소득 재분배 가능

13 다음 중 윗글을 읽은 후 〈보기〉의 상황에 대한 반응으로 적절하지 않은 것은?

―――――〈보기〉―――――

K회사는 이번에 공적연금방식을 준용하여 퇴직연금제도를 새로 도입하기로 하였다. 이에 K회사는 직원들이 퇴직연금방식을 확정기여방식과 확정급여방식 중에서 선택할 수 있도록 하였다.

① 확정급여방식은 투자 수익이 부실할 경우 가입자가 보험료를 추가로 납부해야 하는 문제가 있어.
② 확정기여방식은 기금을 운용할 회사의 능력에 따라 나중에 받을 연금액이 달라질 수 있어.
③ 확정기여방식은 기금의 이자 수익률이 물가상승률보다 높으면 연금액의 실질적 가치가 상승할 수 있어.
④ 확정급여방식은 물가가 많이 상승하면 연금액의 실질적 가치가 하락할 수 있어.

14 다음 글의 내용으로 적절하지 않은 것은?

생물 농약이란 농작물에 피해를 주는 병이나 해충, 잡초를 제거하기 위해 자연에 있는 생물로 만든 천연 농약을 뜻한다. 생물 농약을 개발한 것은 흙 속에 사는 병원균으로부터 식물을 보호할 목적에서였다. 뿌리를 공격하는 병원균은 땅속에 살고 있으므로 병원균을 제거하기에 어려움이 있었다. 게다가 화학 농약의 경우 그 성분이 토양에 달라붙어 제 기능을 발휘하지 못했기 때문에, 식물 성장을 돕고 항균 작용을 할 수 있는 미생물에 주목하기 시작한 것이다. 식물 성장을 돕고 항균 작용을 하는 미생물집단을 '근권미생물'이라 하는데, 여러 종류의 근권미생물 중 농약으로 쓰기에 가장 좋은 것은 뿌리에 잘 달라붙는 것들이다.

근권미생물의 입장에서 뿌리 주변은 사막의 오아시스와 비슷한 조건이다. 뿌리 주변은 뿌리에서 공급되는 양분과 안락한 서식 환경을 제공받지만, 뿌리 주변에서 멀리 떨어진 곳은 황량한 지역이어서 먹을 것을 찾기가 어렵기 때문이다. 따라서 뿌리 주변에서는 좋은 위치를 선점하기 위해 미생물 간에 치열한 싸움이 벌어진다. 얼마나 뿌리에 잘 정착하느냐가 생물 농약으로 사용되는 미생물을 결정하는 데 중요한 기준이 되는 셈이다.

생물 농약으로 쓰이는 미생물은 식물 성장을 돕는 성질을 포함한다. 미생물이 만든 항균 물질은 농작물의 뿌리에 침입하려는 곰팡이나 병원균의 성장을 억제하거나 죽게 한다. 그리고 병원균이나 곤충, 선충에 기생하는 종들을 사용한 생물 농약은 유해 병원균이나 해충을 직접 공격하기도 한다. 예를 들자면, 흰가루병은 채소 대부분에 생겨나는 곰팡이 때문에 발생하는데, 흰가루병을 일으키는 곰팡이의 영양분을 흡수해 죽이는 천적 곰팡이(암펠로마이세스 퀴스퀄리스)를 이용한 생물 농약이 있다.

① 화학 농약은 화학 성분이 토양에 달라붙어 제 기능을 발휘하지 못한다.
② 생물 농약은 식물을 흙 속에 사는 병원균으로부터 보호하기 위해서 만들어졌다.
③ 생물 농약으로 쓰이는 미생물들은 유해 병원균이나 해충을 직접 공격하지는 못한다.
④ 뿌리에 얼마만큼 잘 정착하는지의 여부가 미생물의 생물 농약 사용 기준이 된다.

15 다음은 K공단의 직업능력개발 사업계획의 일부 내용이다. 〈보기〉를 참고하여 사업계획을 이해한 내용으로 적절하지 않은 것은?

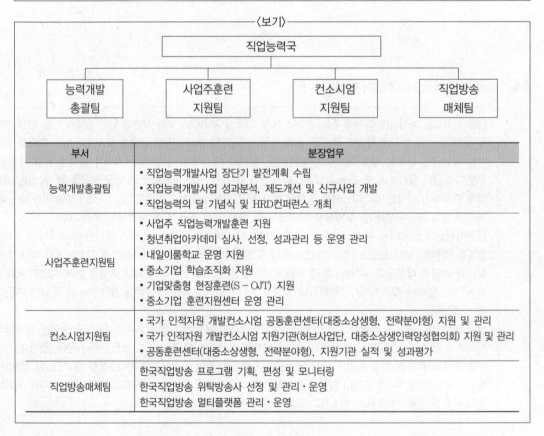

〈직업능력개발 사업계획〉

전략 과제별 사업	2024년	
	목표	예산(백만 원)
사업주 직업능력개발훈련 참여 확대	2,102천 명	434,908
중소기업 훈련지원센터 관리	86,000명	
체계적 현장 훈련 지원	150기업	3,645
학습조직화 지원	150기업	
컨소시엄 훈련 지원	210,000명	108,256
청년취업아카데미 운영 관리	7,650명	3,262
내일이룸학교 운영 지원	240명	
직업방송 제작	2,160편	5,353

〈보기〉

직업능력국
- 능력개발 총괄팀
- 사업주훈련 지원팀
- 컨소시엄 지원팀
- 직업방송 매체팀

부서	분장업무
능력개발총괄팀	• 직업능력개발사업 장단기 발전계획 수립 • 직업능력개발사업 성과분석, 제도개선 및 신규사업 개발 • 직업능력의 달 기념식 및 HRD컨퍼런스 개최
사업주훈련지원팀	• 사업주 직업능력개발훈련 지원 • 청년취업아카데미 심사, 선정, 성과관리 등 운영 관리 • 내일이룸학교 운영 지원 • 중소기업 학습조직화 지원 • 기업맞춤형 현장훈련(S－OJT) 지원 • 중소기업 훈련지원센터 운영 관리
컨소시엄지원팀	• 국가 인적자원 개발컨소시엄 공동훈련센터(대중소상생형, 전략분야형) 지원 및 관리 • 국가 인적자원 개발컨소시엄 지원기관(허브사업단, 대중소상생인력양성협의회) 지원 및 관리 • 공동훈련센터(대중소상생형, 전략분야형), 지원기관 실적 및 성과평가
직업방송매체팀	한국직업방송 프로그램 기획, 편성 및 모니터링 한국직업방송 위탁방송사 선정 및 관리·운영 한국직업방송 멀티플랫폼 관리·운영

① 직업능력개발 사업계획 수립은 능력개발총괄팀이 담당한다.

② 계획된 사업 중 사업주훈련지원팀이 담당하는 사업의 수가 가장 많다.

③ 계획된 사업 중 컨소시엄지원팀과 직업방송매체팀이 담당하는 사업의 수는 같다.

④ 사업계획상 가장 적은 예산을 사용할 부서는 컨소시엄지원팀이다.

16 다음 중 ㉠~㉢의 수정 방안으로 적절하지 않은 것은?

사회복지와 근로의욕과의 관계에 대한 조사를 보면 '사회복지와 근로의욕이 관계가 있다.'는 응답과 '그렇지 않다.'는 응답의 비율이 비슷하게 나타난다. 하지만 기타 의견에 따르면 과도한 사회복지는 근로의욕을 저하할 수 있다는 응답이 많았던 것으로 조사되었다. 예를 들어, 정부지원금을 받으나 아르바이트를 하나 비슷한 돈이 나온다면 ㉠ 더군다나 일하지 않고 정부지원금으로만 먹고사는 사람들이 많이 있다는 것이다. 여기서 주목해야 할 점은 과도한 복지 때문이 아닌 정책상의 문제라는 의견도 있다는 사실이다. 현실적으로 일을 할 수 있는 능력이 있는 사람에게는 ㉡ 최대한의 생계비용 이외의 수입을 인정하고, 빈곤층에서 벗어날 수 있게 지원해주는 것이 개인에게도, 국가에도 바람직한 방식이라는 것이다.

이 설문 조사 결과에서 주목해야 할 또 다른 측면은 사회복지 체제가 잘 되어 있을수록 근로의욕이 떨어진다고 응답한 사람의 ㉢ 과반수 이상이 중산층 이상의 경제력을 가지고 있었다는 점이다. 재산이 많은 사람에게는 약간의 세금 확대가 ㉣ 영향이 적을 수 있기 때문에 경제발전을 위한 세금 확대는 찬성하더라도 복지정책을 위한 세금 확대는 반대하는 것이다. 이러한 점을 고려해 보면 소득 격차 축소를 원하는 국민보다 복지정책을 위한 세금 확대에는 반대하는 국민이 많은 다소 모순된 설문 결과에 대한 설명이 가능하다.

① ㉠ : 앞뒤 내용의 관계를 고려하여 '차라리'로 수정한다.
② ㉡ : 전반적인 내용의 흐름을 고려하여 '최소한의'로 수정한다.
③ ㉢ : '과반수'의 뜻을 고려하여 '절반 이상이' 또는 '과반수가'로 수정한다.
④ ㉣ : 일반적인 사실을 말하는 것이므로 '영향이 적기 때문에'로 수정한다.

17 다음은 집단(조직)에 대한 자료이다. 이에 대한 설명으로 적절하지 않은 것은?

구분		공식집단	비공식집단
	개념	공식적인 목표를 추구하기 위해 조직에서 만든 집단	구성원들의 요구에 따라 자발적으로 형성된 집단
①	집단 간 경쟁의 원인	자원의 유한성, 목표 간의 충돌	
②	집단 간 경쟁의 장점	각 집단 내부의 응집성 강화, 활동 조직화 강화	
③	집단 간 경쟁의 단점	자원 낭비, 비능률	
④	예	상설 위원회, 업무 수행을 위한 팀, 동아리	친목회, 스터디 모임, 임시 위원회

저명한 철학자 화이트헤드는 철학을 '관념들의 모험'이라고 하였다. 실로 그렇다. 그러나 어떠한 모험일지라도 위험이 뒤따르며 철학의 모험도 예외가 아니다. 이제부터 철학의 모험을 처음으로 시도하려고 할 때에 겪을 수 있는 몇 가지 위험을 지적해 보겠다.

일반적으로 얕은 지식은 위험하다고 말하곤 한다. 그러나 커다란 지식을 얻기 위해서는 적은 양에서 시작하지 않으면 안 된다. 또한, 커다란 지식을 갖추었다고 하더라도 위험이 완전히 배제되는 것은 아니다. 예를 들면, 원자 에너지의 파괴적인 위력에 대해 지대한 관심을 가진 사람들이 원자의 비밀을 꿰뚫어 보려고 막대한 노력을 기울였다. 그러나 원자에 대한 지식의 획득에도 불구하고 사람들이 느끼는 위험은 줄어들지 않고 오히려 늘어났다. 이와 같이 증대하는 지식이 새로운 난점들을 발생시킨다는 사실을 알게 된 것은 최근의 일이 아니다. 서양 철학자 플라톤의 '동굴의 비유'는 지식의 획득과 그에 따른 대가 지불을 불가분의 관계로 이해하고 있음을 보여준다.

㉠ '동굴의 비유'에 의하면, 사람들은 태어나면서부터 앞만 보도록 된 곳에 앉은 쇠사슬에 묶인 죄수와 같다. 사람들의 등 뒤로는 불이 타오르고, 그 불로 인해 모든 사물은 동굴의 벽에 그림자로 나타날 뿐이다. 혹 동굴 밖의 환한 세상으로 나온 이가 있다면, 자신이 그동안 기만과 구속의 흐리멍덩한 삶을 살아왔음을 깨닫게 될 것이다. 그리하여 그가 동굴로 돌아가 사람들을 계몽하고자 한다면, 그는 오히려 무지의 장막에 휩싸인 자들에게 불신과 박해를 받게 될 것이다. 여기에서 실제로 박해를 받는 것은 깨달음에 가해진 '선물'이라고 할 수 있다.

철학 입문자들은 실제로 지적(知的)으로 도전받기를 원하는 사람들이다. 그들은 정신의 모험에 참여하겠다는 서명을 한 셈이다. 또한 그들은 자신들을 위해 계획된 새로운 내용과 높은 평가 기준이 자신에게 적용되기를 바란다. 그들은 앞으로 무슨 일이 일어날지 거의 모르고 있지만, 그들 자신은 자발적으로 상당한 정도의 개인적인 위험을 기꺼이 감수하려 든다. 이러한 위험을 구체적으로 말하면, 자기를 인식하는 데 따르는 위험이며, 이전부터 갖고 있던 사고와 행위 방식을 혼란시킬지도 모르는 모험이며, 학습하는 도중에 발생할 수 있는 미묘하고도 중대한 위험이다. 한 번 문이 열리면 다시 그 문을 닫기란 매우 어렵다. 일반 사람들은 더 큰 방, 더 넓은 인생 공간에 나아가면 대부분 두려움을 느끼며 용기를 잃게 된다. 그러나 몇몇의 뛰어난 입문자들은 사활(死活)을 걸어야 하는 도전에 맞서, 위험을 감싸 안으며 흥미로운 작업을 진전시키기 위해 지성적 도구들을 예리하게 간다.

철학의 모험은 거칠고 무한한 혼돈의 바다에 표류하는 작은 뗏목에 자주 비유된다. 어떤 철학적 조난자들은 뗏목과 파도와 날씨 등의 직접적인 환경을 더욱 깊이 알게 될 것이다. 또한 어떤 조난자들은 조류의 속도나 현재의 풍향을 알게 될 것이다. 또 어떤 조난자들은 진리의 섬을 얼핏 보고 믿음이라는 항구를 향해 힘차게 배를 저어 나아갈 것이다. 또 다른 조난자들은 막막함과 절망의 중심에서 완전히 좌초해버릴 수도 있다. 뗏목과 그 위에 탄 사람들은 '보험'에 들어 있지 않다. 거기에는 보증인이 없다. 그러나 뗏목은 늘 거기에 있으며, 이미 뗏목을 타고 있는 사람들은 더 많은 사람이 자신이 있는 곳으로 올 수 있도록 자리를 마련할 것이다.

18 다음 중 윗글의 서술상 특징으로 가장 적절한 것은?

① 비유적인 표현으로 대상의 특성을 밝히고 있다.

② 여러 가지를 비교하면서 우월성을 논하고 있다.

③ 상반된 이론을 대비하여 독자의 관심을 유도하고 있다.

④ 용어의 개념을 제시하여 대상의 범위를 한정하고 있다.

19 다음 중 윗글의 밑줄 친 ㉠을 인용한 이유에 대해 바르게 추리한 것은?

① 자신의 운명은 스스로 개척해야 한다는 것을 주지시키기 위해

② 인간의 호기심은 불행한 결과를 초래한다는 것을 알려 주기 위해

③ 인간이 지켜야 할 공동의 규범은 반드시 따라야 함을 강조하기 위해

④ 새로운 지식을 획득하려면 대가를 치러야 한다는 것을 주지시키기 위해

20 윗글을 바탕으로 철학 동아리를 홍보하는 글을 작성하려고 할 때, 〈보기〉의 빈칸에 들어갈 문구로 가장 적절한 것은?

〈보기〉

지금 당신은 어디를 향하고 있습니까?
이상의 바다입니까, 아니면 좌절의 늪입니까?
지적 갈증에 허덕이는 자,
진리를 얻고자 갈망하는 자,
저희 '가리사니' 철학 동아리로 오십시오.
우리 동아리에 오면
_____으로
진리의 세계에 다가갈 수 있습니다.

① 학문과 실질을 숭상하는 지혜로움

② 위험과 대가가 따르는 지적 대탐험

③ 상식과 편견을 뒤엎는 발상의 전환

④ 무지와 몽매에서 벗어나려는 탐구심

※ 다음은 복지대상자 분류 복지코드에 대한 자료이다. 이어지는 질문에 답하시오. [21~23]

복지코드는 복지대상자를 분류하기 위한 코드로, 총 10자리로 이루어져 있다.

복지분류	주제	대상
EN : 에너지바우처 HO : 영구임대주택공급 LA : 언어발달지원 ED : 정보화교육 JO : 직업훈련·일자리지원 UN : 대학생학자금융자 LO : 디딤돌대출 DE : 치매치료관리비 ME : 의료급여 DP : 장애인보조기구 CB : 출산비용보조	D : 교육 E : 고용 R : 주거 M : 의료 F : 금융 C : 문화 *2개 이상 해당 시 임의로 하나만 입력한다.	0 : 영유아(만 5세 이하) 1 : 아동·청소년 2 : 여성 3 : 청년(만 65세 미만 성인) 4 : 노년(만 65세 이상) 5 : 장애인 6 : 다문화 7 : 한부모(미성년자녀) 8 : 기초생활수급자 9 : 저소득층 *2개 이상 해당 시 임의로 하나만 입력한다.
월평균소득	신청기관	신청방법
N0 : 해당 없음 A1 : 50% 이하 A2 : 80% 이하 B1 : 100% 이하 B2 : 120% 이하 C1 : 150% 이하	00 : 시·군·구청 01 : 관할주민센터 02 : 보건소 03 : 위탁금융기관 04 : 고용지원센터	CA : 전화 VS : 방문 EM : 우편 ON : 온라인

21 복지코드가 다음과 같을 때 이에 대한 설명으로 적절하지 않은 것은?

> ENR4A201VS

① 에너지바우처는 주거복지 사업에 해당된다.
② 복지대상자는 만 65세 이상인 노년층에만 해당한다.
③ 사람의 소득은 월평균소득의 80% 이하에 해당한다.
④ 에너지바우처 사업은 관할주민센터를 통해 신청하는 사업이다.

22 다음 복지대상자 A의 복지코드로 가장 적절한 것은?

> 만 5세 여아인 A는 월평균소득 120% 이하인 다문화가정 자녀로 한국어 발달정도가 다소 낮은 편이다. 이에
> A의 부모는 시·군·구청에서 지원하는 언어발달지원 교육을 온라인으로 신청하였다.

① LAD5B200ON
② LAD6B200ON
③ LAD7B200ON
④ LAC6B200ON

23 다음 복지코드 중 사용할 수 있는 것을 모두 고르면?

> ㉠ EDOE3A201ON
> ㉡ HOR4A100EM
> ㉢ LOD3N103VS
> ㉣ EDD4B204CA

① ㉠, ㉡
② ㉠, ㉢
③ ㉡, ㉢
④ ㉡, ㉣

24 다음 중 BCG 매트릭스의 네 가지 사업 기준에 대한 설명으로 옳지 않은 것은?

① 스타 : 수익이 많이 발생되나 시장지위를 유지하기 위해 자금 투자 역시 많이 소요되는 사업

② 캐시카우 : 시장점유율이 높아 현금유입이 많고 성장성이 있어 시장에서 선도적인 지위를 구축하고 있는 사업

③ 퀘스천마크 : 시장성장률은 높으나 상대적으로 시장점유율은 낮아 후 성공석으로 사업을 영위할 수 있을지 의문시되는 사업

④ 도그 : 활동을 통해 얻는 이익도 크지 않지만 그만큼 자금도 많이 소요되지 않는 사업

25 다음은 MECE(Mutually Exclusive, Collectively Exhaustive)의 순서이다. 〈보기〉 중 2 ~ 6번 빈칸에 들어갈 적용 절차를 순서대로 바르게 나열한 것은?

> 1. 문제 파악(문제의 핵심)
> 2. (   )
> 3. (   )
> 4. (   )
> 5. (   )
> 6. (   )
> 7. 메시지 전달(결과 보고)

---〈보기〉---
> ㉠ 불필요한 문제 제거하기
> ㉡ 계획 수립하기(세부 내용)
> ㉢ 문제 분해하기(중복과 누락 검사 등)
> ㉣ 분석하고 종합하기(검증)
> ㉤ 가설 세우기(실행 가능 요소)

① ㉠－㉢－㉤－㉡－㉣

② ㉢－㉠－㉤－㉡－㉣

③ ㉢－㉤－㉠－㉡－㉣

④ ㉢－㉠－㉡－㉤－㉣

26 다음에서 설명하는 '이것'의 사례로 적절하지 않은 것은?

> '이것'은 복지 사회를 이루기 위하여 기업이 이윤 추구에만 집착하지 않고 사회의 일원으로서 사회적 책임을 자각하고 실천하여야 할 의무로, 기업의 수익 추구와 밀접한 관련을 맺고 있다고 보는 견해도 있다.
> 윌리엄 워서(William Werther)와 데이비드 챈들러(David Chandler)는 '이것'을 기업이 제품이나 서비스를 소비자들에게 전달하는 과정인 동시에 사회에서 기업 활동의 정당성을 유지하기 위한 방안이라고 주장하였다.

① A기업은 새로운 IT 계열의 중소벤처기업을 창업한 20대 청년에게 투자하기로 결정하였다.
② B기업은 전염병이 발생하자 의료 물품을 대량으로 구입하여 지역 병원에 기부하였다.
③ C기업은 협력업체 공장에서 폐수를 불법으로 버린 것을 알고 협업과 투자를 종료하였다.
④ D기업은 자사의 직원 복지를 위해 거액의 펀드를 만들었다.

27 다음 중 기업 간 거래 관계에서 요구되는 윤리적 기초에 대한 설명으로 적절하지 않은 것은?

① 힘이 강한 소매상이 힘이 약한 납품업체에 구매가격 인하를 요구하는 것은 거래의 평등성을 위배하는 행위이다.
② 이해할 만한 거래상대방의 설명 등 쌍방 간 의사소통이 원활하면 분배 공정성이 달성된다.
③ 약속의 성실한 이행은 거래를 지속시키며, 갈등을 해소하는 토대가 된다.
④ 의무의 도덕성이란 불가조항을 일일이 열거하는 것을 말한다.

28 다음 중 성희롱 예방을 위한 상사의 태도로 적절하지 않은 것은?

① 부하직원을 칭찬하거나 쓰다듬는 행위는 부하직원에 대한 격려로 받아들일 수 있다.
② 중재, 경고, 징계 등의 조치 이후 가해자가 피해자에게 보복이나 앙갚음을 하지 않도록 주시한다.
③ 성희롱을 당하면서도 거부하지 못하는 피해자가 있다는 것을 알면 직접 개입하여 중지시켜야 한다.
④ 자신이 관리하는 영역에서 성희롱이 일어나지 않도록 예방에 힘쓰며, 일단 성희롱이 발생하면 그 행동을 중지시켜야 한다.

29 다음 글의 제목으로 가장 적절한 것은?

20세기 한국 사회는 내부 노동시장에 의존한 평생직장 개념을 갖고 있었으나, 1997년 외환위기 이후 인력 관리의 유연성이 향상하면서 사라지기 시작하였다. 기업은 필요한 우수 인력을 외부 노동시장에서 적기에 채용하고, 저숙련 인력은 주변화하여 비정규직을 계속 늘려간다는 전략을 구사하고 있다. 이러한 기업의 인력 관리 방식에 따라서 실업률은 계속 하락하는 동시에 주당 18시간 미만으로 일하는 불완전 취업자가 많이 증가하고 있다.

이러한 현상은 우리나라의 경제가 지식 기반 산업 위주로 점차 바뀌고 있음을 말해 준다. 지식 기반 산업이 주도하는 경제 체제에서는 고급 지식을 갖거나 숙련된 노동자는 더욱 높은 임금을 받게 된다. 다시 말해, 지식 기반 경제로의 이행은 지식 격차에 의한 소득 불평등의 심화를 의미한다. 우수한 기술과 능력을 갖춘 핵심 인력은 능력 개발 기회를 얻게 되어 '고급 기술 → 높은 임금 → 양질의 능력 개발 기회'의 선순환 구조를 갖지만, 비정규직·장기 실업자 등 주변 인력은 악순환을 겪을 수밖에 없다. 이러한 '양극화' 현상을 국가가 적절히 통제하지 못할 경우, 사회 계급 간의 간극은 더욱 확대될 것이다. 결국 고도 기술 사회가 온다고 해도 자본주의 사회 체제가 지속되는 한, 사회 불평등 현상은 여전히 계급 간 균열선을 따라 존재하게 될 것이다. 국가가 포괄적 범위에서 강력하게 사회 정책적 개입을 추진하면 계급 간 차이를 현재보다는 축소시킬 수 있겠지만 아주 없어지지는 못할 것이다.

사회 불평등 현상은 다른 여러 나라에서도 발견된다. 각국 간 발전 격차가 지속 확대되면서 전 지구적 생산의 재배치는 이미 20세기 중엽부터 진행됐다. 정보통신 기술은 지구의 자전 주기와 공간적 거리를 '장애물'에서 '이점'으로 변모시켰다. 그 결과, 전 지구적 노동시장이 탄생하였다. 기업을 비롯한 각 사회 조직은 국경을 넘어 인력을 충원하고, 재화와 용역을 구매하고 있다. 개인도 인터넷을 통해 이러한 흐름에 동참하고 있다. 생산 기능은 저개발국으로 이전되고, 연구·개발·마케팅 기능은 선진국으로 모여드는 경향이 지속·강화되어, 나라 간 정보 격차가 확대되고 있다. 유비쿼터스 컴퓨팅 기술에 의거하여 전 지구 사회를 잇는 지역 간 분업은 앞으로 더욱 활발해질 것이다. 나라 간의 경제적 불평등 현상은 국제 자본 이동과 국제 노동 이동으로 표출되고 있다. 노동 집약적 부문의 국내 기업이 해외로 생산 기지를 옮기는 현상에서 나아가, 초국적 기업화 현상이 본격적으로 대두되고 있다. 전 지구에 걸친 외부 용역 대치가 이루어지고, 콜센터를 외국으로 옮기는 현상도 보편화될 것이다.

① 국가 간 노동 인력의 이동이 가져오는 폐해
② 사회 계급 간 불평등 심화 현상의 해소 방안
③ 지식 기반 산업 사회에서의 노동시장의 변화
④ 선진국과 저개발국 간의 격차 축소 정책의 필요성

30 다음 빈칸에 들어갈 속담으로 가장 적절한 것은?

> "계정회가 세간에 이름이 나서 회원들이 많이 불편해 하는 기색일세. 이러다가는 회 자체가 깨어지는 게 아닌지 모르겠네." "깨어지기야 하겠는가. _____ 나는 이번 일을 오히려 잘된 일루 생각허네."
>
> – 홍성원, 『먼동』

① 쫓아가서 벼락 맞는다고
② 곤장 메고 매품 팔러 간다고
③ 식초에 꿀 탄 맛이라고
④ 마디가 있어야 새순이 난다고

31 다음 밑줄 친 관용적 표현의 쓰임이 잘못된 것은?

① 너도 곱살이 껴서 뭐든 해 보려고 하는 모양인데, 이번에는 제발 빠져 주라.
② 수천억 원 비자금설이 변죽만 울리다가 사그러들었다.
③ 독립 투사였던 아버지의 전철을 밟아서 꼭 훌륭한 사람이 되거라.
④ 불우이웃돕기 성금을 훔치다니 저런 경을 칠 놈을 보았나.

32 다음 중 띄어쓰기가 옳은 것은?

① 이 건물을 짓는데 몇 년이나 걸렸습니까?
② 김철수씨는 지금 창구로 와 주시기 바랍니다.
③ 걱정하지 마. 그 일은 내가 알아서 해결 할게.
④ 물건을 교환하시려면 일주일 내에 방문하셔야 합니다.

먹으로 난초를 그린 묵란화는 사군자의 하나인 난초에 관념을 투영하여 형상화한 그림으로, 여느 사군자화와 마찬가지로 군자가 마땅히 지녀야 할 품성을 담고 있다. 묵란화는 중국 북송 시대에 그려지기 시작하여 우리나라를 포함한 동북아시아 문인들에게 널리 퍼졌다. 문인들에게 시, 서예, 그림은 나눌 수 없이 하나로 생각되었다. 이런 인식은 묵란화에도 이어져 난초를 칠 때는 글씨의 획을 그을 때와 같은 붓놀림을 구사했다. 따라서 묵란화는 문인들이 인문적 교양과 감성을 드러내는 수단이 되었다.

추사 김정희가 25세 되던 해에 그린 ⓐ『석란(石蘭)』은 당시 청나라에서도 유행하던 전형적인 양식을 따른 묵란화이다. 화면에 공간감과 입체감을 부여하는 잎새들은 가지런하면서도 완만한 곡선을 따라 늘어져 있으며, 꽃은 소담하고 정갈하게 피어 있다. 도톰한 잎과 마른 잎, 둔중한 바위와 부드러운 잎의 대비가 돋보인다. 난 잎의 조심스러운 선들에서는 단아한 품격을, 잎들 사이로 핀 꽃에서는 고상한 품위를, 묵직한 바위에서는 돈후한 인품을 느낄 수 있으며 당시 문인들의 공통적 이상이 드러난다.

평탄했던 젊은 시절과 달리 김정희의 예술 세계는 55세부터 장기간의 유배 생활을 거치면서 큰 변화를 보인다. 글씨는 맑고 단아한 서풍에서 추사체로 알려진 자유분방한 서체로 바뀌었고, 그림도 부드럽고 우아한 화풍에서 쓸쓸하고 처연한 느낌을 주는 화풍으로 바뀌어 갔다.

생을 마감하기 1년 전인 69세 때 그렸다고 추정되는 ⓑ『부작란도(不作蘭圖)』는 이러한 변화를 잘 보여 준다. 담묵의 거친 갈필*로 화면 오른쪽 아래에서 시작된 몇 가닥의 잎은 왼쪽에서 불어오는 바람을 맞아 오른쪽으로 뒤틀리듯 구부러져 있다. 그중 유독 하나만 위로 솟구쳐 올라 허공을 가르지만, 그 잎 역시 부는 바람에 속절없이 꺾여 있다. 그 잎과 평행한 꽃대 하나, 바람에 맞서며 한 송이 꽃을 피웠다. 바람에 꺾이고 맞서는 난초 꽃대와 꽃송이에서 세파에 시달려 쓸쓸하고 황량해진 그의 처지와 그것에 맞서는 강한 의지를 느낄 수 있다. 우리는 여기에서 김정희가 자신의 경험에서 느낀 세계와 묵란화의 표현 방법을 일치시켜 문인 공통의 이상을 표출하는 관습적인 표현을 넘어 자신만의 감정을 충실히 드러낸 세계를 창출했음을 알 수 있다.

묵란화에는 종종 심정을 적어 두기도 했다. 김정희도 『부작란도』에 '우연히 그린 그림에서 참모습을 얻었다.'고 적어 두었다. 여기서 우연히 얻은 참모습을 자신이 처한 모습을 적절하게 표현하는 것이라 한다면 이때 우연이란 요행이 아니라 오랜 기간 훈련된 감성이 어느 한 순간의 계기에 의해 표출된 필연적인 우연이라고 해야 할 것이다.

*갈필 : 물기가 거의 없는 붓으로 먹을 조금만 묻혀 거친 느낌을 주게 그리는 필법

33 다음 중 윗글의 서술상 특징으로 가장 적절한 것은?

① 후대 작가의 작품과 비교를 통해 작품에 대한 이해를 확장하고 있다.
② 구체적인 작품을 사례로 제시하며 작가의 삶과 작품 세계를 설명하고 있다.
③ 특정한 입장을 바탕으로 작가와 작품에 대한 역사적 논란을 소개하고 있다.
④ 다양한 해석을 근거로 들어 작품에 대한 통념적인 이해를 비판하고 있다.

34 밑줄 친 ⓐ와 ⓑ에 대한 이해로 적절하지 않은 것은?

① ⓐ에서 난 잎의 조심스러운 선들은 김정희가 삶이 순탄하던 시절에 추구하던 단아한 품격을 표현한 것이다.
② ⓐ에서 소담하고 정갈한 꽃을 피워 내는 모습은 고상한 품위를 지키려는 김정희의 이상을 표상한 것이다.
③ ⓑ에서 바람을 맞아 뒤틀리듯 구부러진 잎은 세상의 풍파에 시달린 김정희의 처지를 형상화한 것이다.
④ ⓑ에서 홀로 위로 솟구쳤다 꺾인 잎은 지식을 추구했던 과거의 삶과 단절하겠다는 김정희 자신의 의지가 표현된 것이다.

35 최근 신입사원으로 입사한 A사원은 회사 업무용 메신저를 사용할 때나 상사와 대화할 때 언어 사용에 대한 고민이 많아 올바른 언어 사용에 대한 글을 읽었다. 다음 중 제시문을 바탕으로 바르게 언어 사용을 하는 사람은?

말을 많이 하는 것보다 말을 어떻게 하는가가 더 중요하고 회사 내에서는 알맞은 호칭과 적절한 단어를 사용하는 것만으로도 높은 경쟁력을 확보할 수 있다. 그렇다면 어떤 말을 어떻게 활용해야 품위 있고 왜곡 없는 전달이 가능할까?

먼저 상하관계가 확실한 직장에서 지켜야 할 호칭의 문제를 살펴보자. 윗사람을 향한 존칭은 누구나 늘 긴장을 하고 있는 부분이다. 그렇다면 아랫사람을 부를 때는 어떻게 해야 현명할까. 일반적으로 '~씨'라는 호칭을 붙여 부를 것이다.

누군가는 '~씨'보다는 '~님'을 써야 한다고 주장하기도 하지만 보통의 언어생활에서 '~님'은 어울리지 않는 느낌을 준다. 직함이 없는 경우 '~씨'는 사람을 높여 부르는 말이기에 동료나 아랫사람을 부를 때 자연스럽게 쓰인다. 그러나 엄연히 직함이 있을 때는 문제가 달라진다. 부하직원이 대리나 과장 등 정확한 직함을 달고 있는데도 언제나 '~씨'라고 부른다면 잘못된 언어 습관이다. 아무리 부하직원이라지만 직위에 알맞은 책임이나 권위를 무시하는 행위이기 때문이다.

상사에 관해서는 '밥'과 관련된 인사를 할 때 주의해야 한다. 바로 '식사'와 '진지'의 차이다. 보통 상사에게 밥을 먹었는지 물어볼 때 '식사하셨나요?'라고 묻는다. 물론 식사는 끼니로 음식을 먹는 행위를 뜻하는 점잖은 한자 표현이지만 의미상 '밥'과 일맥상통하기 때문에 '밥하셨나요?'라는 뜻이 된다. 밥의 높임말은 '진지'. 물론 큰 차이가 나지 않는 선배에게 '진지 드셨어요?'라고 묻는다면 어색하겠지만 부장이나 본부장, 사장에게 말하는 경우라면 밥을 높여 '진지 드셨어요?'라고 하는 것이 공손한 표현이다.

정확한 언어를 사용하면 현란한 어휘와 화술로 말의 외피를 두르는 것보다 훨씬 더 깊이 있는 품격을 드러낼 수 있다. 우리 주변에는 흔히 쓰지만 알고 보면 틀린 말들이 많다. 대표적인 단어는 '피로회복제'. 재밌게도 피로회복제로는 절대 피로를 풀 수 없다. 무슨 말일까? '회복'이란 단어는 원래 상태를 되찾는다는 걸 의미한다. 건강 회복, 신뢰 회복, 주권 회복 등 회복이 쓰이는 말을 살펴보면 알아챌 수 있다. 그러므로 '피로회복제'는 몸을 다시 피로한 상태로 되돌린다는 말이 된다. 피로회복제라는 말은 '피로해소제'로 바꾸거나 '원기회복제'로 바꾸는 게 맞다.

피로회복제와 비슷한 경우로 '뇌졸증'이 있다. 결론부터 말하자면 '뇌졸증'은 아무도 걸리지 않는다. 우리가 말하고자 하는 병명은 아마 '뇌졸중'일 테다. 증상이나 병을 나타내는 단어에 대부분 증(症)이 붙어 혼동하는 단어다. 뇌졸중의 졸중(卒中)은 졸중풍(卒中風)의 줄임말이므로 뇌졸중은 뇌에 갑자기 풍을 맞았다는 뜻을 가진다. '뇌졸중'이 현대의학에서 뇌출혈, 뇌경색 등 뇌혈관 질환을 통틀어 이르는 말이며 '뇌졸증'은 아예 없는 말이다.

실제로 하는 말뿐만 아니라 최근에는 SNS나 메신저 앱으로 많은 대화가 오가기 때문에 맞춤법에도 민감하고 단어를 정확하게 표기하는 것이 중요하다. 특히 일상대화에서 자주 쓰이는 사자성어 중에 잘못 알고 있는 경우가 많다.

포복졸도는 포복절도(抱腹絕倒), 홀홀단신은 혈혈단신(孑孑單身), 전입가경은 점입가경(漸入佳境), 고분분투는 고군분투(孤軍奮鬪), 절대절명은 절체절명(絕體絕命)이 맞다. 사자성어를 통해 상황을 정확하게 설명하려다 되레 체면을 구길 수 있으니 꼼꼼하게 체크한 후 쓰도록 하자.

---

① A부장 : K씨, 우리 부서에서 개인 인센티브 지급을 대리급 이상 사원 중 가장 성과가 많은 분에게 지급한다고 해서 K씨가 지급받게 되었어요. 수고 많았어요.

② B대리 : 본부장님, 식사 맛있게 하셨습니까? 이번 달 지출품의서 결재 부탁드립니다.

③ C사원 : G주임님, 어제 축구 경기 보셨어요? 절대절명의 순간에 결승골이 터져서 정말 짜릿했어요.

④ D대리 : 겨울엔 뇌졸증을 조심해야겠어요. 아는 지인이 경미한 뇌졸증으로 병원에 입원했다고 하네요.

※ 다음 글을 읽고 이어지는 질문에 답하시오. [36~37]

김사원 : 팀장님, 이번에 새로 거래를 하게 된 ○○물산 박대표님 오셨는데 시간 괜찮으시면 함께 미팅하시겠습니까?
(김사원과 이팀장 모두 박대표와 처음 만나 미팅을 진행하는 경우이다.)

이팀상 : 어, 그러지. 회의실로 모셔 와.
(이준호 팀장보다 연배가 훨씬 위인 반백의 거래처 대표가 회의실로 김사원과 함께 들어온다.)

김사원 : 팀장님, ○○물산 박한우 대표님이십니다. 박한우 대표님, 여기는 저희 구매팀장님을 맡고 계신 이준호 팀장님입니다.

이팀장 : (악수를 청하며) 처음 뵙겠습니다. 이준호입니다. 먼 길 와주셔서 감사합니다. 김사원에게 말씀 많이 들었습니다. 함께 일하게 되어 기쁩니다. 앞으로 좋은 파트너로 서로 도움이 되면 좋겠습니다. 많이 도와주십시오.

박대표 : 처음 뵙겠습니다. 박한우입니다. 기회 주셔서 감사합니다. 열심히 하겠습니다. 과거부터 영업본부장이신 성전무님과 인연이 있어 이팀장님 말씀은 많이 들었습니다. 말씀대로 유능하신 분이라는 생각이 듭니다. (박대표는 이팀장과 악수를 한 후 김사원과도 악수를 한다. 왼손잡이인 김사원은 자연스럽게 왼손을 내밀어 미소를 지으며 손을 가볍게 흔들며 '김철수입니다. 잘 부탁드리겠습니다.'라는 인사를 건넨다.)

이팀장 : 과찬이십니다. 그럼 잠시 이번 포워딩 건에 대해 말씀 나누죠.

이팀장 : (미팅이 끝난 후) 김사원, 나랑 잠깐 이야기 좀 할까?

36 다음 중 소개 예절에서 김사원이 한 실수로 적절하지 않은 것은?

① 나이 어린 사람을 연장자에게 먼저 소개하지 않았다.
② 내가 속해 있는 회사의 관계자를 타 회사의 관계자에게 먼저 소개하지 않았다.
③ 소개하는 사람에 대해 반드시 성과 이름을 함께 말하지 않았다.
④ 동료임원을 고객, 손님에게도 소개하였다.

37 다음 중 악수 예절에서 김사원이 한 실수로 가장 적절한 것은?

① 상대를 바라보며 가벼운 미소를 지었다.

② 간단한 인사 몇 마디를 주고받았다.

③ 너무 강하게 쥐어짜듯이 손을 잡지 않았다.

④ 왼손잡이인 특성상 왼손으로 악수를 했다.

38 원형 테이블에 번호 순서대로 앉아 있는 다섯 명의 여자 1 ~ 5 사이에 다섯 명의 남자 A ~ E가 한 명씩 앉아야 한다. 다음 〈조건〉을 따르면서 자리를 배치할 때 적절하지 않은 것은?

───〈조건〉───
- A는 짝수번호의 여자 옆에 앉아야 하고, 5 옆에는 앉을 수 없다.
- B는 짝수번호의 여자 옆에 앉을 수 없다.
- C가 3 옆에 앉으면 D는 1 옆에 앉는다.
- E는 3 옆에 앉을 수 없다.

① A는 1과 2 사이에 앉을 수 없다.

② D는 4와 5 사이에 앉을 수 없다.

③ C가 2와 3 사이에 앉으면 A는 반드시 3과 4 사이에 앉는다.

④ E가 4와 5 사이에 앉으면 A는 반드시 2와 3 사이에 앉는다.

39 한 회사의 퇴사 요인을 분석한 결과 퇴사 요인에는 A, B, C가 있다고 밝혀졌다. 다음 〈조건〉에 따라 반드시 참인 진술은?

〈조건〉
- 퇴사한 철수는 A, B, C요인을 모두 가지고 있었다.
- 재직 중인 만수는 B요인만 있고 A, C요인은 없다고 한다.
- 퇴사한 영희는 A, C요인만 있고 B요인은 없었다고 한다.
- 재직 중인 지희는 A, B요인은 있고 C요인은 없다고 한다.

① 철수를 제외하고 봤을 때, 퇴사에는 C요인이 중요하게 작용한다.
② 만수와 지희를 제외하고 봤을 때, 퇴사에는 B요인이 작용한다.
③ B요인은 퇴사에 가장 크게 영향을 미친다.
④ 재직 중인 사람은 C요인을 가지고 있다.

40 경제학과, 물리학과, 통계학과, 지리학과 학생인 A ~ D는 검은색, 빨간색, 흰색의 세 가지 색 중 최소 한 가지 이상의 색을 좋아한다. 다음 〈조건〉에 따라 항상 참이 되는 것은?

〈조건〉
- 경제학과 학생은 검은색과 빨간색만 좋아한다.
- 경제학과 학생과 물리학과 학생은 좋아하는 색이 서로 다르다.
- 통계학과 학생은 빨간색만 좋아한다.
- 지리학과 학생은 물리학과 학생과 통계학과 학생이 좋아하는 색만 좋아한다.
- C는 검은색을 좋아하고, B는 빨간색을 좋아하지 않는다.

① A는 통계학과이다.
② B는 물리학과이다.
③ C는 지리학과이다.
④ D는 경제학과이다.

01 다음 글을 바탕으로 전세 보증금이 1억 원인 전세 세입자가 월세 보증금 1천만 원에 전월세 전환율 한도 수준까지의 월세 전환을 원할 경우, 월 임대료 지불액을 계산한 것으로 옳은 것은?

> 나날이 치솟는 전세 보증금! 집주인이 2년 만에 전세 보증금을 올려달라고 하는데 사실 월급쟁이로 생활비를 쓰고 남은 돈을 저축하자면 그 목돈을 마련하지 못해 전세자금 대출을 알아보곤 한다. 그럴 때 생각해 볼 수 있는 것이 반전세나 월세 전환이다. 이렇게 되면 임대인들도 보증금 몇 천만 원에서 나오는 이자보다 월세가 매달 나오는 것이 좋다 보니 먼저 요구하기도 한다. 바로 그것이 '전월세 전환율'이다. 전월세 전환율은 [(월세)×12(개월)]÷[(전세 보증금)−(월세 보증금)]×100으로 구할 수 있다.
> 그렇다면 전월세 전환율 비율의 제한은 어떻게 형성되는 걸까? 우리나라는 주택임대차보호법 하에서 산정률 제한을 두고 있다. 보통 10%, 기준금리 4배수 중 낮은 비율의 범위를 초과할 수 없다고 규정하고 있기 때문에 현재 기준 금리가 1.5%로 인상되어 6%가 제한선이 된다.

① 450,000원 ② 470,000원
③ 500,000원 ④ 525,000원

02 K기업은 해외 기업으로부터 대리석을 수입하여 국내 건설업체에 납품하고 있다. 최근 파키스탄의 H기업과 대리석 1톤을 수입하는 거래를 체결하였을 때, 수입대금으로 지불해야 할 금액은 원화로 얼마인가?

> • 환율정보
> − 루피/달러=100
> − 원/달러=1,160
> • 대리석 10kg당 가격 : 35,000루피

① 3,080만 원 ② 3억 8,100만 원
③ 4,060만 원 ④ 4억 600만 원

다음은 권장 소비자 가격과 판매 가격 차이를 조사한 자료 중 일부이다. 주어진 〈조건〉을 적용했을 때, 할인가 판매 시 괴리율이 가장 높은 품목은?(단, 괴리율은 소수점 둘째 자리에서 버림한다)

(단위 : 원, %)

상품	판매 가격		권장 소비자 가격과의 괴리율	
	정상가	할인가	권장 소비자 가격	정상가 판매 시 괴리율
세탁기	600,000	580,000	640,000	6.2
무선청소기	175,000	170,000	181,000	3.3
오디오세트	470,000	448,000	493,000	4.6
운동복	195,000	180,000	212,500	8.2

〈보기〉

- [권장 소비자 가격과의 괴리율(%)] $= \dfrac{[(\text{권장 소비자 가격}) - (\text{판매 가격})]}{(\text{권장 소비자 가격})} \times 100$
- 정상가 : 할인 판매를 하지 않는 상품의 판매 가격
- 할인가 : 할인 판매를 하는 상품의 판매 가격

① 세탁기 ② 무선청소기
③ 오디오세트 ④ 운동복

아버지와 어머니의 나이 차는 4세이고 형과 동생의 나이 차는 2세이다. 또한, 아버지와 어머니의 나이의 합은 형의 나이보다 6배 많다고 한다. 형과 동생의 나이의 합이 40세라면 아버지의 나이는 몇 세인가?(단, 아버지가 어머니보다 나이가 더 많다)

① 59세 ② 60세
③ 63세 ④ 65세

05 K사는 신입사원을 대상으로 3개월 동안 강연을 실시하였다. 강연은 월요일과 수요일에 1회씩 열리고 금요일에는 격주로 1회씩 열린다고 할 때, 8월 1일 월요일에 처음 강연을 들은 신입사원이 13번째 강연을 듣는 날은 언제인가?(단, 처음 강연이 있던 그 주의 금요일 강연은 열리지 않았다)

① 8월 31일　　　　　　　　　　　② 9월 2일

③ 9월 5일　　　　　　　　　　　④ 9월 7일

06 자동차의 평균정지거리는 공주거리와 평균제동거리의 합이다. 공주거리는 공주시간 동안 진행한 거리이며, 공주시간은 주행 중 운전자가 전방의 위험상황을 발견하고 브레이크를 밟아서 실제 제동이 시작될 때까지 걸리는 시간이다. 자동차의 평균제동거리가 다음 표와 같을 때, 시속 72km로 달리는 자동차의 평균정지거리는 몇 m인가?(단, 공주시간은 1초로 가정한다)

속도(km/h)	12	24	36	48	60	72
평균제동거리(m)	1	4	9	16	25	36

① 50m　　　　　　　　　　　② 52m

③ 54m　　　　　　　　　　　④ 56m

07 작년 K고등학교의 학생 수는 재작년에 비해 10% 증가하였고, 올해는 55명이 전학을 와서 작년보다 10% 증가하였다. 그렇다면 재작년 K고등학교의 학생 수는 몇 명이었는가?

① 400명   ② 455명

③ 500명   ④ 555명

08 A, B는 오후 1시부터 오후 6시까지 근무를 한다. A는 310개의 제품을 포장하는 데 1시간이 걸리고, B는 작업속도가 1시간마다 바로 전 시간의 2배가 된다. 두 사람이 받는 일급이 같다고 할 때, B는 처음 시작하는 1시간 동안에 몇 개의 제품을 포장하는가?(단, 일급은 그날 포장한 제품의 개수에 비례한다)

① 25개   ② 50개

③ 75개   ④ 100개

09 민영이는 산을 올라갈 때는 $a$km/h, 내려올 때는 $b$km/h로 걸어갔다. 그런데 내려올 때는 올라갈 때보다 3km가 더 긴 등산로여서 내려올 때와 올라갈 때 같은 시간이 걸려 총 6시간이 걸렸다. 내려올 때의 속력을 a에 관해 바르게 나타낸 것은?

① $(a+1)$km/h   ② $(a+2)$km/h

③ $(a+3)$km/h   ④ $2a$km/h

10 다음은 고속도로의 부대시설 현황에 대한 자료이다. 이에 대한 설명으로 옳지 않은 것을 〈보기〉에서 모두 고르면?

〈부대시설 현황〉

(단위 : 개)

구분	영업소	휴게소	주유소
경부선	32	31	30
남해선	25	10	10
광주대구선	11	6	4
서해안선	27	17	17
울산선	1	0	0
익산 ~ 포항선	5	4	4
호남선(논산 ~ 천안선)	20	11	10
중부선(대전 ~ 통영선)	29	17	17
평택충주선	17	0	0
중부내륙선	23	10	10
영동선	21	12	12
중앙선	6	14	14
동해선	6	4	4
서울외곽순환선	1	0	0
마산외곽선	3	0	0
남해 제2지선	1	0	0
제2경인선	1	0	0
경인선	3	0	0
호남선의 지선	2	2	2
대전남부순환선	2	0	0
구미선	3	2	2
중앙선의 지선	2	0	0
합계	241	140	136

─────〈보기〉─────

(가) 휴게소가 있는 노선에는 반드시 주유소가 있다.

(나) 휴게소가 없는 노선은 영업소의 수가 3개 이하이다.

(다) 휴게소의 수와 주유소의 수가 일치하지 않는 노선은 모두 3개이다.

(라) [(휴게소)÷(영업소)] 비율이 가장 높은 노선은 경부선이다.

(마) 영업소, 휴게소, 주유소 모두 경부선이 가장 많다.

① (가), (나) ② (나), (다)

③ (나), (라) ④ (다), (마)

제**3**영역 정보능력

01 다음 워크시트에서 성별이 '남'인 직원들의 근속연수 합계를 구하는 수식으로 옳지 않은 것은?

	A	B	C	D	E	F
1	사원번호	이름	생년월일	성별	직위	근속연수
2	E5478	이재홍	1980-02-03	남	부장	8
3	A4625	박언영	1985-04-09	여	대리	4
4	B1235	황준하	1986-08-20	남	대리	3
5	F7894	박혜선	1983-12-13	여	과장	6
6	B4578	이애리	1990-05-06	여	사원	1
7	E4562	김성민	1986-03-08	남	대리	4
8	A1269	정태호	1991-06-12	남	사원	2
9	C4567	김선정	1990-11-12	여	사원	1

① =SUMIFS(F2:F9,D2:D9,남)

② =DSUM(A1:F9,F1,D1:D2)

③ =DSUM(A1:F9,6,D1:D2)

④ =SUMIF(D2:D9,D2,F2:F9)

02 1GB(기가바이트)를 MB(메가바이트)로 환산하면 약 얼마인가?

① 128MB ② 256MB

③ 512MB ④ 1,024MB

03 다음 중 프로세서 레지스터에 대한 설명으로 옳은 것은?

① 하드디스크의 부트 레코드에 위치한다.

② 하드웨어 입출력을 전담하는 장치로 속도가 빠르다.

③ 주기억장치보다 큰 프로그램을 실행시켜야 할 때 유용한 메모리이다.

④ 중앙처리장치에서 사용하는 임시기억장치로 메모리 중 가장 빠른 속도로 접근 가능하다.

04 다음 시트에서 [D2:D7]처럼 주민등록번호에서 생년월일만 따로 구하려고 할 때 [D2] 셀에 들어갈 수식으로 옳은 것은?

	A	B	C	D
1	순번	이름	주민등록번호	생년월일
2	1	김현진	880821-2949324	880821
3	2	이혜지	900214-2928342	900214
4	3	김지언	880104-2124321	880104
5	4	이유미	921011-2152345	921011
6	5	박슬기	911218-2123423	911218
7	6	김혜원	920324-2143426	920324

① =RIGHT(A2,6)　　　　　　② =RIGHT(A2,C2)

③ =LEFT(C2,6)　　　　　　④ =LEFT(C2,2)

05 다음 중 데이터 유효성 검사에 대한 설명으로 옳지 않은 것은?

① 목록의 값들을 미리 지정하여 데이터 입력을 제한할 수 있다.

② 입력할 수 있는 정수의 범위를 제한할 수 있다.

③ 목록으로 값을 제한하는 경우 드롭다운 목록의 너비를 지정할 수 있다.

④ 유효성 조건 변경 시 변경 내용을 범위로 지정된 모든 셀에 적용할 수 있다.

06 제어장치가 앞의 명령 실행을 완료한 후, 다음에 실행 할 명령을 기억장치로부터 가져오는 동작을 완료할 때까지의 주기는?

① Fetch Cycle　　　　　　② Search Time

③ Run Time　　　　　　④ Transfer Cycle

07 다음 중 순차처리(Sequential Access)만 가능한 장치는?

① 플로피 디스크(Floppy Disk)
② 자기 드럼(Magnetic Drum)
③ 자기 테이프(Magnetic Tape)
④ 자기 디스크(Magnetic Disk)

08 다음 중 빈칸에 들어갈 용어로 가장 적절한 것은?

이것은 기업이 경쟁에서 우위를 확보하려고 구축·이용하는 것이다. 기존의 정보시스템이 기업 내 업무의 합리화·효율화에 역점을 두었던 것에 반해, 기업이 경쟁에서 승리해 살아남기 위한 필수적인 시스템이라는 뜻에서 _____(이)라고 한다. 그 요건으로는 경쟁 우위의 확보, 신규 사업의 창출이나 상권의 확대, 업계 구조의 변혁 등을 들 수 있다. 실례로는 금융 기관의 대규모 온라인시스템, 체인점 등의 판매시점관리(POS)를 들 수 있다.

① 경영정보시스템(MIS)
② 전략정보시스템(SIS)
③ 전사적 자원관리(ERP)
④ 의사결정지원시스템(DSS)

09 다음 중 공장 자동화(FA; Factory Automation)에 대한 설명으로 옳은 것은?

① 강의나 학습 등에 컴퓨터를 이용하는 것이다.
② 제어 시스템이나 생산 관리 등은 해당하지 않는다.
③ 각종 정보 기기와 컴퓨터 시스템이 유기적으로 연결된 구조이다.
④ 기계가 하던 자동화 시스템을 사람으로 대체해 가는 것이 목표이다.

10 K공단의 전산팀은 업무자료의 유출을 방지하기 위해 직원들의 개인 PC보안 강화를 위한 다양한 방법을 제시했다. 다음 중 제시한 다양한 방법으로 적절하지 않은 것은?

① CMOS 비밀번호 설정
② 백신프로그램의 주기적인 업데이트
③ 화면보호기 설정 및 공유 폴더 사용
④ 윈도우 로그인 비밀번호 설정

01 현재 A기업은 제품을 순회배송(서울 → 광주 → 부산 → 서울)하고 있으며, 배송당 1만 개의 제품을 운송하고 있다. 향후 대전에 Hub물류센터를 구축하여 순회배송망(서울 → 대전 → 광주 → 대전 → 부산 → 대전 → 서울)을 구축할 예정이다. 이에 대한 설명으로 옳지 않은 것은?[단, 숫자는 제품 단위별 운송비(원)이며, 화살표는 이동방향이다]

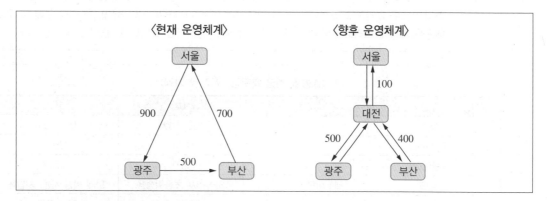

① 향후 서울 → 광주의 제품 단위별 운송비는 900원에서 600원으로 300원 절감된다.
② 향후 1회 순회배송 시 전체 운송비는 1,900만 원이 된다.
③ 향후 부산 → 서울의 제품 단위별 운송비는 700원에서 500원으로 200원 절감된다.
④ 향후 광주 → 부산의 제품 단위별 운송비는 500원에서 900원으로 400원 증가한다.

02 밤도깨비 야시장에서 푸드 트럭을 운영하기로 계획 중인 귀하는 다음 표를 참고하여 메인 메뉴 한 가지를 선정하려고 한다. 어떤 메뉴를 선택하는 것이 가장 합리적인가?

메뉴	예상 월간 판매량(개)	생산 단가(원)	판매 가격(원)
A	500	3,500	4,000
B	300	5,500	6,000
C	400	4,000	5,000
D	200	6,000	7,000

① A
② B
③ C
④ D

03 K스포츠용품쇼핑몰을 운영하는 귀하는 최근 ○○축구사랑재단으로부터 대량주문을 접수받았다. 다음 대화를 토대로 거래가 원활히 성사되었다면, 해당 거래에 의한 매출액은 총 얼마인가?

담당자 : 안녕하세요? ○○축구사랑재단 구매담당자입니다. 이번에 축구공 기부행사를 진행할 예정이어서 견적을 받아보았으면 합니다. 초등학교 2곳, 중학교 3곳, 고등학교 1곳에 각 용도에 맞는 축구공으로 300개씩 배송했으면 합니다. 그리고 견적서에 배송료 등 기타 비용이 있다면 함께 추가해서 보내주세요.

귀하 : 네, 저희 쇼핑몰을 이용해주셔서 감사합니다. 5천만 원 이상의 대량구매 건에 대해서 전체 주문금액의 10%를 할인하고 있습니다. 또한 기본 배송료는 5,000원이지만 3천만 원 이상 구매 시 무료배송을 제공해 드리고 있습니다. 알려주신 정보로 견적서를 보내드리겠습니다. 감사합니다.

〈쇼핑몰 취급 축구공 규격 및 가격〉

구분	3호	4호	5호
무게(g)	300 ~ 320	350 ~ 390	410 ~ 450
둘레(mm)	580	640	680
지름(mm)	180	200	220
용도	8세 이하 어린이용	8 ~ 13세 초등학생용	14세 이상 사용, 시합용
판매가격	25,000원	30,000원	35,000원

① 5,100만 원 ② 5,400만 원
③ 5,670만 원 ④ 6,000만 원

04 자동차 부품을 생산하는 E기업은 반자동과 자동생산라인을 하나씩 보유하고 있다. 최근 일본의 자동차 회사와 수출계약을 체결하여 자동차 부품 34,500개를 납품하였다. 다음 E기업의 생산조건을 고려할 때, 일본에 납품할 부품을 생산하는 데 소요된 시간은 얼마인가?

〈자동차 부품 생산조건〉

- 반자동라인은 4시간에 300개의 부품을 생산하며, 그중 20%는 불량품이다.
- 자동라인은 3시간에 400개의 부품을 생산하며, 그중 10%는 불량품이다.
- 반자동라인은 8시간마다 2시간씩 생산을 중단한다.
- 자동라인은 9시간마다 3시간씩 생산을 중단한다.
- 불량 부품은 생산 후 폐기하고 정상인 부품만 납품한다.

① 230시간 ② 240시간
③ 250시간 ④ 260시간

05

다음 〈보기〉의 점포 A ~ E의 일일매출액 총합은?

〈보기〉

- A점포의 일일매출액은 B점포의 일일매출액보다 30만 원 적다.
- B점포의 일일매출액은 D점포 일일매출액의 20% 수준이다.
- D점포와 E점포의 일일매출액을 합한 것은 C점포의 매출액보다 2,450만 원이 모자라다.
- C점포가 이틀 동안 일한 매출액에서 D점포가 12일 동안 일한 매출액을 빼면 3,500만 원이다.
- E점포가 30일 동안 진행한 매출액은 9,000만 원이다.

① 3,400만 원

② 3,500만 원

③ 5,500만 원

④ 6,000만 원

다음 중 빈칸 ㉠ ~ ㉣에 들어갈 말을 순서대로 바르게 나열한 것은?

동일성의 원칙은 ㉠ 물품은 ㉡ 장소에 보관한다는 것이며, 유사성의 원칙은 ㉢ 물품은 ㉣ 한 장소에 보관한다는 것을 말한다.

	㉠	㉡	㉢	㉣
①	동일	같은	유사	인접
②	동일	다른	유사	동일
③	유사	같은	동일	상이
④	유사	같은	동일	인접

다음 중 입·출하의 빈도가 높은 품목은 출입구 가까운 곳에 보관해야 한다는 원칙은?

① 통로대면 보관의 원칙

② 회전 대응 보관의 원칙

③ 높이 쌓기의 원칙

④ 선입선출의 원칙

08 다음은 물품출납 및 운용카드이다. 물품출납 및 운용카드의 특징에 대한 설명으로 적절하지 않은 것은?

물품출납 및 운용카드 (2024년 01월 04일 작성)						물품출납원	물품관리관	
분류번호	2340-001-0001		품명			자전거		
회계	교육비특별회계		규격			자전거		
품종	차량 및 궤조		내용년수	3년	정수	1	단위	대
정리일자	취득일자	정리 구분 / 증빙서 번호	수량	단가	금액		재고수량 / 금액 운영수량 / 금액	
2023. 07. 18	2023. 07. 18	자체구입 / 109	1	50,000	50,000		1 0	50,000 0
2023. 07. 19	2023. 07. 19	출급 / 109	1	50,000	50,000		0 1	0 50,000
2023. 08. 20	2023. 08. 20	자체구입 / 전201	1	140,000	140,000		1 1	140,000 50,000
2023. 11. 03	2023. 11. 03	출급 / 전201	1	140,000	140,000		0 2	0 190,000
2023. 12. 07	2023. 12. 07	반납	1	70,000	70,000		1 1	50,000 140,000

① 물품의 상태 확인에 용이하다.
② 물품 분실의 위험을 줄일 수 있다.
③ 지속적으로 확인하고 작성할 필요가 없다.
④ 물품의 활용에 용이하다.

K공단은 직원용 컴퓨터를 교체하려고 한다. 다음 〈조건〉을 만족하는 컴퓨터를 고르면?

─────〈조건〉─────

• 예산은 1,000만 원이다.
• 교체할 직원용 컴퓨터는 모니터와 본체 각각 15대이다.
• 성능평가에서 '중' 이상을 받은 컴퓨터로 교체한다.
• 컴퓨터 구매는 SET 또는 모니터와 본체 따로 구매할 수 있다.

〈컴퓨터별 가격 현황〉

구분	A컴퓨터	B컴퓨터	C컴퓨터	D컴퓨터
모니터	20만 원	23만 원	20만 원	19만 원
본체	70만 원	64만 원	60만 원	54만 원
SET	80만 원	75만 원	70만 원	66만 원
성능평가	중	상	중	중
할인 혜택	–	SET로 15대 이상 구매 시 총 금액에서 100만 원 할인	모니터 10대 초과 구매 시 초과 대수 15% 할인	–

① A컴퓨터
② B컴퓨터
③ C컴퓨터
④ D컴퓨터

10 김팀장은 A사에서 사무용품을 구입하려고 한다. A사의 사무용품 할인행사를 고려하여 10,000원의 예산 내에서 구입하려고 할 때, 다음 중 효용의 합이 가장 높은 조합은?

〈품목별 가격 및 효용〉

품목	결재판	서류봉투(중) (50매)	서류봉투(대) (50매)	스테이플러	A4 파일 (20매)
가격(원/개)	2,500	1,300	1,800	2,200	3,200
효용	80	20	25	35	55

〈A사 이번 달 사무용품 할인행사〉

• 결재판 2개 구매 시, A4 파일 1묶음 무료제공
• 서류봉투(중) 3묶음 구매 시, 서류봉투(대) 2묶음 무료제공
• 스테이플러 3개 구매 시, 결재판 1개 무료제공
• A4 파일 2묶음 구매 시, 스테이플러 1개 무료제공

① 결재판 2개, 서류봉투(대) 2묶음
② 서류봉투(중) 4묶음, A4 파일 1묶음
③ 서류봉투(대) 2묶음, 스테이플러 3개
④ 스테이플러 2개, 결재판 1개, 서류봉투(대) 1묶음

01 회사 공식 블로그를 담당하는 B사원은 게시물 마지막에 '영리적인 목적으로 사용해서는 안 되며 저작자를 밝히면 자유로운 이용이 가능함'을 뜻하는 저작권 마크를 항상 입력한다. 다음 중 B사원이 사용하는 마크는?

구분	BY	NC	ND	SA
마크	⊕	⊘	↻	⊜
의미	저작권표시	비영리목적	변경금지	동일조건변경허락

①

②

③

④

※ 다음은 비데를 설치하기 위해 참고할 제품설명서의 일부 내용이다. 이어지는 질문에 답하시오. **[2~4]**

〈설치방법〉

1) 비데 본체의 변좌와 변기의 앞면이 일치되도록 전후로 고정하십시오.
2) 비데용 급수호스를 정수필터와 비데 본체에 연결한 후 급수밸브를 열어 주십시오.
3) 전원을 연결하십시오(반드시 전용 콘센트를 사용하십시오).
4) 비데가 작동하는 소리가 들린다면 설치가 완료된 것입니다.

〈주의사항〉

- 전원은 반드시 AC220V에 연결하십시오(반드시 전용 콘센트를 사용하십시오).
- 변좌에 걸터앉지 말고 항상 중앙에 앉고, 변좌 위에 어떠한 것도 놓지 마십시오(착좌센서가 동작하지 않을 수도 있습니다).
- 정기적으로 수도필터와 정수필터를 청소 또는 교환해 주십시오.
- 급수밸브를 꼭 열어 주십시오.

〈A/S 신청 전 확인 사항〉

현상	원인	조치방법
물이 나오지 않을 경우	급수 밸브가 잠김	매뉴얼을 참고하여 급수밸브를 열어 주세요.
	정수필터가 막힘	매뉴얼을 참고하여 정수필터를 교체해 주세요(A/S상담실로 문의하세요).
	본체 급수호스 등이 동결	더운물에 적신 천으로 급수호스 등의 동결부위를 녹여 주세요.
기능 작동이 되지 않을 경우	수도필터가 막힘	흐르는 물에 수도필터를 닦아 주세요.
	착좌센서 오류	착좌센서에서 의류, 물방울, 이물질 등을 치워 주세요.
수압이 약할 경우	수도필터에 이물질이 낌	흐르는 물에 수도필터를 닦아 주세요.
	본체의 호스가 꺾임	호스의 꺾인 부분을 펴 주세요.
노즐이 나오지 않을 경우	착좌센서 오류	착좌센서에서 의류, 물방울, 이물질을 치워 주세요.
본체가 흔들릴 경우	고정 볼트가 느슨해짐	고정 볼트를 다시 조여 주세요.
비데가 작동하지 않을 경우	급수밸브가 잠김	매뉴얼을 참고하여 급수밸브를 열어 주세요.
	급수호스의 연결문제	급수호스의 연결상태를 확인해 주세요. 계속 작동하지 않는다면 A/S상담실로 문의하세요.
변기의 물이 샐 경우	급수호스가 느슨해짐	급수호스 연결부분을 조여 주세요. 계속 샐 경우 급수 밸브를 잠근 후 A/S상담실로 문의하세요.

02 P사원은 지시에 따라 비데를 설치하였다. 일주일이 지난 뒤 비데의 기능이 작동하지 않는다는 사실을 알게 되었을 때, 해당 문제점에 대한 원인을 파악하기 위해 확인해야 할 사항으로 적절한 것은?

① 급수밸브의 잠김 여부
② 수도필터의 청결 상태
③ 정수필터의 청결 상태
④ 급수밸브의 연결 상태

03 02번의 문제에서 확인한 사항이 추가로 다른 문제를 일으킬 수 있는지 미리 점검하고자 한다. 다음 중 P사원이 취할 행동으로 적절한 것은?

① 수압이 약해졌는지 확인한다.
② 물이 나오지 않는지 확인한다.
③ 본체가 흔들리는지 확인한다.
④ 노즐이 나오지 않는지 확인한다.

04 02 ~ 03번과 동일한 현상이 재발되지 않도록 하기 위한 근본적인 해결방안으로 가장 적절한 것은?

① 변좌에 이물질이나 물방울이 남지 않도록 수시로 치워준다.
② 정수필터가 막히지 않도록 수시로 점검하고 교체한다.
③ 수도필터가 청결함을 유지할 수 있도록 수시로 닦아준다.
④ 급수호수가 꺾여있는 부분이 없는지 수시로 점검한다.

※ 다음은 LPG 차량의 동절기 관리 요령에 대해 설명한 자료이다. 이어지는 질문에 답하시오. **[5~6]**

〈LPG 차량의 동절기 관리 요령〉

LPG 차량은 가솔린이나 경유에 비해 비등점이 낮은 특징을 갖고 있기 때문에 대기온도가 낮은 겨울철에 시동을 걸기 힘들다는 결점이 있습니다. 동절기 시동성 향상을 위해 다음 사항을 준수하시기 바랍니다.

▶ LPG 충전

동절기에 상시 운행지역을 벗어나 추운 지방으로 이동할 경우에는 도착지 LPG 충전소에서 연료를 완전 충전하시면 다음날 시동이 보다 용이합니다. 이는 지역별로 외기온도에 따라 시동성 향상을 위해 LPG 내에 포함된 프로판 비율이 다르며, 추운 지역의 LPG는 프로판 비율이 높기 때문입니다(동절기에는 반드시 프로판 비율이 15 ~ 35%를 유지하도록 관련 법규에 명문화되어 있습니다).

▶ 주차 시 요령

가급적 건물 내 또는 주차장에 주차하는 것이 좋으나, 부득이 옥외에 주차할 경우에는 엔진 위치가 건물벽 쪽을 향하도록 주차하거나, 차량 앞쪽을 해가 뜨는 방향으로 주차함으로써 태양열의 도움을 받을 수 있도록 하는 것이 좋습니다.

▶ 시동 요령
• 엔진 시동 전에 반드시 안전벨트를 착용하여 주십시오.
• 주차 브레이크 레버를 당겨주십시오.
• 모든 전기장치는 OFF하여 주십시오.
• 점화스위치를 'ON' 위치로 하여 주십시오.
• 저온(혹한기) 조건에서는 계기판에 PTC 작동 지시등이 점등됩니다.
　－ PTC 작동 지시등의 점등은 차량 시동성 향상을 위한 것으로 부품의 성능에는 영향이 없습니다.
　－ 주행 후 단시간 시동 시에는 점등되지 않을 수 있습니다.
• PTC 작동 지시등이 소등되었는지 확인 후, 엔진 시동을 걸어 주십시오.

▶ 시동 시 주의 사항

시동이 잘 안 걸리는 경우 1회에 10초 이내로만 시동을 거십시오. 계속해서 시동을 걸면 배터리가 방전될 수 있습니다.

▶ 시동 직후 주의 사항
• 낮은 온도에서 시동을 걸면 계기판에 가속방지 지시등이 점등됩니다.
• 가속방지 지시등의 점등은 주행성 향상을 위한 것으로 부품의 성능에는 영향이 없습니다.
• 가속방지 지시등이 점등된 때는 고속 주행을 삼가십시오.
• 가속방지 지시등이 점등된 때의 급가속, 고속 주행은 연비하락 및 엔진꺼짐 등의 원인이 될 수 있습니다.
• 가급적 가속방지 지시등이 소등된 후에 주행하여 주시길 바랍니다.

05 주어진 자료를 참고할 때, 동절기 LPG 차량 시동 요령으로 적절하지 않은 것은?

① 점화스위치를 켜둔다.
② PTC 작동 지시등의 소등 여부를 확인한다.
③ 시동 전에 안전벨트를 착용한다.
④ 모든 전기장치를 켜둔다.

06 주어진 자료를 읽고 이해한 내용으로 적절하지 않은 것은?

① 옥외에 주차할 경우 차량 앞쪽을 해가 뜨는 방향에 주차하는 것이 좋다.
② PTC 작동 지시등의 점등은 부품 성능에 영향이 없다.
③ 추운 지역의 LPG는 따뜻한 지역보다 프로판 비율이 낮다.
④ 가속방지 지시등 점등 시 고속 주행을 삼가도록 한다.

07 다음 글을 읽고 코닥이 몰락하게 된 원인은?

1980년대에 세계 필름 시장의 2/3를 지배했던 '필름의 명가' 코닥사는 131년의 역사를 가지고 있다. 그런 코닥의 몰락을 가져온 디지털 카메라를 처음 개발한 회사는 역설적이게도 코닥 그 자신이었다. 코닥 카메라는 세계 최초로 1975년 디지털 카메라를 개발하였지만 이 기술로 돈을 벌지 못하였다. 이유는 디지털 시대가 도래했지만 이 신기술에 대한 미온적인 태도로 디지털 카메라를 무시했기 때문이다. 코닥은 디지털 카메라보다 회사의 주요 제품인 필름이 필요한 즉석 카메라에 집중했다. 폴라로이드와 즉석 카메라 특허로 분쟁을 일으키기까지 하였다. 한편 디지털 카메라를 적극적으로 받아들인 일본의 소니, 캐논 등이 디지털 카메라 시장으로 진출하자 필름 카메라의 영역은 급속하게 축소되었다. 뒤늦게 코닥이 디지털 카메라 시장에 뛰어들지만 상황을 바꾸기에는 역부족이었다.

① 폴라로이드의 시장 점유율이 코닥을 뛰어넘었기 때문이다.
② 변화하는 추세를 따라가지 못했기 때문이다.
③ 즉석 카메라 기술 비용으로 자금난에 시달렸기 때문이다.
④ 새로운 분야에 계속해서 도전했기 때문이다.

※ 다음은 정수기 사용 설명서이다. 이어지는 질문에 답하시오. [8~10]

〈제품규격〉

모델명	SDWP-8820
전원	AC 220V / 60Hz
외형치수	260(W)×360(D)×1100(H)(단위 : mm)

〈설치 시 주의사항〉

• 낙수, 우수, 목욕탕, 샤워실, 옥외 등 제품에 물이 닿거나 습기가 많은 장소에는 설치하지 마십시오.
• 급수호스가 꼬이거나 꺾이게 하지 마십시오.
• 화기나 직사광선은 피하십시오.
• 단단하고 수평한 곳에 설치하십시오.
• 제품은 반드시 냉수배관에 연결하십시오.
• 설치 위치는 벽면에서 20cm 이상 띄워 설치하십시오.

〈필터 종류 및 교환시기〉

구분	1단계	2단계	3단계	4단계
필터	세디먼트	프리카본	UF중공사막	실버블록카본
교환시기	약 4개월	약 8개월	약 20개월	약 12개월

〈청소〉

세척 부분	횟수	세척방법
외부	7일 1회	플라스틱 전용 세척제 및 젖은 헝겊으로 닦습니다(시너 및 벤젠은 제품의 변색이나 표면이 상할 우려가 있으므로 사용하지 마십시오).
물받이통	수시	중성세제로 닦습니다.
취수구	1일 1회	히든코크를 시계 반대 방향으로 돌려서 분리하고 취수구를 멸균 면봉을 사용하여 닦습니다. 히든코크는 젖은 헝겊을 사용하여 닦습니다.
피팅(연결구)	2년 1회 이상	필터 교환 시 피팅 또는 튜빙을 점검하고 필요시 교환합니다.
튜빙(배관)		

<제품 이상 시 조치방법>

현상	예상원인	조치방법
온수 온도가 낮음	공급 전원 낮음	공급 전원이 220V인지 확인하고 아니면 전원을 220V로 맞춰 주십시오.
	온수 램프 확인	온수 램프에 전원이 들어오는지 확인하고 제품 뒷면의 온수 스위치가 켜져 있는지 확인하십시오.
냉수가 안 됨	공급 전원 낮음	공급 전원이 220V인지 확인하고 아니면 전원을 220V로 맞춰 주십시오.
	냉수 램프 확인	냉수 램프에 전원이 들어오는지 확인하고 제품 뒷면의 냉수 스위치가 켜져 있는지 확인하십시오.
물이 나오지 않음	필터 수명 종료	필터 교환 시기를 확인하고 서비스센터에 연락하십시오.
	연결 호스 꺾임	연결 호스가 꺾인 부분이 있으면 그 부분을 펴 주십시오.
냉수는 나오는데 온수가 안 나옴	온도 조절기 차단	제품 뒷면의 온수 스위치를 끄고 서비스센터에 연락하십시오.
	히터 불량	
정수물이 너무 느리게 채워짐	필터 수명 종료	서비스센터에 연락하고 필터를 교환하십시오.
제품에서 누수 발생	조립 부위 불량	원수밸브를 잠근 후 작동을 중지시키고 서비스센터에 연락하십시오.
불쾌한 맛이나 냄새 발생	냉수 탱크 세척 불량	냉수 탱크를 세척하여 주십시오.

08 주어진 자료를 기준으로 판단할 때 정수기에 대한 설명으로 옳지 않은 것은?

① 정수기 청소는 하루에 최소 2곳을 해야 한다.
② 불쾌한 맛이나 냄새가 발생하면 냉수 탱크를 세척하면 된다.
③ 적정 시기에 필터를 교환하지 않으면 발생할 수 있는 문제는 2가지이다.
④ 정수기의 크기는 가로 26cm, 깊이 36cm, 높이 110cm이다.

09 다음 중 제품에 문제가 발생했을 때, 서비스센터에 연락해야만 해결이 가능한 현상이 아닌 것은?

① 정수물이 너무 느리게 채워진다.
② 물이 나오지 않는다.
③ 제품에서 누수가 발생한다.
④ 냉수는 나오는데 온수가 나오지 않는다.

10 주어진 자료를 기준으로 판단할 때, 〈보기〉에서 정수기에 대한 설명으로 옳은 것을 모두 고르면?

---〈보기〉---

ㄱ. 정수기에 사용되는 필터는 총 4개이다.

ㄴ. 급한 경우에는 시너나 벤젠을 사용하여 정수기 외부를 청소해도 된다.

ㄷ. 3년 사용할 경우 프리카본 필터는 3번 교환해야 한다.

ㄹ. 벽면과의 간격을 10cm로 하여 정수기를 설치하면 문제가 발생할 수 있다.

① ㄱ, ㄴ
② ㄱ, ㄷ
③ ㄱ, ㄹ
④ ㄴ, ㄷ

국민연금공단

최종모의고사
정답 및 해설

제1회 모의고사 정답 및 해설

제1영역 NCS 공통영역

01	02	03	04	05	06	07	08	09	10
④	②	④	③	③	④	③	②	②	③
11	12	13	14	15	16	17	18	19	20
④	①	②	③	④	④	①	④	①	④
21	22	23	24	25	26	27	28	29	30
④	④	③	④	③	①	④	①	②	①
31	32	33	34	35	36	37	38	39	40
①	①	④	③	④	③	②	④	④	④

01 정답 ④

휴업급여 부분에 따르면 기준소득의 80%를 지급하도록 되어 있으며, 직업재활급여 부분에 따르면 현금급여는 가족관계에 따라 기준소득의 68 ~ 75%를 지급하도록 되어 있으므로 전자의 경우가 기준소득 대비 급여지급액 비율이 더 높다.

오답분석

① 적용대상에 따르면 교육훈련생도 산재보험 적용대상에 해당하므로 단기 계약직 근로자가 교육훈련생의 지위를 갖고 있다면 적용대상에 해당한다.
② 담당기구 부분에 따르면 독일 산재보험은 지역별로 산재보험조합이 자율적으로 운영되며, 국가는 주요 업무사항에 대한 감독권만을 가지므로 틀린 설명이다.
③ 보상 부분에 따르면 휴업급여는 재해발생 직전 3개월간의 임금총액을 고려하는 반면, 연금식 급여는 상병이 발생한 날이 속하는 연도로부터 1년을 고려하여 서로 상이하므로 틀린 설명이다.

02 정답 ②

읍참마속(泣斬馬謖)은 큰 목적을 위하여 자기가 아끼는 사람을 버림을 이르는 말로, 중국 촉나라 제갈량이 군령을 어기어 전투에서 패한 마속을 눈물을 머금고 참형에 처하였다는 데서 유래하였다. 그밖에 빈칸에 들어갈 수 있는 말로는 자기 몸을 상해가면서까지 꾸며 내는 계책이라는 뜻의 '고육지책(苦肉之策)'이 있다.

오답분석

① 일패도지(一敗塗地) : 싸움에 한 번 패하여 간과 뇌가 땅바닥에 으깨어진다는 뜻으로, 여지없이 패하여 다시 일어날 수 없게 되는 지경에 이름을 이르는 말
③ 도청도설(道聽塗說) : 길에서 듣고 길에서 말한다는 뜻으로, 길거리에 퍼져 돌아다니는 뜬소문을 이르는 말
④ 원교근공(遠交近攻) : 먼 나라와 친교를 맺고 가까운 나라를 공격함

03 정답 ④

일반적인 문제해결 절차는 문제 인식, 문제 도출, 원인 분석, 해결안 개발, 실행 및 평가의 5단계를 따른다. 먼저 해결해야 할 전체 문제를 파악하여 우선순위를 정하고, 선정 문제에 대한 목표를 명확히 한 후 선정된 문제를 분석하여 해결해야 할 것이 무엇인지를 명확히 한다. 다음으로 이 분석 결과를 토대로 근본 원인을 도출하고, 근본원인을 효과적으로 해결할 수 있는 최적의 해결책을 찾아 실행, 평가한다. 따라서 문제해결 절차는 (다) → (마) → (가) → (라) → (나)의 순서로 진행된다.

04 정답 ③

브레인스토밍(Brainstorming)
• 한 사람보다 다수가 생각하는 것이 아이디어가 많다.
• 아이디어 수가 많을수록 질적으로 우수한 아이디어가 나올 수 있다.
• 아이디어는 비판이 가해지지 않으면 많아진다.

오답분석

① 스캠퍼(Scamper) 기법 : 창의적 사고를 유도하여 신제품이나 서비스 등을 생각하는 발상 도구이다.
② 여섯 가지 색깔 모자(Six Thinking Hats) : 각각 중립적, 감정적, 부정적, 낙관적, 창의적, 이성적 사고를 뜻하는 여섯 가지 색의 모자를 차례대로 바꾸어 쓰면서 모자 색깔이 뜻하는 유형대로 생각해보는 방법이다.
④ TRIZ(Teoriya Resheniya Izobretatelskikh Zadatch) : 문제에 대하여 이상적인 결과를 정하고, 그 결과를 얻는 데 모순이 되는 것을 찾아 모순을 극복할 수 있는 해결안을 찾는 40가지 방법에 대한 이론이다.

05

정답 ③

제시된 조건에 따라 배치하면 다음과 같다.

보안팀	국내영업 3팀	국내영업 1팀	국내영업 2팀
복도			
홍보팀	해외영업 1팀	해외영업 2팀	행정팀

따라서 옳은 것은 ③이다.

06

정답 ④

조직이나 개인의 업무지침 모두 환경의 변화에 따라 신속하게 수정되지 않으면 오히려 잘못된 결과를 낳을 수 있으므로, 3개월에 한번 정도 지속적인 개정이 필요하다.

07

정답 ③

같은 회사이고 동료이기 때문에 동료의 일도 적극적으로 도와주는 것이 책임감 있는 행동이다.

08

정답 ②

첫 번째 문단에서는 높아지는 의료보장제도의 필요성에 대해 언급하고 있으며, 두 번째 문단과 세 번째 문단에서는 의료보장제도의 개념에 대하여 이야기하고 있다. 마지막 문단에서는 이러한 의료보장제도의 유형으로 의료보험 방식과 국가보건서비스 방식에 대해 설명하고 있다. 따라서 이 글의 주제로 가장 적절한 것은 각 문단의 중심 내용을 포괄할 수 있는 ②이다.

09

정답 ②

제시문은 베토벤의 9번 교향곡에 관해 설명하고 있으며, 보기는 9번 교향곡이 '합창교향곡'이라는 명칭이 붙은 이유에 대해 말하고 있다. 제시문의 세 번째 문장까지는 교향곡에 관해 설명을 하고 있으며, 네 번째 문장부터는 교향곡에 대한 현대의 평가 및 가치에 관해 설명을 하고 있다. 따라서 보기는 교향곡에 관한 설명과 교향곡에 성악이 도입되었다는 설명을 한 다음인 ⓒ에 들어가는 것이 가장 적절하다.

10

정답 ③

제시문은 최대수요 입지론에 의해 업체가 입지를 선택하는 방법을 설명하는 글로, 최초로 입지를 선택하는 업체와 그다음으로 입지를 선택하는 업체가 입지를 선정하는 기준과 변화가 생기는 경우 두 업체의 입지를 선정하는 기준을 설명하는 글이다. 따라서 (B) 최대수요 입지론에서 입지를 선정할 때 고려하는 요인 → (A) 최초로 입지를 선정하는 업체의 입지 선정법 → (C) 다음으로 입지를 선정하는 업체의 입지 선정법 → (D) 다른 변화가 생기는 경우 두 경쟁자의 입지 선정법의 순서로 나열해야 한다.

11

정답 ④

다른 직원들의 휴가 일정이 겹치지 않고, 주말과 공휴일이 아닌 평일이며, 전체 일정도 없는 20 ~ 21일이 적절하다.

오답분석

① 7월 1일은 김사원의 휴가이므로 휴가일로 적절하지 않다.
② 7월 4일은 K공단 전체회의 일정이 있어 휴가일로 적합하지 않다.
③ 7월 9일은 주말이므로 휴가일로 적절하지 않다.

12

정답 ①

전체회의 일정과 주말을 제외하면 7월에 휴가를 사용할 수 있는 날은 총 20일이다. 직원이 총 12명이므로 한 명당 1일을 초과할 수 없다.

13

정답 ②

창의적 사고를 개발하는 방법

1. 자유 연상법 : 어떤 생각에서 다른 생각을 계속해서 떠올리는 작용을 통해 어떤 주제에서 생각나는 것을 계속해서 열거해 나가는 방법 예 브레인스토밍
2. 강제 연상법 : 각종 힌트에서 강제적으로 연결지어서 발상하는 방법 예 체크리스트
3. 비교 발상법 : 주제와 본질적으로 닮은 것을 힌트로 하여 새로운 아이디어를 얻는 방법 예 NM법, Synetics

14

정답 ③

직위가 낮은 사람을 윗사람에게 먼저 소개한 다음에 윗사람을 아랫사람에게 소개해야 한다.

15

정답 ④

상대방의 말을 들으면서 그 내용을 요약하면 메시지를 이해하고 앞으로의 내용을 예측하는 데 도움이 된다.

16

정답 ④

미세먼지는 정전기를 띠고 있는 특수섬유로 이루어져 있어 대부분의 미세먼지를 잡을 수 있지만, 이 구조로 인해 재활용할 수 없다는 단점이 있다.

17
정답 ①

빈칸 앞에서 '미세먼지 전용 마스크는 특수섬유로 구성되어 대부분의 미세먼지를 잡을 수 있다.'는 말을 하고 있고, 빈칸 뒤에서는 '미세먼지 마스크는 이런 구조 탓에 재활용할 수 없다.'는 말을 하고 있으므로 상반되는 내용을 이어주는 접속어인 '하지만'이 적절하다.

18
정답 ④

명함은 선 자세로 교환하는 것이 예의이고, 테이블 위에 놓고서 손으로 밀거나 서류봉투 위에 놓아서 건네는 것은 좋지 않다. 명함을 받을 때는 건넬 때와 마찬가지로 일어선 채로 두 손으로 받아야 한다.

19
정답 ①

오답분석

② 입사확정번호는 2000년 이후 입사자부터 적용되므로 1998년도 입사자인 L부장의 사원번호를 알 수 없다.
③ 연수 취소는 가능하나 취소 후에 차수 연수는 듣지 못하기 때문에 적절하지 않다.
④ D사원의 연수 일정은 2023년 3월 10일이다. 일정 변경은 연수 시작 7일 전까지 가능하므로 6일 전인 3월 4일에는 일정 변경 신청을 할 수 없다.

20
정답 ④

C와 G는 부서코드가 틀렸고 이와 함께 오류번호도 틀렸다. C는 마케팅 부서이므로 15<u>25</u>573, G는 지원 부서이므로 18<u>20</u>379가 올바른 사원번호이다.
F는 오류번호가 틀렸다. 오류번호 연산법에 따라 사원번호를 더하면 1+7+1+5+5+6=25이며, 20보다 크고 30보다 작으므로 25-20=5이다. 따라서 191556<u>5</u>가 올바른 사원번호이다.

21
정답 ④

술은 술잔의 80% 정도로 채우는 것이 좋다.

22
정답 ③

구매하려는 소파의 특징에 맞는 제조사를 찾기 위해 제조사별 특징을 대우로 정리하면 다음과 같다.
- A사 : 이탈리아제 천을 사용하면 쿠션재에 스프링을 사용한다. 커버를 교환 가능하게 하면 국내산 천을 사용하지 않는다. → ×
- B사 : 국내산 천을 사용하지 않으면 쿠션재에 우레탄을 사용하지 않는다. 이탈리아제의 천을 사용하면 리클라이닝이 가능하다. → ○

- C사 : 국내산 천을 사용하지 않으면 쿠션재에 패더를 사용한다. 쿠션재에 패더를 사용하면 침대 겸용 소파가 아니다. → ○
- D사 : 이탈리아제 천을 사용하지 않으면 쿠션재에 패더를 사용하지 않는다. 쿠션재에 우레탄을 사용하지 않으면 조립이라고 표시된 소파가 아니다. → ×
따라서 구매하려는 소파의 제조사는 B사 또는 C사이다.

23
정답 ④

(라)는 공포증을 겪는 사람들의 상황 해석 방식과 공포증에서 벗어나는 방법이 핵심 화제이다. 공포증을 겪는 사람들의 행동 유형은 나타나 있지 않다.

24
정답 ③

- 철수 : C, D, F는 포인트 적립이 안 되므로 해당 사항이 없다.
- 영희 : A는 배송비가 없으므로 해당 사항이 없다.
- 민수 : A, B, C는 주문 취소가 가능하므로 해당 사항이 없다.
- 철호 : A, D는 배송비, E는 송금수수료, F는 환불 및 송금수수료가 없으므로 해당 사항이 없다.
따라서 해당 사항이 없는 쇼핑몰을 제외하면 ③이 정답이다.

25
정답 ④

제시문의 핵심내용은 기본 모델에서는 증권시장에서 주식의 가격이 기업의 내재적인 가치라는 객관적인 기준에 근거하여 결정된다고 보지만, 자기참조 모델에서는 주식의 가격이 증권시장에 참여한 사람들의 여론에 의해, 즉 인간의 주관성에 의해 결정된다고 본다는 것이다. 따라서 제시문은 주가 변화의 원리에 초점을 맞추어 다른 관점들을 대비하고 있다.

26
정답 ①

제시문에서 객관적인 기준을 중시하는 기본 모델은 주가 변화를 제대로 설명하지 못하지만, 인간의 주관성을 중시하는 자기참조 모델은 주가 변화를 제대로 설명하고 있다. 따라서 증권시장의 객관적인 기준이 인간의 주관성보다 합리적임을 보여준다는 진술은 제시문의 내용으로 적절하지 않다.

27
정답 ④

자기참조 모델에서는 투자자들이 객관적인 기준에 따르기보다는 여론을 모방하여 주식을 산다고 본다. 그 모방은 합리적이라고 인정되는 다수의 비전인 '묵계'에 의해 인정된다. 증권시장은 이러한 묵계를 조성하고 유지해 가면서 경제를 자율적으로 평가할 힘을 가진다. 따라서 증권시장은 '투자자들이 묵계를 통해 자본의 가격을 산출해 내는 제도적 장치'인 것이다.

28 정답 ①

내부 메신저는 동료와의 잡담에 쓰일 수도 있지만, 처리해야 할 업무가 있을 때 실시간으로 전달받고 해결하는 데 필요하므로 업무 시간에는 계속 로그인되어 있어야 한다.

29 정답 ②

해당 상황은 고객이 가져온 제품을 살펴보는 것을 제외하고는 모든 내용이 문제를 일으킬 수 있는 부분이다.

오답분석
① 고객에게 원래 그렇다고만 불성실하게 대답하였다.
③ 기존에 C사 제품을 사용해 보신 적이 있냐고 물으며, 없다고 하자 무시하는 어투로 응대하였다.
④ 고객이 원하는 것을 묻지 않았다.

30 정답 ①

주어진 상황에서 서비스 업무에 필요한 것은 고객의 제품에 발생한 문제의 원인에 대하여 고객이 이해할 수 있게 설명하고, 고객의 요구를 경청하는 자세이다. 서비스는 고객의 가치를 최우선으로 하는 개념이므로 '적당히 이야기해서 돌려보내시고 C사에 제품에 대해 문의해 달라'는 내용은 적절하지 않다.

31 정답 ①

(A) '테슬라사'와 그래핀 배터리를 사용한 '피스커사'를 비교 → (C) '이모션'에 들어갈 그래핀 배터리를 설명 → (D) 우리나라 연구진이 그래핀 배터리의 핵심인 슈퍼커패시터를 개발하는 데 성공했음 → (B) 상용화의 가능성과 그래핀 배터리의 활약을 기대함의 순서로 나열해야 한다.

32 정답 ①

(C)는 '피스커사'의 '이모션'에 들어갈 그래핀 배터리에 대해서 자세히 설명하고 있다. 그래핀을 가공해 부드럽게 휘어지도록 만든 슈퍼커패시터가 핵심이며 이는 전기에너지를 빠르게 대량으로 저장하고 높은 전류를 신속하고 안정적으로 공급한다. 따라서 주제는 '전기에너지를 빠르게 대량 저장하는 슈퍼커패시터'가 적절하다.

33 정답 ④

ㄴ. 이미 공개된 정보의 경우, 정보공개 청구를 받은 기관은 정보를 직접 제공하는 대신 URL 등 정보의 소재를 제공할 수 있다.
ㄹ. 교도소에 수감 중이어도 정보공개 청구의 주체가 될 수 있으며, 정보공개 청구를 받은 기관에서 생산한 정보가 아니더라도 정보공개 청구 대상이 된다.

오답분석
ㄱ. 학술연구를 위해 국내에 체류 중이었다 하더라도 비자가 만료되어 불법체류자가 된 이상 정보공개 청구의 주체가 될 수 없다.
ㄷ. 공공기록물 관리에 관한 법률에 따라 보존연한이 경과하여 폐기된 정보는 정보공개 청구 대상이 되지 못하며, 따라서 K공단은 정보공개의 의무가 없다.

34 정답 ③

포크와 나이프는 몸에서 가장 바깥쪽에 있는 것부터 사용하는 것이 예의이다.

35 정답 ④

설문지의 경우, 조사대상자의 의견을 작성해야 하는 문항 외에 공란을 두고 직접 쓰도록 하는 것은 정확한 정보를 얻는 데 효과적이지 않다. 오히려 조사대상자로부터 정확한 정보를 얻을 수 있도록 최대한 많은 선택지를 제공하는 것이 좋다. 따라서 많은 선택지를 넣는 것보다 공란을 만들 것을 제안하는 상사의 피드백은 적절하지 않다.

36 정답 ③

③은 스캠퍼 기법의 어느 유형에도 해당되지 않는다.

오답분석
① Eliminate(삭제) 유형에 해당한다.
② Minify(축소) 유형에 해당한다.
④ Substitute(대체) 유형에 해당한다.

37 정답 ②

②는 식물의 씨앗이 옷에 붙는 원리를 적용한 것으로 Adapt(적용) 유형에 해당함을 알 수 있다.

오답분석
① Substitute(대체) 유형에 해당한다.
③ Magnify(확대) 유형에 해당한다.
④ Put to Other Use(다른 용도) 유형에 해당한다.

38 정답 ④

서약서 집행 담당자는 보안담당관으로, 보안담당관은 총무국장이므로 서약서는 이사장이 아닌 총무국장에게 제출해야 한다.

39
정답 ④

'다듬-'+'-이'의 경우 어간에 '-이'가 붙어서 명사로 된 것은 그 어간의 원형을 밝히어 적는다는 한글맞춤법 규정에 따라 '다듬이'가 올바른 표기이다.

오답분석

① 먼저 자리를 잡은 사람이 뒤에 들어오는 사람에 대하여 가지는 특권 의식, 또는 뒷사람을 업신여기는 행동의 의미인 '텃세'가 올바른 표기이다. '텃새'는 철을 따라 자리를 옮기지 아니하고 거의 한 지방에서만 사는 새를 의미한다.

② '금시에'가 줄어든 말로 '지금 바로'의 의미를 나타내는 '금세'가 올바른 표기이다. '금새'는 물건의 값을 의미한다.

③ '잎'+'-아리'의 경우 '-이' 이외의 모음으로 시작된 접미사가 붙어서 된 말은 그 명사의 원형을 밝혀 적지 않는다는 한글맞춤법 규정에 따라 '이파리'가 올바른 표기이다.

40
정답 ④

- 안은 → 않은
- 며녁 → 면역
- 항채 → 항체
- 보유률 → 보유율

제2영역 수리능력

01	02	03	04	05	06	07	08	09	10
④	①	④	③	④	④	④	②	③	②

01
정답 ④

A, B, C에 해당되는 청소 주기 6, 8, 9일의 최소공배수는 $2^3 \times 3^2$ $=72$이다. 즉, 세 사람이 같이 청소를 하는 날은 72일 후이다. 9월은 30일, 10월은 31일까지 있으므로 11월 10일은 61일 후가 된다. 따라서 72일 후는 11월 21일이고, 이때 세 사람이 다시 같은 날 청소를 하게 된다.

02
정답 ①

5%의 묽은 염산의 양을 xg이라 하자.
20%의 묽은 염산과 5%의 묽은 염산을 섞었을 때 농도가 10%보다 작거나 같아야 하므로

$$\frac{20}{100} \times 300 + \frac{5}{100} \times x \leq \frac{10}{100}(300+x)$$

$6,000+5x \leq 10(300+x) \rightarrow 5x \geq 3,000 \rightarrow x \geq 600$

따라서 필요한 5% 묽은 염산의 최소량은 600g이다.

03
정답 ④

증발하기 전 농도가 15%인 소금물의 양을 xg이라고 하자. 이 소금물의 소금의 양은 $0.15x$이고, 5% 증발했으므로 증발한 후의 소금물의 양은 $0.95x$g이다. 또한, 농도가 30%인 소금물의 소금의 양은 $200 \times 0.3 = 60$g이다.

$$\frac{0.15x+60}{0.95x+200}=0.2$$

$\rightarrow 0.15x+60=0.2(0.95x+200)$

$\rightarrow 0.15x+60=0.19x+40$

$\rightarrow 0.04x=20 \rightarrow x=500$

따라서 증발 전 농도가 15%인 소금물의 양은 500g이다.

04
정답 ③

현재 동생의 나이를 x세라고 하면 형의 나이는 $(x+4)$세이다. 아버지의 나이를 a세라 할 때, 10년 후 아버지의 나이는 형의 나이와 동생의 나이 합의 2배가 되므로

$a+10=2[(x+10)+(x+4+10)] \rightarrow 4x=a-38$

$\therefore x = \dfrac{a-38}{4}$

05
정답 ④

4월의 주가지수를 A, 6월 S사의 주가를 B원이라 하자.

구분	주가(원)		주가지수
	S사	L사	
1월	5,000	6,000	100.00
2월	( )	( )	( )
3월	5,700	6,300	109.09
4월	4,500	5,900	(A)
5월	3,900	6,200	91.82
6월	(B)	5,400	100.00

- $A=\dfrac{4,500+5,900}{5,000+6,000}\times100 ≒ 94.55$

- $\dfrac{B+5,400}{5,000+6,000}\times100=100$

  → $\dfrac{B+5,400}{5,000+6,000}=1$

  → $B+5,400=11,000$

  ∴ $B=5,600$

ⓒ • 1월 S사의 주가 : 5,000원
  • 6월 S사의 주가 : 5,600원
  따라서 S사의 주가는 6월이 1월보다 높다.

ⓔ 4~6월 S사의 주가 수익률을 구하면

- 4월 : $\dfrac{4,500-5,700}{5,700}\times100 ≒ -21.05\%$

- 5월 : $\dfrac{3,900-4,500}{4,500}\times100 ≒ -13.33\%$

- 6월 : $\dfrac{5,600-3,900}{3,900}\times100 ≒ 43.59\%$

즉, S사의 주가 수익률이 가장 낮은 달은 4월이고, 4월 L사의 주가는 전월 대비 하락했다.

오답분석

ⓐ 3~6월 중 주가지수가 가장 낮은 달은 5월이다. 5월 S사의 주가는 전월 대비 하락했지만, L사의 주가는 상승했다.

ⓒ 2월 S사의 주가가 전월 대비 20% 하락했을 때, 2월 S사의 주가는 5,000×(1-0.2)=4,000원이다. 2월 L사의 주가는 전월과 같으므로 2월 L사의 주가는 6,000원이고, 이때 2월의 주가지수는 $\dfrac{4,000+6,000}{5,000+6,000}\times100≒90.91$이다. 전월 대비 주가지수 하락률은 $\dfrac{100-90.91}{100}\times100=9.09\%$이다.

따라서 2월의 주가지수는 전월 대비 10% 미만 하락했다.

06
정답 ④

등록 장애인 수가 가장 많은 등급은 6급이고, 가장 적은 등급은 1급이다. 124,623×3<389,601이므로, 3배 이상이다.

오답분석

① 자료의 수치가 크므로 여성과 남성의 비를 이용해 전체 등록 장애인 수의 증가율을 어림하여 계산할 수 있다. 2023년 여성과 남성 등록 장애인 수의 비는 약 2 : 3이다. 따라서 전체 장애인 수의 증가율은 약 3.50%이다.

② 주어진 자료를 통해서는 전년도 등급별 등록 장애인 수를 알 수 없다.

③ 장애등급 5급과 6급의 등록 장애인 수의 합은 248,059+278,586+203,810+389,601=1,120,0560이고, 1,120,056×2<2,517,3120이므로, 50% 이하이다.

07
정답 ④

6월 18일을 기준으로 40일 전은 5월 9일이다.
3월 1일에서 69일 후가 5월 9일이다.
69÷7=9…6이므로, 최종 명단이 발표되는 날은 토요일이다.

08
정답 ②

30% 설탕물의 양을 xg이라 하면, 증발시킨 후 설탕의 양은 같으므로 식으로 나타내면 다음과 같다.

$\dfrac{30}{100}\times x=\dfrac{35}{100}\times(x-50)$ → $x=350$

즉, 35% 설탕물의 양은 300g이고, 더 넣을 설탕의 양을 y라 하면

$300\times\dfrac{35}{100}+y=(300+y)\times\dfrac{40}{100}$

→ $10,500+100y=12,000+40y$

∴ $y=25$

09
정답 ③

A기계 1대와 B기계 1대가 한 시간에 담는 비타민제 통의 개수를 각각 a개, b개라 하자.

A기계 3대와 B기계 2대를 작동했을 때 담을 수 있는 비타민제는 1,600통이므로 $3a+2b=1,600$ … ⓐ

A기계 2대와 B기계 3대를 작동했을 때 담을 수 있는 비타민제는 1,500통이므로 $2a+3b=1,500$ … ⓑ

ⓐ×3-ⓑ×2를 하면 $5a=1,800$ → $a=360$

구한 a값을 ⓐ식에 대입하면 $3×360+2b=1,600$ → $b=260$

∴ $a+b=360+260=620$

10

뮤지컬을 관람할 동아리 회원 수를 x명이라고 하자.

$$10,000x \geq 30 \times 10,000 \times \left(1 - \frac{15}{100}\right)$$

$$\rightarrow x \geq 30 \times \frac{85}{100} = 25.5$$

따라서 26명 이상이면 단체관람권을 구매하는 것이 개인관람권을 구매하는 것보다 유리하다.

제3영역 정보능력

01	02	03	04	05	06	07	08	09	10
④	②	③	④	③	④	④	④	①	③

01

ㄴ. 데이터가 중복되지 않고 한 곳에만 기록하고 있으므로, 오류 발견 시 한 곳에서만 수정하면 되기 때문에 데이터의 무결성을 높일 수 있다.

ㄹ. 데이터베이스를 이용하면 다량의 데이터를 정렬하여 검색효율이 개선된다.

오답분석

ㄱ. 데이터베이스를 형성하여 중복된 데이터를 제거하면 데이터 유지비용을 감축할 수 있다.

ㄷ. 대부분의 데이터베이스 관리시스템은 사용자가 정보에 대한 보안등급을 정할 수 있다. 따라서 부서별로 읽기 권한, 읽기와 쓰기 권한 등을 구분해 부여하여 안정성을 높일 수 있다.

02

VLOOKUP은 목록 범위의 첫 번째 열에서 세로 방향으로 검색하면서 원하는 값을 추출하는 함수이고, HLOOKUP은 목록 범위의 첫 번째 행에서 가로방향으로 검색하면서 원하는 값을 추출하는 함수이다. 즉, 첫 번째 열에 있는 '손흥민'의 결석값을 찾아야 하므로 VLOOKUP 함수를 이용해야 한다. VLOOKUP 함수의 형식은 「=VLOOKUP(찾을 값,범위,열 번호,찾기 옵션)」이다. 범위는 절대참조로 지정해 줘야 하며, 근사값을 찾고자 할 경우 찾기 옵션에 1 또는 TRUE를 입력하고 정확히 일치하는 값을 찾고자 할 경우 0 또는 FALSE를 입력해야 한다. 따라서 '손흥민'의 결석 값을 찾기 위한 함수식은 「=VLOOKUP("손흥민",\$A\$3:\$D\$5,4,0)」이다.

03

디지털 컴퓨터와 아날로그 컴퓨터의 비교

구분	디지털 컴퓨터	아날로그 컴퓨터
입력형태	숫자, 문자	전류, 전압, 온도
출력형태	숫자, 문자	곡선, 그래프
연산형식	산술, 논리 연산	미적분 연산
구성회로	논리 회로	증폭 회로
연산속도	느림	빠름
정밀도	필요 한도까지	제한적임
기억기능	기억이 용이하며 반영구적	기억에 제약이 있음
사용분야	범용	특수 목적용

04 정답 ④

- COUNTIF : 지정한 범위 내에서 조건에 맞는 셀의 개수를 구한다.
- 함수식 : =COUNTIF(D3:D10,"＞＝2023-07-01")

오답분석

① COUNT : 범위에서 숫자가 포함된 셀의 개수를 구한다.
② COUNTA : 범위가 비어 있지 않은 셀의 개수를 구한다.
③ SUMIF : 주어진 조건에 의해 지정된 셀들의 합을 구한다.

05 정답 ③

오답분석

①·② AND 함수는 인수의 모든 조건이 참(TRUE)일 경우에 성별을 구분하여 표시할 수 있으므로 적절하지 않다.
④ 함수식에서 "남자"와 "여자"가 바뀌었다.

06 정답 ④

제시된 회로도는 1비트의 정보를 기억할 수 있는 플립플롭 회로이다.

오답분석

① 전가산기 회로는 2개의 반가산기와 1개의 OR회로로 구성된다.
② 반가산기 회로는 컴퓨터의 연산 장치에 사용되는 회로로, 2개의 입력 단자와 2개의 출력 단자를 가지며, 다음 그림과 같다.

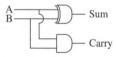

③ 배타적 논리합 회로는 부정 회로와 논리 회로를 조합한 NOR 논리 회로로, 입력이 다른 경우에 출력이 1이 되고, 같은 경우에 0이 되는 반일치 동작을 한다.

07 정답 ④

누산기 레지스터(Accumulator Register)는 연산장치에 속하며 처리 중의 중간계산값이나 처리결과를 임시로 기억하고 있다.

오답분석

① 기억 장치 주소 레지스터(Memory Address Register)는 컴퓨터의 중앙 처리 장치(CPU) 내부에서 기억 장치 내의 정보를 호출하기 위해 그 주소를 기억하고 있는 제어용 레지스터이다.
② 메모리 버퍼 레지스터(Memory Buffer Register)는 메모리로부터 읽게 해 낸 자료를 넣어두기 위한 일시 기억 회로이다.
③ 명령 레지스터(Instruction Register)는 컴퓨터의 제어 장치의 일부로, 기억 장치에서 읽어 내어진 명령을 받아 그것을 실행하기 위해 일시 기억해 두는 레지스터이다.

08 정답 ④

ROUND 함수, ROUNDUP 함수, ROUNDDOWN 함수의 기능은 다음과 같다.

- ROUND(인수, 자릿수) 함수 : 인수를 지정한 자릿수로 반올림한 값을 구한다.
- ROUNDUP(인수, 자릿수) 함수 : 인수를 지정한 자릿수로 올림한 값을 구한다.
- ROUNDDOWN(인수, 자릿수) 함수 : 인수를 지정한 자릿수로 내림한 값을 구한다.

함수에서 각 단위별 자릿수는 다음과 같다.

만 단위	천 단위	백 단위	십 단위	일 단위	소수점 첫째 자리	소수점 둘째 자리	소수점 셋째 자리
-4	-3	-2	-1	0	1	2	3

[B9] 셀에 입력된 1,260,000 값은 [B2] 셀에 입력된 1,252,340의 값을 만 단위로 올림하여 나타낸 것임을 알 수 있다. 따라서 [B9] 셀에 입력된 함수는 ROUNDUP 함수로 볼 수 있으며, 만위를 나타내는 자릿수는 -4이므로 함수는 ④가 적절하다.

09 정답 ①

주기억장치의 주소지정은 어드레스(Address)에 의해 이루어지며, 최소 저장 단위는 바이트(Byte)이다.

10 정답 ③

버퍼 레지스터는 상이한 입출력 속도로 자료를 받거나 전송하는 중앙 처리 장치나 주변 장치의 임시 저장용 레지스터이다.

01	02	03	04	05	06	07	08	09	10
②	④	③	④	③	②	④	④	④	②

01
정답 ②

기준소득월액이 352만 5천4백 원인 사업장가입자 B씨는 천 원 미만을 절사하여 352만 5천 원이 기준소득월액으로 적용된다.
→ 352만 5천 원×4.5%=15만 8천 원(∵ 천 원 미만 절사)

오답분석

① 기준소득월액이 592만 2천5백 원인 지역가입자 A씨는 2024년 1월 기준으로 최고 기준소득월액인 590만 원이 적용된다.
→ 590만 원×9%=53만 1천 원(천 원 미만 절사)
③ 기준소득월액이 598만 5천 원인 사업장가입자 C씨는 2024년 1월 기준으로 최고 기준소득월액인 590만 원이 적용된다.
→ 590만 원×4.5%=26만 5천 원(천 원 미만 절사)
④ 기준소득월액이 250만 7천 원인 지역가입자 D씨는 250만 7천 원이 그대로 적용된다.
→ 250만 7천 원×9%=22만 5천 원(천 원 미만 절사)

02
정답 ④

20×10=200부이며, 200×30=6,000페이지이다. 이를 활용하여 업체당 인쇄비용을 구하면 다음 표와 같다.

구분	페이지 인쇄 비용	유광표지 비용	제본 비용	할인을 적용한 총비용
A	6,000 ×50 =30만 원	200 ×500 =10만 원	200 ×1,500 =30만 원	30+10+30 =70만 원
B	6,000 ×70 =42만 원	200 ×300 =6만 원	200 ×1,300 =26만 원	42+6+26 =74만 원
C	6,000 ×70 =42만 원	200×500 =10만 원	200 ×1,000 =20만 원	42+10+20* =72만 원
D	6,000 ×60 =36만 원	200×300 =6만 원	200 ×1,000 =20만 원	36+6+20 =62만 원

*200부 중 100부 5% 할인
(할인 안한 100부 비용)+(할인한 100부 비용)
=36+(36×0.95)=70만 2천 원
따라서 가장 저렴한 비용으로 인쇄할 수 있는 업체는 D인쇄소이다.

03
정답 ③

파일링시스템 규칙을 적용하면 2019년도에 작성한 문서의 경우, 2020년 1월 1일부터 보존연한이 시작되어 2022년 12월 31일자로 완결되므로 올바른 폐기연도는 2023년 초이다.

04
정답 ④

전자제품의 경우 관세와 부가세가 18%로 모두 동일하며, 전자제품의 가격이 다른 가격보다 월등하게 높기 때문에 대소비교는 전자제품만 비교해도 된다. 이 중 A의 TV와 B의 노트북은 가격이 동일하기 때문에 굳이 계산할 필요가 없고 TV와 노트북을 제외한 휴대폰과 카메라만 비교하면 된다. B의 카메라가 A의 휴대폰보다 비싸기 때문에 B가 더 많은 관세를 낸다.

구분	전자제품	전자제품 외
A	TV(110만), 휴대폰(60만)	화장품(5만), 스포츠용 헬멧(10만)
B	노트북(110만), 카메라(80만)	책(10만), 신발(10만)

B가 내야 할 세금을 계산해보면, 우선 카메라와 노트북의 부가세를 포함한 관세율은 18%로, 190×0.18=34.2만 원이다. 이때, 노트북은 100만 원을 초과하므로 특별과세 110×0.5=55만 원이 더 과세된다. 나머지 품목들의 세금은 책이 10×0.1=1만 원, 신발이 10×0.23=2.3만이다.
따라서 B가 내야 할 관세 총액은 34.2+55+1+2.3=92.5만 원이다.

05
정답 ③

기준일이 2024년 1월 1일인 것과 화장품 제조번호 표기방식 및 사용가능기한을 고려하여 매장 내 보유 중인 화장품의 처분여부를 판단한다.
• M23250030이라고 쓰여 있고 개봉한 립스틱
 – 제조일 : 2023년 9월 7일
 – 제조일로부터 5년 이내이며 생산 직후에 개봉했다고 하더라도 1년이 지나지 않았으므로, 처분대상에서 제외된다.
• M2020030이라고 쓰여 있고 개봉하지 않은 클렌저
 – 제조일 : 2020년 7월 19일
 – 제조일로부터 3년이 넘었으므로, 개봉하지 않았더라도 처분대상에 포함된다.
• M2223010이라고 쓰여 있고 개봉하지 않은 에센스
 – 제조일 : 2022년 8월 18일
 – 제조일로부터 3년 이내이며 개봉하지 않았으므로, 처분대상에서 제외된다.
• M2012040이라고 쓰여 있고 개봉한 날짜를 알 수 없는 아이크림
 – 제조일 : 2020년 4월 30일
 – 제조일로부터 3년이 넘었으므로, 개봉여부와 상관없이 처분대상에 포함된다.

- M2216030이라고 쓰여 있고 2022년 10번째 되는 날에 개봉한 로션
  - 제조일 : 2022년 6월 9일 / 개봉일 : 2022년 1월 10일
  - 제조일로부터 3년 이내이지만 개봉일로부터 6개월이 지났으므로, 처분대상에 포함된다.
- M2230050이라고 쓰여 있고 2022년 200번째 되는 날에 개봉한 스킨
  - 제조일 : 2022년 10월 27일 / 개봉일 : 2022년 2월 19일
  - 제조일로부터 3년 이내이고 개봉일로부터 6개월이 지나지 않았으므로, 처분대상에서 제외된다.

따라서 매장 내 보유 중인 화장품 중에서 처분대상이 되는 것은 총 3개이다.

06 정답 ②

대화 내용에서 각자 연차 및 교육 일정을 정리하면 다음과 같다.

10월 달력						
일요일	월요일	화요일	수요일	목요일	금요일	토요일
	1	2 B사원 연차	3 개천절	4	5	6
7	8	9 한글날	10 A과장 연차	11 B대리 교육	12 B대리 교육	13
14	15 A사원 연차	16	17 B대리 연차	18 A대리 교육	19 A대리 교육	20
21	22	23	24 A대리 연차	25	26	27
28	29 워크숍	30 워크숍	31			

달력에서 바로 확인 가능한 사실은 세 번째 주에 3명의 직원이 연차 및 교육을 신청했다는 것이다. 그러나 A대리와 A사원이 먼저 신청했으므로 B대리가 옳지 않음을 알 수 있고, A대리의 말에서 자신이 교육받는 주에 다른 사람 2명 신청 가능할 것 같다고 한 것은 네 번째 조건에 어긋난다.
따라서 옳지 않은 말을 한 직원은 A대리와 B대리임을 알 수 있다.

07 정답 ④

① 9일 경영지도사 시험은 전문자격시험이므로 두 번째 조건에 따라 그 주에 책임자 한 명은 있어야 한다. 따라서 다음날인 10일에 직원 모두 출장은 불가능하다.
② 17일은 전문자격시험에 해당되는 기술행정사 합격자 발표일이며, 네 번째 조건에 따라 합격자 발표일에 담당자는 사무실에서 대기해야 한다.

③ 19일은 토요일이며, 일곱 번째 조건에 따라 출장은 주중에만 갈 수 있다.

08 정답 ④

ㄱ. 대도시 간 예상 최대 소요시간의 모든 구간에서 주중이 주말보다 소요시간이 적게 걸림을 알 수 있다.
ㄴ. 주중 전국 교통량 중 수도권에서 지방으로 가는 교통량의 비율은 $\frac{42}{380} \times 100 ≒ 11.1\%$이다.
ㄹ. 서울 – 광주 구간 주중 예상 최대 소요시간과 서울 – 강릉 구간 주말 예상 최대 소요시간은 3시간 20분으로 같다.

ㄷ. 지방에서 수도권으로 가는 주말 예상 교통량은 주중 예상 교통량보다 $\frac{51-35}{35} \times 100 ≒ 45.7\%$ 많다.

09 정답 ④

팀원의 모든 스케줄이 비어 있는 시간대인 16:00 ~ 17:00가 가장 적절하다.

10 정답 ②

팀장과 과장의 휴가일정과 세미나가 포함된 주를 제외하면 A대리가 연수에 참석할 수 있는 날짜는 첫째 주 금요일부터 둘째 주 화요일까지로 정해진다. 4월은 30일까지 있으므로 주어진 일정을 달력에 표시를 하면 다음과 같다.

일	월	화	수	목	금	토
	1	2 팀장 휴가	3 팀장 휴가	4 팀장 휴가	5 A대리 연수	6 A대리 연수
7 A대리 연수	8 A대리 연수	9 A대리 연수	10 B과장 휴가	11 B과장 휴가	12 B과장 휴가	13
14	15 B과장 휴가	16 B과장 휴가	17 C과장 휴가	18 C과장 휴가	19	20
21	22	23	24	25	26 세미나	27
28	29	30				

따라서 5일 동안 연속으로 참석할 수 있는 날은 4월 5일부터 9일까지이므로 A대리의 연수 마지막 날짜는 9일이다.

제5영역 기술능력

01	02	03	04	05	06	07	08	09	10
②	①	③	④	④	④	③	④	④	④

01 정답 ②

지속가능한 기술은 이용 가능한 자원과 에너지를 고려하고, 자원의 사용과 그것이 재생산되는 비율의 조화를 추구하며, 자원의 질을 생각하고, 자원이 생산적인 방식으로 사용되는가에 주의를 기울이는 기술이라고 할 수 있다. 즉, 지속가능한 기술은 되도록 태양 에너지와 같이 고갈되지 않는 자연 에너지를 활용하며, 낭비적인 소비 형태를 지양하고, 기술적 효용만이 아니라 환경 효용(Eco-Efficiency)을 추구한다. (가), (나), (라)의 사례는 낭비적인 소비 형태를 지양하고, 환경효용도 추구함을 볼 때 지속가능한 기술의 사례로 볼 수 있다.

오답분석

(다)와 (마)의 사례는 환경효용이 아닌 생산수단의 체계를 인간에게 유용하도록 발전시키는 사례로, 기술발전에 해당한다.

02 정답 ①

상향식 기술선택(Bottom Up Approach)은 기술자들로 하여금 자율적으로 기술을 선택하게 함으로써 기술자들의 흥미를 유발할 수 있고, 이를 통해 그들의 창의적인 아이디어를 활용할 수 있는 장점이 있다.

오답분석

② 하향식 기술선택은 먼저 기업이 직면하고 있는 외부환경과 기업의 보유 자원에 대한 분석을 통해 기업의 중장기적인 사업목표를 설정하고, 이를 달성하기 위해 확보해야 하는 핵심고객층과 그들에게 제공하고자 하는 제품과 서비스를 결정한다.
③ 상향식 기술선택은 기술자들이 자신의 과학기술 전문 분야에 대한 지식과 흥미만을 고려하여 기술을 선택하게 함으로써, 시장의 고객들이 요구하는 제품이나 서비스를 개발하는 데 부적합한 기술이 선택될 수 있다.
④ 하향식 기술선택은 기술에 대한 체계적인 분석을 한 후, 기업이 획득해야 하는 대상기술과 목표기술수준을 결정한다.

03 정답 ③

가정에 있을 경우 전력수급 비상단계를 신속하게 극복하기 위해 전력기기 등의 전원을 차단하거나 사용을 중지하는 것이 필요하나, 4번 항목에 따르면 안전, 보안 등을 위한 최소한의 조명까지 소등할 필요는 없다.

오답분석

① 가정에 있을 경우, TV, 라디오 등을 통해 재난상황을 파악하여 대처하라고 하였으므로, 전력수급 비상단계 발생 시 대중매체를 통해 재난상황에 대한 정보를 파악할 수 있다는 것을 알 수 있다.
② 사무실에 있을 경우 즉시 사용이 필요하지 않은 사무기기의 전원을 차단하여야 한다.
④ 공장에서는 비상발전기의 가동을 점검하여 가동을 준비해야 한다.

04 정답 ④

ⓒ 사무실에서의 행동요령에 따르면 본사의 중앙보안시스템은 긴급한 설비로 볼 수 있다. 따라서 3번 항목의 예외에 해당하므로 중앙보안시스템의 전원을 차단해버린 이 주임의 행동은 적절하지 않다고 볼 수 있다.
ⓔ 상가에서의 행동요령에 따르면 식재료의 부패와 관련 없는 가전제품의 가동을 중지하거나 조정하도록 설명되어 있다. 하지만 최사장은 횟감을 포함한 식재료를 보관 중인 모든 냉동고의 전원을 차단하였으므로 적절하지 못하다.

오답분석

ⓐ 가정에 있던 중 세탁기 사용을 중지하고 실내조명을 최소화한 것은 행동요령에 따른 것으로 적절한 행동이다.
ⓑ 공장에 있던 중 공장 내부 조명 밝기를 최소화한 박주임의 행동은 적절하다.

05 정답 ④

기술 시스템의 발전 단계를 보면 먼저 기술 시스템이 탄생하고 성장하며(발명, 개발, 혁신의 단계), 이후 성공적인 기술이 다른 지역으로 이동하고(기술 이전의 단계), 기술 시스템 사이의 경쟁이 발생하며(기술 경쟁의 단계), 경쟁에서 승리한 기술 시스템의 관성화(기술 공고화 단계)로 나타난다.

06 정답 ④

Hㅁ / Wㅇ는 가로축이 ㅇ까지, 세로축이 ㅁ까지 있음을 나타낸다. 괄호 앞의 각 문자는 도형의 모양을 나타낸다. 즉, A는 원, B는 마름모, C는 삼각형이다. 괄호 안의 숫자는 도형의 위치를 나타낸다. 즉, (1, 2)는 가로축에서 1과 세로축에서 2가 만나는 위치이다.
• 가로축이 4까지, 세로축이 5까지 있다. → H5 / W4
• A는 가로축 2와 세로축 3이 만나는 위치이다. → A(2, 3)
• B는 가로축 3과 세로축 1이 만나는 위치이다. → B(3, 1)
• C는 가로축 1과 세로축 4가 만나는 위치이다. → C(1, 4)
따라서 L : H5 / W4, C : A(2, 3) / B(3, 1) / C(1, 4)가 답이다.

07

정답 ③

아이를 혼자 두지 않고, 항상 벨트를 채워야 한다는 것은 유아용 식탁 의자의 장소 선정 시 고려해야 할 사항보다 사용 시 주의해야 할 사항으로 적합하다.

08

정답 ④

연마 세제나 용제는 유아용 식탁 의자를 손상시킬 수 있으므로 사용하지 않는다.

09

정답 ④

Index 뒤의 문자 SOPENTY와 File 뒤의 문자 ATONEMP에서 일치하는 알파벳의 개수를 확인하면, O, P, E, N, T로 총 5개가 일치하는 것을 알 수 있다. 따라서 판단 기준에 따라 Final Code 는 Nugre이다.

10

정답 ④

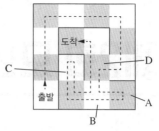

A에서 B, C에서 D로 이동할 때는 보조명령을 통해 이동했다. 그 외의 구간은 주명령을 통해 이동했다.

제2회 모의고사 정답 및 해설

제 1 영역 NCS 공통영역

01	02	03	04	05	06	07	08	09	10
③	①	②	②	④	③	③	②	④	④
11	12	13	14	15	16	17	18	19	20
②	④	④	①	④	③	②	④	④	④
21	22	23	24	25	26	27	28	29	30
④	④	④	④	②	③	④	④	④	④
31	32	33	34	35	36	37	38	39	40
③	④	③	②	①	④	③	②	①	③

01
정답 ③

레일리 산란의 세기는 보랏빛이 가장 강하지만 우리 눈은 보랏빛보다 파란빛을 더 잘 감지하기 때문에 하늘이 파랗게 보이는 것이다.

오답분석

① · ②는 첫 번째 문단의 내용을 통해 추론할 수 있다.
④ 빛의 진동수는 파장과 반비례하고, 레일리 산란의 세기는 파장의 네제곱에 반비례한다. 즉, 빛의 진동수가 2배가 되면 파장은 1/2배가 되고, 레일리 산란의 세기는 $2^4 = 16$배가 된다.

02
정답 ①

㉠에서 네 번째 줄의 접속어 '그러나'를 기준으로 앞부분은 사물 인터넷 사업의 경제적 가치 및 외국의 사물 인터넷 투자 추세, 뒷부분은 우리나라의 사물 인터넷 사업 현황에 대하여 설명하고 있다. 따라서 두 문단으로 나누는 것이 적절하다.

오답분석

② 문장 앞부분에서 '통계에 따르면'으로 시작하고 있으므로, 이와 호응되는 서술어를 능동 표현인 '예상하며'로 바꾸는 것은 어색하다.
③ 우리나라의 사물 인터넷 시장이 선진국에 비해 확대되지 못하고 있는 것은 사물 인터넷 관련 기술을 확보하지 못한 결과이다. 따라서 수정하는 것은 옳지 않다.
④ 문맥상 '기술력을 갖추다.'라는 의미가 되어야 하므로 '확보'로 바꾸어야 한다.

03
정답 ②

제시문에서는 '시장집중률은 시장 내 일정 수의 상위 기업들이 차지하는 비중을 나타내 주는 수치, 즉 일정 수의 상위 기업의 시장 점유율을 합한 값이다.'라는 개념을 제시하고 있다. 그리고 이를 통해 시장 구조를 구분하고, 시장 내의 공급이 기업에 집중되는 양상을 파악할 수 있다는 의의를 밝히고 있다.

04
정답 ②

오답분석

① 문제 인식 : 해결해야 할 전체 문제를 파악하여 우선순위를 정하고, 선정문제에 대한 목표를 명확히 하는 단계이다.
③ 원인 분석 : 파악된 핵심문제에 대한 분석을 통해 근본 원인을 도출하는 단계이다.
④ 해결안 개발 : 문제로부터 도출된 근본원인을 효과적으로 해결할 수 있는 최적의 해결방안을 수립하는 단계이다.

05
정답 ④

3C 분석에서 3C는 사업환경을 구성하고 있는 자사(Company), 경쟁사(Competitor), 고객(Customer)을 뜻한다.

06
정답 ③

왼쪽부터 순서대로 나열해 보면 '일식 – 분식 – 양식 – 간편식' 순서임을 알 수 있다.

07
정답 ③

철학은 학문이고, 모든 학문은 인간의 삶을 의미 있게 해준다. 따라서 철학은 인간의 삶을 의미 있게 해준다.

08
정답 ②

명랑한 사람은 마라톤을 좋아하고, 마라톤을 좋아하는 사람은 인내심이 있다. 따라서 명랑한 사람은 인내심이 있다.

09
정답 ④

팀장의 업무지시 내용을 살펴보면 지출결의서는 퇴근하기 1시간 전까지는 제출해야 한다. 업무스케줄상에서 퇴근 시간은 18시이므로, 퇴근 1시간 전인 17시까지는 지출결의서를 제출해야 한다. 따라서 업무스케줄의 '16:00~17:00'란에 작성하는 것이 적절하다.

10
정답 ④

직업생활에서의 목표를 단지 높은 지위에 올라가는 것이라고 생각하는 것은 바람직하지 않으므로, 입사 동기들보다 빠른 승진을 목표로 삼은 D는 잘못된 직업관을 가지고 있는 것이다.

> **바람직한 직업관**
> • 소명의식과 천직의식을 가져야 한다.
> • 봉사정신과 협동정신이 있어야 한다.
> • 책임의식과 전문의식이 있어야 한다.
> • 공평무사한 자세가 필요하다.

11
정답 ②

1월 8일 12시(정오)까지는 인터넷뱅킹을 통한 대출 신청·실행·연기가 중지된다고 설명되어 있다. 그러나 은행에 방문하여 창구를 이용한 대출 신청에 대해 별다른 언급이 없으므로, 1월 5일 중단일 이후 은행 영업일이라면 이용 가능하다고 볼 수 있다. 따라서 1월 8일 12시 이후부터 은행에서 대출 신청이 가능하다는 설명은 잘못 이해한 것이다.

오답분석
① 1월 8일 정오까지 지방세 처리 ARS 업무가 중단된다고 설명하고 있다.
③ 고객센터 전화를 통한 카드·통장 분실 신고(해외 포함) 등과 같은 사고 신고는 정상 이용이 가능하다고 안내하고 있다.
④ 타 은행 ATM, 제휴CD기에서 A은행으로의 계좌 거래는 제한 서비스로 분류된다고 안내하고 있다.

12
정답 ④

'왜 애초에 오른손이 먹는 일에, 그리고 왼손이 배변 처리에 사용되었는지 설명해주지는 못한다.'라는 지문의 내용을 볼 때 적절하지 않은 판단임을 알 수 있다.

오답분석
① 제시문에서 배변 처리를 왜 왼손으로 하게 되었는지에 대한 추론을 막연히 할 뿐, 그 문헌적 근거는 언급되어 있지 않다.
② 개념적·논리적 사고 같은 좌반구 기능이 오른손잡이를 낳게 되었으므로 타당한 판단이다.
③ '사람이 오른손을 즐겨 쓰듯 다른 동물들도 앞발 중에 더 선호하는 쪽이 있는데, 포유류에 속하는 동물들은 대개 왼발을 즐겨 쓰는 것으로 나타났다.'라는 문장에서 추론 가능하다.

13
정답 ④

읽기와 쓰기, 개념적·논리적 사고 같은 좌반구 기능이 무시된 인류의 성패 사실이 있다면 지문의 핵심 논점인 '뇌의 좌반구가 인간의 행동을 지배하는 권력을 갖게 되었기 때문에 오른손 선호에 이르렀다.'는 주장을 정면으로 반박할 수 있다.

오답분석
① 오스트랄로피테쿠스와 현생 인류의 지능수준의 차이는 제시문의 논점과 관련이 없다.
② '왼쪽'에 대한 반감의 정도와 오른손잡이의 상관관계가 이미 밝혀졌으므로 타당한 논거가 아니다.
③ 뇌의 해부학적 구조에서 유의미한 차이를 보이지 않는다는 사실이 오른손잡이가 80% 이상을 차지한다는 사실을 뒤집을 수 있는 논거가 되지 못한다.

14
정답 ①

서론에서는 환경오염이 점차 심각해지고 있음을 지적하고 있으며, 본론에서는 환경오염에 대한 사람들의 반응을 제시하고 있다. 따라서 제목으로는 환경오염에 대한 인식이 적절하며, 결론으로는 환경오염의 심각성을 전 국민들이 인식하고 이를 방지하기 위한 노력이 필요하다는 내용이 가장 적절하다.

15
정답 ④

ㄴ. B씨의 사전평가 총점은 42점이지만 구술이 3점 미만이므로 기초과정에 배정된다.
ㄹ. 사전평가에 응시하지 않으면 자동 면제 처리되어 기초과정부터 참여해야 한다.

오답분석
ㄱ. A씨의 사전평가 총점은 40점이므로 초급 2 과정에 배정된다.
ㄷ. 이수정지 신청 후 2년 이내에 재등록했기 때문에 과거 이수사항이 승계되어 초급 1 과정에 참여할 수 있다.

16
정답 ③

불가피한 사유(출산)로 이수정지 신청을 한 경우, 이수정지 후 2년 이내에 재등록하면 과거 이수사항 및 이수시간이 계속 승계되어 해당 과정에 참여할 수 있다.

17
정답 ②

B대리는 상대방이 제시한 아이디어를 비판하고 있다. 따라서 브레인스토밍에 적합하지 않은 태도를 보였다.

> **브레인스토밍**
> - 다른 사람이 아이디어를 제시할 때는 비판하지 않는다.
> - 문제에 대한 제안은 자유롭게 이루어질 수 있다.
> - 아이디어는 많이 나올수록 좋다.
> - 모든 아이디어가 제안되고 나면 이를 결합하고 해결책을 마련한다.

18
정답 ④

A팀장이 요청한 중요 자료를 먼저 전송하고, PPT 자료를 전송한다. 점심예약 전화는 오전 10시 이전에 처리해야 하고, 오전 내에 거래처 미팅일자 변경 전화를 해야 한다.

19
정답 ④

판촉행사의 진행에 지장을 주지 않는 것부터 우선적으로 제거해야 한다. 회식비는 행사 이후에 진행되기 때문에 행사에 영향이 없으므로, 회식비부터 조정하는 것이 좋다.

20
정답 ④

수출주도형 성장전략은 수요가 외부에 존재한다는 측면에서 공급 중시 경제학적 관점을 띄고 있다. 따라서 수요가 외부에 존재한다는 점과 공급을 중시하는 점에 대해 비판할 수 있다. ④에서 내부의 수요를 증대시키는 것은 비판의 입장이지만, 수요 증대를 위해 물품 생산의 공급을 강조하는 것은 반론하는 내용이 아니다.

21
정답 ④

오답분석

①은 두 번째 문장, ②는 제시문의 흐름, ③은 마지막 문장에서 확인할 수 있다.

22
정답 ①

조건을 충족하는 경우를 표로 정리하면 다음과 같다.

구분	첫 번째	두 번째	세 번째	네 번째	다섯 번째	여섯 번째
경우 1	교육	보건	농림	행정	국방	외교
경우 2	교육	보건	농림	국방	행정	외교
경우 3	보건	교육	농림	행정	국방	외교
경우 4	보건	교육	농림	국방	행정	외교

따라서 교육부는 항상 첫 번째 또는 두 번째로 감사를 시작한다.

23
정답 ④

문제원인의 패턴
- 단순한 인과관계 : 원인과 결과를 분명하게 구분할 수 있는 경우로, 어떤 원인이 선행함으로써 결과가 생기는 인과관계를 의미하며, 소매점에서 할인율을 자꾸 내려서 매출 점유율이 내려가기 시작하는 경우 등이 이에 해당한다.
- 닭과 계란의 인과관계 : 원인과 결과를 구분하기가 어려운 경우로, 브랜드의 향상이 매출확대로 이어지고, 매출확대가 다시 브랜드의 인지도 향상으로 이어지는 경우 등이 이에 해당한다.
- 복잡한 인과관계 : 단순한 인과관계와 닭과 계란의 인과관계의 두 유형이 복잡하게 서로 얽혀 있는 경우로, 대부분의 경영상 과제가 이에 해당한다.

24
정답 ②

에너지 효율 향상보다 이해관계자 영향도나 비즈니스 중요도가 높은 이슈는 기후변화 대응, 사회공헌 전략, 임직원 역량 강화, 협력사 상생협력, 윤리경영 및 부패 방지, 공정거래 및 계약 투명성 강화, 전력 공급 안전성, 안전 보건 강화로 총 8개이다.

25
정답 ④

(가) 전력 공급 안전성이라는 핵심 이슈는 결국 전력을 사용하는 고객들의 효용성(유용성)과 신뢰성과 직결되므로 (가)에는 "고객이 우선입니다."가 적절하다.

(나) 안전 보건 강화라는 핵심 이슈는 국민의 보건과 안전과 직결되므로 "안전을 생각합니다."가 적절하다.

(다) 미래 성장동력 창출이라는 핵심 이슈는 "미래로 나아갑니다."가 적절하다.

26
정답 ③

해결안 선정을 위해서는 중요도와 실현가능성 등을 고려해서 종합적인 평가를 내려야 한다.

27
정답 ④

퍼실리테이션은 커뮤니케이션을 통한 문제해결 방법으로, 구성원의 동기 강화, 팀워크 향상 등을 이룰 수 있다. 구성원이 자율적으로 실행하는 것으로 제3자가 합의점이나 줄거리를 준비해놓고 예정대로 결론을 도출하는 것이 아니다.

28
정답 ④

컴퓨터로 야간작업을 할 때는 실내 전체 조명은 어둡게 하고 부분 조명을 사용하면 서로 다른 빛 방향으로 시력이 증진되므로 눈 건강을 위한 행동으로 적절하다.

29

나이가 들수록 퇴화하는 망막 세포의 손상을 막아 주는 것은 망막의 구성 성분인 오메가3이다. 루틴은 눈 건강을 위한 항염 작용에 도움이 된다.

30

정답 ④

해결안 선정을 위해 중요도와 실현가능성 등을 고려하여 종합적인 평가를 내리고, 채택 여부를 결정하는 과정에서 팀장은 실현 가능성이 부족하다고 하였다. 실현 가능성에서 체크해 봐야하는 항목은 개발기간, 개발능력, 적용가능성이 이에 해당한다. 고객만족도는 중요도에 해당하므로 고려해야 할 가능성이 가장 낮다.

31

정답 ③

주어진 조건에 의하면 D면접자와 E면접자는 2번, 3번 의자에 앉아 있고, A면접자는 1번과 8번 의자에 앉을 수 없다. B면접자는 6번 또는 7번 의자에 앉을 수 있다는 점과 A면접자와 C면접자 사이에는 2명이 앉는다는 조건까지 모두 고려하면 A면접자와 B면접자가 서로 이웃해 있을 때, 다음과 같이 나타낼 수 있다.

• B면접자가 6번에 앉을 경우

구분	1	2	3	4	5	6	7	8
경우 1		D	E		A	B		C
경우 2		D	E	C		B	A	
경우 3		D	E	A		B	C	
조건	A(×) C(×)							A(×)

• B면접자가 7번에 앉을 경우

구분	1	2	3	4	5	6	7	8
경우 1		D	E	C(×)		A	B	
경우 2		D	E			A	B	C(×)
경우 3		D	E		A		B	C
조건	A(×) C(×)							A(×)

→ B면접자가 7번에 앉을 때, 경우 1과 경우 2에서는 A면접자와 C면접자 사이에 2명이 앉는다는 조건이 성립되지 않는다.

따라서 A면접자와 B면접자가 서로 이웃해 앉는다면 C면접자는 4번 또는 8번 의자에 앉을 수 있다.

① 주어진 조건을 살펴보면 A면접자는 1번, 8번 의자에 앉지 않는다고 하였고 2번과 3번 의자는 D면접자와 E면접자로 확정되어 있다. 그리고 C면접자와의 조건 때문에 6번 의자에도 앉을 수 없으므로 A면접자는 4번, 5번, 7번 의자에 앉을 수 있다. 따라서 A면접자가 4번에 앉는 것이 항상 옳다고는 볼 수 없다.
② 주어진 조건에서 C면접자는 D면접자와 이웃해 앉지 않는다고 하였다. D면접자는 2번 의자로 확정되어 있으므로 C면접자는 1번 의자에 앉을 수 없다.

④ B면접자가 7번 의자에 앉고 A면접자와 B면접자 사이에 2명이 앉도록 하면, A면접자는 4번 의자에 앉아야 한다. 그런데 A면접자와 C면접자 사이에 2명이 앉아 있다는 조건이 성립되려면 C면접자는 1번 의자에 앉아야 하는데, C면접자는 D면접자와 이웃해 있지 않다고 하였으므로 옳지 않다.

32

정답 ④

세 번째, 네 번째 조건에 의해, 종열이와 지훈이는 춤을 추지 않았다. 또한 두 번째 조건의 대우에 의해, 재현이가 춤을 추었고, 첫 번째 조건에 따라 서현이가 춤을 추었다.

33

정답 ③

민족과 나라에 따라 언어가 다르듯이 국가와 겨레에 따라 예절은 달라진다.

34

정답 ②

전화응대 매뉴얼 3번에 해당하며, 전화 당겨 받기 후 상대에게 당겨 받은 이유를 설명하였기에 적절하다.

① 전화응대 매뉴얼 1번에 맞게 소속과 이름을 밝힌다.
③ 전화응대 매뉴얼 7번에 맞게 시간 지체가 없도록 펜과 메모지를 항상 준비해 둔다.
④ 전화응대 매뉴얼 6번에 맞게 메모 내용을 다시 한 번 확인한다.

35

정답 ①

제시문에서는 악의적인 체납자에 대한 정부의 제재 강화를 언급하며, 대다수 국민에게 상대적 박탈감을 주는 고액 체납자를 강력한 제재로 다스려야 한다고 주장한다. 따라서 제시문과 관련 있는 한자성어로는 '한 사람을 벌주어 백 사람을 경계한다.'는 뜻의 '다른 사람들에게 경각심을 불러일으키기 위하여 본보기로 한 사람에게 엄한 처벌을 하는 일'을 의미하는 '일벌백계(一罰百戒)'가 가장 적절하다.

② 유비무환(有備無患) : 미리 준비가 되어 있으면 걱정할 것이 없음
③ 일목파천(一目破天) : 일이 미처 때를 만나지 못함을 이르는 말
④ 가정맹어호(苛政猛於虎) : 가혹한 정치는 호랑이보다 무섭다는 뜻으로, 혹독한 정치의 폐가 큼을 이르는 말

36

한글맞춤법 제4장 제4절 제30항

사이시옷은 다음과 같은 경우에 받치어 적는다.

1. 순 우리말로 된 합성어로서 앞말이 모음으로 끝난 경우
   (1) 뒷말의 첫소리가 된소리로 나는 것
      예 바닷가, 쳇바퀴, 나뭇가지
   (2) 뒷말의 첫소리 'ㄴ, ㅁ' 앞에서 'ㄴ' 소리가 덧나는 것
      예 잇몸, 멧나물, 아랫마을
   (3) 뒷말의 첫소리 모음 앞에서 'ㄴㄴ' 소리가 덧나는 것
      예 깻잎, 베갯잇, 도리깻열
2. 순 우리말과 한자어로 된 합성어로서 앞말이 모음으로 끝난 경우
   (1) 뒷말의 첫소리가 된소리로 나는 것
      예 샛강, 탯줄, 전셋집
   (2) 뒷말의 첫소리 'ㄴ, ㅁ' 앞에서 'ㄴ' 소리가 덧나는 것
      예 곗날, 양칫물, 제삿날
   (3) 뒷말의 첫소리 모음 앞에서 'ㄴㄴ' 소리가 덧나는 것
      예 예삿일, 가욋일, 사삿일
3. 두 음절로 된 다음 한자어
      예 곳간(庫間), 셋방(貰房), 숫자(數字), 찻간(車間), 툇간(退間), 횟수(回數)

따라서 ㄷ, ㅁ의 쓰임이 적절하지 않다.

37

ⓛ · ⓒ 역선택은 시장에서 거래를 할 때 주체 간 정보 비대칭으로 인해 부족한 정보를 가지고 있는 쪽이 불리한 선택을 하게 되어 경제적 비효율이 발생하는 상황을 말한다.

오답분석

ⓝ · ⓔ 도덕적 해이와 관련된 사례이다. 도덕적 해이는 감추어진 행동이 문제가 되는 상황에서 정보를 가진 측이 정보를 가지지 못한 측의 이익에 반하는 행동을 취하는 경향을 말한다. 역선택이 거래 이전에 발생하는 문제라면, 도덕적 해이는 거래가 발생한 후 정보를 더 많이 가지고 있는 사람이 바람직하지 않은 행위를 하는 것을 말한다.

38

일반적으로 직업윤리가 개인윤리에 포함된다.

39

부산이 네 번째 여행지라는 점을 포함해 모든 조건을 반영했을 때 가능한 경우는 다음과 같다.

첫 번째	두 번째	세 번째	네 번째	다섯 번째	여섯 번째
전주	강릉	춘천	부산	안동	대구

따라서 전주는 민호의 첫 번째 여행지이다.

40

직장에서 업무와 관련된 이메일에는 감정 표현을 담는 것을 피하도록 한다.

제2영역 수리능력

01	02	03	04	05	06	07	08	09	10
②	③	②	②	③	②	①	④	③	③

01
정답 ②

이어지는 경기를 모두 이긴다고 가정해 보자.

$\frac{8+x}{11+x} \times 100 \geq 80$

$\rightarrow (8+x) \times 100 \geq 80 \times (11+x)$

$\rightarrow 800 + 100x \geq 880 + 80x$

$\rightarrow 20x \geq 80$

$\therefore x \geq 4$

따라서 승률이 80% 이상이 되기 위해서는 최소한 4경기를 더 이겨야 한다.

02
정답 ③

해영이가 이동한 거리는 $25 \times 60 = 1,500$m이고, 수현이가 이동한 거리는 $10 \times 80 = 800$m이다. 해영이와 수현이 사이의 거리를 xm라 하면, 피타고라스의 정리를 이용하여 다음과 같이 나타낼 수 있다.

$x^2 = 800^2 + 1,500^2 = 1,700^2$

$\therefore x = 1,700$

따라서 해영이와 수현이 사이의 직선 거리는 1.7km이다.

03
정답 ②

제품 1개를 판매했을 때 얻는 이익은 $2,000 \times 0.15 = 300$원이므로 정가는 2,300원이다.
판매이익은 $160 \times 300 = 48,000$원이고, 하자 제품에 대한 보상금액은 $8 \times 2 \times 2,300 = 36,800$원이다.
따라서 얻은 이익은 $48,000 - 36,800 = 11,200$원이다.

04
정답 ②

정육면체는 면이 6개이고 회전이 가능하므로 윗면을 기준면으로 삼았을 때, 경우의 수는 다음과 같다.
• 기준면에 색을 칠하는 경우의 수 : 6가지
• 아랫면에 색을 칠하는 경우의 수 : $6-1=5$가지
• 옆면에 색을 칠하는 경우의 수 : $(4-1)! = 3! = 6$가지
따라서 $6 \times 5 \times 6 = 180$가지의 서로 다른 정육면체를 만들 수 있다.

05
정답 ③

A, B, C의 휴일을 식으로 표현하면 다음과 같다(n은 자연수).
• A : $14n-2$, $14n-1$, $14n$
• B : $6n$
• C : $8n-1$, $8n$
B의 휴일은 반드시 짝수이므로 위의 경우 중 $14n-1$과 $8n-1$은 제외하고, 휴일을 나열하면 다음과 같다.
• A의 휴일($14n-2$) : 12, 26, 40, 54, 68 82, 96 …
• A의 휴일($14n$) : 14, 28, 42, 56, 70, 84, 96 …
• B의 휴일($6n$) : 6, 12, 18, … 90, 96 …
• C의 휴일 : 8, 16, 24, …, 88, 96, …
따라서 A, B, C의 휴일이 처음으로 같아지는 날은 96일 후이다.

06
정답 ②

공항에서 회사까지의 거리를 x라고 하면
• 공항까지 가는 데 걸리는 시간 : $\frac{x}{80}$
• 회사로 돌아오는 데 걸리는 시간 : $\frac{x}{120}$

$\frac{x}{80} + \frac{x}{120} = 1 \rightarrow 5x = 240$

$\therefore x = 48$

따라서 공항과 회사의 거리는 48km이다.

07
정답 ①

일의 양을 1이라고 가정하면, P연구원과 K연구원이 하루에 할 수 있는 일의 양은 각각 $\frac{1}{8}$, $\frac{1}{14}$이다. 처음 이틀과 보고서 제출 전 이틀 총 4일은 같이 연구하고, 나머지는 K연구원 혼자 연구하였다. K연구원 혼자 연구하는 기간을 x일이라 하고 식을 세우면 다음과 같다.

$4 \times \left(\frac{1}{8} + \frac{1}{14}\right) + \frac{x}{14} = 1 \rightarrow \frac{1}{2} + \frac{2}{7} + \frac{x}{14} = 1 \rightarrow 7 + 4 + x = 14$

$\rightarrow x = 3$

따라서 K연구원이 혼자 3일 동안 연구하므로 보고서를 제출할 때까지 총 $3+4=7$일이 걸렸다.

08
정답 ④

총스팸량이 가장 많은 때는 2022년 상반기, 가장 적은 때는 2023년 하반기이다.
$(2.39+0.46) - (1.4+0.26) = 1.19$

09

정답 ③

$(1.64-1.4)/1.64 \times 100 = 14.63 \cdots ≒ 14.6$

10

정답 ③

2022년 상반기부터 이메일 스팸과 휴대전화 스팸 모두 1인 1일 수신량이 감소하고 있다.

01	02	03	04	05	06	07	08	09	10
③	②	①	①	③	①	③	④	①	①

01

정답 ③

RIGHT는 오른쪽에서부터 문자를 추출하는 함수이다. RIGHT(문자열,추출할 문자 수)이므로 「=RIGHT(A3,4)」가 옳다.

02

정답 ②

2진수 "101111110"을 8진수로 바꾸기 위해서는 소수점 위치를 기준으로 해서 3자리씩 끊어서 자리값(뒤에서부터 1, 2, 4)을 부여하여 배치한다.

소수점이 없는 수이므로 뒤에서부터 세 자리씩 끊어보면 101, 111, 110이 된다. 각각에 자리값을 부여하여 계산하면 101은 5, 111은 7, 110은 6이 되므로 $576_{(8)}$값이 된다.

03

정답 ①

MIPS(Million Instructions Per Second)란 RISC 계열의 명령어 집합 체계이며, 초당 100만 개의 연산이 가능하다.

04

정답 ①

엑셀에서 기간을 구하는 함수는 DATEDIF(시작일, 종료일, 구분 "Y/M/D")로, 재직연수를 구해야 하므로 구분에는 연도로 나타내 주는 "Y"가 들어간다. 현재로부터 재직기간을 구하는 것이므로 현재의 날짜를 나타내는 TODAY() 함수를 사용해도 되고, 현재 날짜와 시간까지 나타내는 NOW()함수를 사용해도 된다. 조건에 맞는 셀의 개수를 구하는 함수는 COUNTIF(범위,조건)이고 8년 이상이라고 했으므로 조건에는 ">=8"이 들어가야 한다.

05

정답 ③

AND연산은 Mask 역할을 수행하므로 문자를 삭제할 때 이용되며, OR연산은 문자를 삽입할 때 이용된다.

06

정답 ①

제시된 내용에 따라 기억용량을 계산하면 '양면(2)×트랙수(100)×섹터수(4)×섹터당 기록밀도(320)'으로 답은 256,000이 된다.

07

정답 ③

㉮ 영어점수가 평균을 초과하는 것을 뽑을 때는 AVERAGE 함수의 범위에 반드시 절대참조가 들어가야 한다.

㉯ 성명의 두 번째 문자가 '영'인 데이터를 추출해야 하므로 '?영*'이 되어야 한다.

08

정답 ④

LARGE 함수는 데이터 집합에서 N번째로 큰 값을 구하는 함수이다. 따라서 ④번 함수의 결괏값으로는 [D2:D9] 범위에서 두 번째로 큰 값인 20,000이 산출된다.

오답분석

① MAX 함수는 최댓값을 구하는 함수이다.

② MIN 함수는 최솟값을 구하는 함수이다.

③ MID 함수는 문자열의 지정 위치에서 문자를 지정한 개수만큼 돌려주는 함수이다.

09

정답 ①

SUMIF 함수는 주어진 조건에 의해 지정된 셀들의 합을 구하는 함수이며, 「=SUMIF(조건 범위, 조건, 계산할 범위)」로 구성된다. 따라서 ①번 함수의 결괏값으로는 계산할 범위 [C2:C9] 안에서 [A2:A9] 범위 안의 조건인 [A2](의류)로 지정된 셀들의 합인 42가 산출된다.

오답분석

② COUNTIF 함수는 지정한 범위 내에서 조건에 맞는 셀의 개수를 구하는 함수이다.

③・④ VLOOKUP 함수와 HLOOKUP 함수는 배열의 첫 열 / 행에서 값을 검색하여, 지정한 열 / 행의 같은 행 / 열에서 데이터를 돌려주는 찾기 / 참조함수이다.

10

정답 ①

숫자와 문자가 혼합된 데이터는 문자열로 입력되며, 문자 데이터와 같이 왼쪽으로 정렬된다.

오답분석

② 문자 데이터는 기본적으로 왼쪽으로 정렬된다.

③ 날짜 데이터는 자동으로 셀의 오른쪽으로 정렬된다.

④ 수치 데이터는 셀의 오른쪽으로 정렬된다.

제**4**영역 자원관리능력

01	02	03	04	05	06	07	08	09	10
③	①	④	②	③	③	③	②	②	③

01

정답 ③

영희는 누적방수액의 유무와 상관없이 재충전 횟수가 200회 이상이면 충분하다고 하였으므로 100회 이상 300회 미만으로 충전이 가능한 리튬이온배터리를 구매한다. 누적방수액을 바르지 않은 것이 더 저렴하므로 영희가 가장 저렴하게 구매하는 가격은 5,000원이다.

오답분석

① ・철수가 가장 저렴하게 구매하는 가격 : 20,000원
　・영희가 가장 저렴하게 구매하는 가격 : 5,000원
　・상수가 가장 저렴하게 구매하는 가격 : 5,000원
　따라서 철수, 영희, 상수가 리튬이온배터리를 가장 저렴하게 구매하는 가격은 20,000+5,000+5,000=30,000원이다.

② ・철수가 가장 비싸게 구매하는 가격 : 50,000원
　・영희가 가장 비싸게 구매하는 가격 : 10,000원
　・상수가 가장 비싸게 구매하는 가격 : 50,000원
　따라서 철수, 영희, 상수가 리튬이온배터리를 가장 비싸게 구매하는 가격은 50,000+10,000+50,000=110,000원이다.

④ 영희가 가장 비싸게 구매하는 가격은 10,000원, 상수가 가장 비싸게 구매하는 가격은 50,000원이다. 두 가격의 차이는 40,000원으로 30,000원 이상이다.

02

정답 ①

기본급은 180만 원이며, 시간외근무는 10시간이므로 $1,800,000 \times \frac{10}{200} \times 1.5 = 135,000$원이다.

03

정답 ④

3분기 경유는 리터당 2,000원이므로 10만 원의 예산으로 사용할 수 있는 연료량은 50L이다. 연비가 가장 좋은 차종은 006이므로 주행 가능한 거리는 50×25=1,250km가 된다.

04

정답 ②

기존의 운송횟수는 12회이므로 1일 운송되는 화물량은 12×1,000=12,000상자이다. 이때, 적재효율을 높여 기존 1,000상자에서 1,200상자로 늘어나므로 10회(=12,000÷1,200)로 운송횟수를 줄일 수 있으므로 다음 계산식으로 기존 방법과 새로운 방법의 월 수송비를 계산하면 다음과 같다.

(월 수송비)=(1회당 수송비)×(차량 1대당 1일 운행횟수)×(차량 운행대수)×(월 운행일수)
• 기존 월 수송비 : 100,000×3×4×20=24,000,000원
• 신규 월 수송비 : 100,000×10×20=20,000,000원
따라서 월 수송비 절감액은 4,000,000원(=24,000,000 −20,000,000)이다.

05 정답 ③

도배지는 총 세 가지 종류의 규격이 있는데, 첫 번째 도배지가 가장 경제적이므로 우선하여 사용한다. 왜냐하면 두 번째 도배지의 크기는 첫 번째 도배지 크기의 $\frac{2}{3}$ 정도인 것에 반해, 가격은 $\frac{3}{4}$ 정도로 비싸기 때문이다. 이는 세 번째 도배지의 경우도 마찬가지이다. 크기별로 벽면을 나누어 사용되는 벽지의 도배 비용을 추산하면 다음과 같다.

• (가로) 8m×(높이) 2.5m 벽 도배 비용 추산
다음과 같이 벽면에 필요한 도배지를 도식화할 수 있다.

1	2	3	4	5	6	7	8
9		10	11		12	13	★

이 경우 첫 번째 도배지는 13Roll이 필요하므로 비용은 520,000원(=40,000×13)이 든다. 이때, ★ 의 크기는 (폭) 100cm×(길이) 50cm이다.

• (가로) 4m×(높이) 2.5m 벽 도배 비용 추산

1	2	3	4
5		6	☆

이 경우 첫 번째 도배지는 총 6Roll이 필요하므로 비용은 240,000원(=40,000×6)이 든다. 이때, ☆ 의 크기는 (폭) 100cm×(길이) 100cm이다

• 남은 부분의 도배 비용 추산
★ 과 ☆ 의 폭이 같기 때문에 총길이는 150cm(=50+100)으로 첫 번째 도배지 1Roll만 있으면 충분하다. 즉, 비용은 40,000원이 든다.
따라서 최소비용은 (520,000+240,000+40,000)×2=1,600,000원이고, 10%의 여유자금을 더한 최종 예산은 1,760,000원이다.

06 정답 ③

문제의 정보에 따라 퇴직금 총액을 계산하면 다음과 같다.
[확정급여형의 경우]

직전 3개월 평균임금	근속연수	총퇴직금
900만 원	10	9,000만 원

[확정기여형의 경우]

구분	연 임금총액/12
1년차	450만 원
2년차	500만 원
3년차	550만 원
4년차	600만 원
5년차	650만 원
6년차	700만 원
7년차	750만 원
8년차	800만 원
9년차	850만 원
10년차	900만 원
계	6,750만 원

예상 운용수익률은 매년 10%로 동일하므로, '연 임금총액×1/12'의 총합의 110%를 구하면 퇴직금 총액과 동일한 금액이 된다.
6,750만×110%=7,425만 원

07 정답 ③

A와 D는 각각 문제해결능력과 의사소통능력에서 과락이므로 제외한다. 합격 점수 산출법에 따라 계산하면 다음과 같다.
• B : 39+21+22=82점
• C : 36+16.5+20=72.5점
• E : 54+24+19.6=97.6점
따라서 B와 E가 합격자이다.

08 정답 ②

(하루 1인당 고용비)=(1인당 수당)+(산재보험료)+(고용보험료)
=50,000+(50,000×0.504%)+(50,000×1.3%)
=50,000+252+650=50,902원
(하루에 고용할 수 있는 인원 수)
=[(본예산)+(예비비)] / (하루 1인당 고용비)
=600,000/50,902
≒11.8
따라서 하루 동안 고용할 수 있는 최대 인원은 11명이다.

09

면접평가 결과를 점수로 변환하면 다음과 같다.

구분	A	B	C	D	E
의사소통능력	100	100	100	80	50
문제해결능력	80	75	100	75	95
조직이해능력	95	90	60	100	90
대인관계능력	50	100	80	60	85

변환된 점수에 최종 합격자 선발기준에 따른 평가비중을 곱하여 최종 점수를 도출하면 다음과 같다.

- A : $(100 \times 0.4) + (80 \times 0.3) + (95 \times 0.2) + (50 \times 0.1) = 88$점
- B : $(100 \times 0.4) + (75 \times 0.3) + (90 \times 0.2) + (100 \times 0.1)$
  $= 90.5$점
- C : $(100 \times 0.4) + (100 \times 0.3) + (60 \times 0.2) + (80 \times 0.1) = 90$점
- D : $(80 \times 0.4) + (75 \times 0.3) + (100 \times 0.2) + (60 \times 0.1) = 80.5$점
- E : $(50 \times 0.4) + (95 \times 0.3) + (90 \times 0.2) + (85 \times 0.1) = 75$점

∴ 최종 합격자는 상위자 2명이므로 'B, C'가 선발된다.

10

정답 ③

ㄱ. • 검수대상 : $1,000 \times 0.1 = 100$건($\because$ 검수율 10%)
  - 모조품의 적발개수 : $100 \times 0.01 = 1$건
  - 평균 벌금 : 1,000만 원$\times 1 = 1,000$만 원
  - 인건비 : 30만 원$\times 10 = 300$만 원
  - ∴ (평균 수입)$= 1,000$만 원$- 300$만 원$= 700$만 원
ㄴ. • 전수조사 시 검수율 : 100%
  - 조사인력 : $10 + 20 \times 9 = 190$명
  - 인건비 : 30만 원$\times 190 = 5,700$만 원
  - 모조품의 적발개수 : $1,000 \times 0.01 = 10$건
  - 벌금 : 1,000만 원$\times 10 = 1$억 원
  - 수입 : 1억 원$- 5,700$만 원$= 4,300$만 원
  따라서 전수조사를 할 때 수입보다 인건비가 더 크다.
ㄹ. • 검수율이 30%일 때
  - 조사인력 : $10 + 20 \times 2 = 50$명
  - 인건비 : 30만 원$\times 50 = 1,500$만 원
  - 검수대상 : $1,000 \times 0.3 = 300$건
  - 모조품의 적발개수 : $300 \times 0.01 = 3$건
  - 벌금 : 1,000만 원$\times 3 = 3,000$만 원
  - 수입 : 3,000만 원$- 1,500$만 원$= 1,500$만 원
  • 검수율을 10%로 유지한 채 벌금을 2배 인상하는 방안
  - 검수대상 : $1,000 \times 0.1 = 100$건
  - 모조품의 적발개수 : $100 \times 0.01 = 1$건
  - 벌금(2배) : 1,000만 원$\times 2 \times 1 = 2,000$만 원
  - 인건비 : 30만 원$\times 10 = 300$만 원
  - 수입 : 2,000만 원$- 300$만 원$= 1,700$만 원
따라서 벌금을 인상하는 방안의 1일 평균 수입이 더 많다.

오답분석

ㄷ. 검수율이 40%일 때
  - 조사인력 : $10 + 20 \times 3 = 70$명
  - 인건비 : 30만 원$\times 70 = 2,100$만 원
  - 검수대상 : $1,000 \times 0.4 = 400$건
  - 모조품의 적발 개수 : $400 \times 0.01 = 4$건
  - 벌금 : 1,000만 원$\times 4 = 4,000$만 원
  - 수입 : 4,000만 원$- 2,100$만 원$= 1,900$만 원
  현재 수입은 700만 원이므로 검수율이 40%일 때 1일 평균 수입은 현재의 $1,900 \div 700 ≒ 2.71$배이다.

01	02	03	04	05	06	07	08	09	10
①	④	③	②	④	③	①	③	④	④

01
정답 ①

문제발생 시 확인사항의 '찬바람이 지속적으로 나오지 않습니다.', '실내기', '실외기' 등의 단서를 통해 에어컨 사용설명서라는 것을 알 수 있다.

02
정답 ④

에어컨 응축수가 잘 빠지지 않을 경우 냄새가 나므로 배수호스를 점검해야 한다.

03
정답 ③

A/S 센터로 연락하기 전에 리모컨 수신부가 가려져 있는지도 확인해봐야 한다.

04
정답 ②

에어워셔를 장기간 사용하지 않을 때, 수조 내부의 물을 완전히 비우고 수조와 디스크를 청소하여 건조시킨 후 보관하는 것은 오염을 막기 위함이다. 따라서 ②를 감전이나 화재에 대한 원인으로 보는 것은 적절하지 않다.

05
정답 ④

'E5' 표시는 팬모터 이상을 나타내므로 전원을 빼고 서비스센터에 문의하여야 한다.

오답분석
① 디스크 캡이 느슨하게 체결되어 있다면, 디스크 캡을 조여주면 된다.
② 'E3' 표시는 물이 부족하다는 것으로 물을 보충해주면 된다.
③ 팬 주변으로 이물질이 끼어있으면, 전원을 차단시킨 후 이물질을 제거하면 된다.

06
정답 ③

운전조작부를 청소할 때는 물을 뿌려 닦으면 안 되나, 수조 내부의 경우 장기간 사용하지 않을 때에는 물을 완전히 비우고, 수조와 디스크에 세제를 풀어 부드러운 솔로 청소하여 건조시킨 후 보관하여야 한다.

오답분석
① 벽면과는 좌·우측 30cm, 뒷면과도 30cm 간격을 유지하여야 한다.
② 하부수조에 뜨거운 물을 부어 사용하는 것은 고장의 원인이 될 수 있다.
④ 향기제품 사용 시 플라스틱 부분의 깨짐, 변형 및 고장의 원인이 될 수 있다.

07
정답 ①

W6 / L2은 가로축으로 6까지, 세로축이 2까지 있음을 나타낸다. 그러나 산출된 그래프에서는 가로축이 5까지만 나타나 있다.

08
정답 ③

• 가로축이 4까지, 세로축이 3까지 있다. → W4 / L3
• 원은 가로축 2와 세로축 3이 만나는 위치에 있고, 도형의 색상은 흰색이다. 크기는 가장 작은 형태이다. → C(2, 3):E1
• 마름모는 가로축 4와 세로축 1이 만나는 위치에 있고, 도형의 색상은 흰색이다. 크기는 가장 큰 형태이다. → D(4, 1):E3
• 사다리꼴은 가로축 1과 세로축 2가 만나는 위치에 있고, 도형의 색상은 파랑색이다. 크기는 중간 형태이다. → R(1, 2):F2

09
정답 ④

기술적용 시 고려사항
• 기술적용에 따른 비용이 많이 드는가?
• 기술의 수명주기는 어떻게 되는가?
• 기술의 전략적 중요도는 어떻게 되는가?
• 잠재적으로 응용 가능성이 있는가?

10
정답 ④

기술경영자의 능력
• 기술을 기업의 전반적인 전략 목표에 통합시키는 능력
• 빠르고 효과적으로 새로운 기술을 습득하고 기존의 기술에서 탈피하는 능력
• 기술을 효과적으로 평가할 수 있는 능력
• 기술 이전을 효과적으로 할 수 있는 능력
• 새로운 제품개발 시간을 단축할 수 있는 능력
• 크고 복잡하고 서로 다른 분야에 걸쳐 있는 프로젝트를 수행할 수 있는 능력
• 조직 내의 기술 이용을 수행할 수 있는 능력
• 기술 전문 인력을 운용할 수 있는 능력

제3회 모의고사 정답 및 해설

제1영역 NCS 공통영역

01	02	03	04	05	06	07	08	09	10
③	③	①	④	③	②	①	④	②	④
11	12	13	14	15	16	17	18	19	20
④	①	③	④	④	②	④	③	③	①
21	22	23	24	25	26	27	28	29	30
③	②	②	③	②	①	③	④	③	④
31	32	33	34	35	36	37	38	39	40
④	④	②	④	②	④	③	③	①	④

01 정답 ③

제시문은 1920년대 영화 속의 소리에 대한 부정적인 견해가 있었음을 이야기하며 화두를 꺼내고 있다. 이후 현대에는 소리와 영상을 분리해서 생각할 수 없음을 이야기하고 영화에서의 소리가 어떤 역할을 하는지에 대해 설명하면서 현대 영화에서의 소리의 의의에 대해 마지막으로 서술하고 있다. 따라서 (D) 1920년대 영화 속의 소리에 대한 부정적인 견해 - (A) 현대 영화에서 분리해서 생각할 수 없는 소리와 영상 - (C) 영화 속 소리의 역할 - (B) 현대 영화 속 소리의 의의의 순서로 나열되어야 한다.

02 정답 ③

제시문은 산업 사회의 특징에 대해 설명함으로써 산업 사회가 가지고 있는 문제점들을 강조하고 있다. 따라서 중심 내용으로는 ③이 가장 적절하다.

03 정답 ①

제시문에 따르면 산업 사회는 인간의 삶을 거의 완전히 지배하고 인격을 사로잡는다. 즉, 산업 사회에서 인간은 삶의 주체가 되지 못하고 소외되고 있다. 광고 등을 통한 과소비의 유혹에서 벗어나 자신이 삶이 주체가 되도록 생활양식을 변화시켜야 한다.

04 정답 ④

두 번째 조건에 의해 A회사와 D회사는 1층, 6층에 배정될 수밖에 없다. 이때, A회사는 B회사보다 아래층에 있다는 조건에 의해 A회사가 6층이 될 수 없으므로 A회사는 1층, D회사는 6층, C회사가 4층이 되어 다음과 같은 두 가지 경우가 생긴다.

1층	2층	3층	4층	5층	6층
A회사	E회사	B회사	C회사	F회사	D회사
A회사	B회사	E회사	C회사	F회사	D회사

따라서 F회사는 항상 5층에 있는 것을 알 수 있다.

05 정답 ③

- (가) : B>F
- (나) : E·F>G>D
- (다) : B는 처음이 아니다.
- (라) : D>A
- (마) : G>C
- (바) : A와 D의 계약 체결시간은 떨어져 있다.

따라서 계약의 체결순서는 'E>B>F>G>D>C>A'이므로, 다섯 번째로 계약을 체결한 회사는 D이다.

06 정답 ②

각종 위원회 위원 위촉에 관한 전결규정은 없다. 따라서 정답은 ②가 된다. 단, 대표이사의 부재중에 부득이하게 위촉을 해야 하는 경우가 발생했다면 차하위자(전무)가 대결을 할 수는 있다.

07 정답 ①

조직변화의 과정
1. 환경변화 인지
2. 조직변화 방향 수립
3. 조직변화 실행
4. 변화결과 평가

08
정답 ④
K에너지월드는 명절 당일뿐이 아니라 연휴 동안 휴관한다.

09
정답 ②
12:00 ~ 13:00은 점심시간으로 전시관의 입장이 불가하다.

10
정답 ④
WT전략은 외부 환경의 위협 요인을 회피하고 약점을 보완하는 전략을 적용해야 한다. ④는 강점인 'S'를 강화하는 방법에 대해 이야기하고 있다.

오답분석
① SO전략은 외부의 기회를 활용하면서 강점을 더욱 강화시키는 전략이므로 옳다.
② WO전략은 외부의 기회를 활용해 약점을 보완하는 전략이므로 옳다.
③ ST전략은 외부 환경의 위협을 회피하며 강점을 적극 활용하는 전략이므로 옳다.

11
정답 ④
E가 수요일에 봉사를 간다면 A는 화요일, C는 월요일에 가고, B와 D는 평일에만 봉사를 가므로 토요일에 봉사를 가는 사람은 없다.

오답분석
① B가 화요일에 봉사를 간다면 A는 월요일에 봉사를 가고 C는 수요일 또는 금요일에 봉사를 가므로 토요일에 봉사를 가는 사람은 없다.
② D가 금요일에 봉사를 간다면 C는 수요일과 목요일에 봉사를 갈 수 없으므로 월요일이나 화요일에 봉사를 가게 된다. 따라서 다섯 명은 모두 평일에 봉사를 가게 된다.
③ D가 A보다 봉사를 빨리 가면 D는 월요일, A는 화요일에 봉사를 가므로 C는 수요일이나 금요일에 봉사를 가게 된다. C가 수요일에 봉사를 가면 E는 금요일에 봉사를 가게 되므로 B는 금요일에 봉사를 가지 않는다.

12
정답 ①
K공단의 사내 봉사 동아리이기 때문에 공식이 아닌 비공식 조직에 해당한다. 비공식 조직의 특징에는 적절한 것은 인간관계에 따라 형성된 자발적인 조직, 내면적·비가시적, 비제도적, 감정적, 사적 목적 추구, 부분적 질서를 위해 활동 등이 있다.

오답분석
② 영리조직
③ 공식조직
④ 공식조직

13
정답 ③
회사와 팀의 지침은 어느 정도 검증된 것이기 때문에 이것을 무시하는 것은 적절한 태도가 아니다.

14
정답 ④
업무를 처리할 때는 긴급성을 고려해야 한다. 즉, 먼저 부탁한 일이 있어도 더 급한 일이 생겼다면 그 일부터 처리하는 것이 효율적이다. 또한 양해를 구하고 행동해야 한다.

15
정답 ④
제시문을 통해 4세대 신냉매는 온실가스를 많이 배출하는 프레온 가스의 대체물질로 사용되어 지구 온난화 문제를 해결하는 열쇠가 될 것임을 알 수 있다.

16
정답 ②
⊙의 앞에는 동북아시아 지역에서 삼원법에 따른 다각도에서 그리는 화법이 통용되었다는 내용이, 뒤에는 우리나라의 민화는 그보다 더 자유로운 시각이라는 내용이 온다. 따라서 ⊙에는 전환 기능의 접속어 '그런데'가 들어가야 한다. ⓛ의 앞에서는 기층민들이 생각을 자유분방하게 표현할 수 있는 사회적 여건의 성숙을 다루고, 뒤에서는 자기를 표현할 수 있는 경제적·신분적 근거가 확고하게 되었다는 내용을 서술하고 있으므로, ⓛ에는 환언(앞말을 바꾸어 다시 설명함) 기능의 접속어인 '즉'이 들어가야 한다.

17
정답 ④
두 번째 문단의 '민화의 화가들은 ~ 믿은 것이다.'를 통해 알 수 있다.

오답분석
① 두 번째 문단에서 '민화에 나타난 화법에 전혀 원리가 없다고는 할 수 없다.'라고 하였으므로 일정한 화법이나 원리가 존재하지 않는다는 설명은 적절하지 않다.
② 민화의 화법이 서양의 입체파들이 사용하는 화법과 종종 비교된다고 하였을 뿐, 입체파의 화법이 서민층의 성장을 배경으로 하고 있는지는 제시된 내용만으로는 알 수 없다.
③ 지문에서는 화법이나 내용면에서 보이는 것을 '억압에서 벗어나려는 해방의 염원'이라고 설명하고 있을 뿐, 이를 신분 상승의 욕구라고 보기는 어렵다.

18 정답 ③

① '세종이 만든 28자는 세계에서 가장 훌륭한 알파벳'이라고 평가한 사람은 미국의 다이아몬드(J. Diamond) 교수이다.
② 한글이 표음문자인 것은 맞지만, 기본적으로 24개의 문자를 익혀야 학습할 수 있다.
④ 문자와 모양의 의미를 외워야 하는 것은 문자 하나하나가 의미를 나타내는 표의문자인 '한자'에 해당한다.

19 정답 ③

ㄱ. '다' 카드를 활용해 9와 1이 적힌 낱말퍼즐 조각을 바꾸고, '가' 카드를 이용해 3과 11이 적힌 낱말퍼즐 조각을 바꾸면 가로로 'BEAR'라는 단어를 만들 수 있다.
ㄷ. '가' 카드를 활용하여 5와 13이 적힌 낱말퍼즐 조각을 바꾸고, '나' 카드를 활용하여 6과 11이 적힌 낱말퍼즐 조각을 바꾸면 가로로 'COLD'라는 단어를 만들 수 있다.

ㄴ. 2와 9가 적힌 낱말퍼즐 조각을 바꿀 수 있는 카드 조건이 없으며, 낱말퍼즐 조각들을 3번 자리바꿈을 하는 것도 규칙에 어긋난다.

20 정답 ①

'PLAY'라는 단어를 만들기 가장 쉬운 줄은 위에서부터 두 번째 가로줄이다. 하지만 이 경우에도 Y, L, A를 모두 이동시켜야 하므로 최소한 3번의 자리바꿈이 필요하다. 따라서 불가능하다.

ㄴ. 3번째 게임규칙에 따르면 카드 2장을 모두 사용할 필요는 없다. 따라서 '가' 카드는 사용하지 않고, '마' 카드를 이용해 11과 12가 적힌 낱말퍼즐 조각을 맞바꾸면 가로로 'XERO'라는 단어를 만들 수 있다.
ㄷ. '라' 카드를 활용하여 5와 13의 낱말퍼즐 조각을 맞바꾸고, '마' 카드를 활용하여 6과 11의 낱말퍼즐 조각을 맞바꾸면 가로로 'COLD'라는 단어를 만들 수 있다.

21 정답 ③

ㄱ. 사람에 따라 인사법을 다르게 하는 것은 옳지 않다.
ㄴ. 악수를 할 때는 너무 꽉 잡아서는 안 되며 적당한 세기로 잡아야 한다.

22 정답 ②

과장은 아랫사람에게 인사를 먼저 건네며 즐겁게 하루를 시작하는 공경심이 있는 예도를 행하였다.

① 비상금을 털어 무리하게 고급 생일선물을 사는 것은 자신이 감당할 수 있는 능력을 벗어나므로 적절하지 않다.
③ 선행이나 호의를 베풀 때도 받는 자에게 피해가 되지 않도록 주의해야 하므로 적절하지 않다.
④ 아랫사람의 실수를 너그럽게 관용하는 태도에 부합하지 않으므로 적절하지 않다.

23 정답 ②

팀장의 답변을 통해 S사원은 자신이 생각하는 방안에 대해 회사의 규정을 반영하지 않았음을 확인할 수 있다. 조직에서 업무의 효과성을 높이기 위해서는 조직에 영향을 미치는 조직의 목표, 구조, 문화, 규칙과 규정 등 모든 체제요소를 고려해야 한다.

24 정답 ④

• 김대리 : 업무를 수행하다 보면, 아무리 계획을 체계적으로 세웠다고 하더라도 여러 가지 방해요인에 의해 좌절감을 경험하기도 한다. 또한 방해요인 중에는 신속히 제거되는 것이 있고, 오래 지속되며 업무효율을 저하시키는 요인도 있다.
• 차주임 : 방해요인들은 잘 활용하면 오히려 도움이 되는 경우도 있으므로 이를 효과적으로 통제하고 관리할 필요가 있다.
• 정주임 : 과중한 업무 스트레스는 개인뿐만 아니라 조직에도 부정적인 결과를 가져와 과로나 정신적 불안감을 조성하고 심한 경우 우울증, 심장마비 등의 질병에 이르게 한다. 그러나 적정수준의 스트레스는 사람들을 자극하여 개인의 능력을 개선하고 최적의 성과를 내게 하기도 하므로 완전히 해소하는 것이 바람직한 것만은 아니다.

• 박사원 : 다른 사람들의 방문, 인터넷, 전화, 메신저 등과 같이 업무계획과 관계없이 갑자기 찾아오는 경우는 모두 업무 방해요인에 해당한다. 그러나 무조건적으로 다른 사람들과 대화를 단절하는 것은 비현실적이고 바람직하지도 않으므로, 이를 효과적으로 통제할 수 있도록 응답시간을 정해놓는 등의 방법을 쓰는 것이 좋다.

25
정답 ④

효과적인 회의의 5가지 원칙 중 E는 매출성장이라는 목표를 공유하여 긍정적 어법으로 회의에 임하였다. 또한 주제를 벗어나지 않고 적극적으로 임하였으므로 가장 효과적으로 회의에 임한 사람은 D이다.

오답분석

① A는 부정적인 어법을 사용하고 있다.
② B는 적극적인 참여가 부족하다.
③ C는 주제와 벗어난 이야기를 하고, 바람직하지 않은 분위기를 조성한다.

26
정답 ①

업무는 직업인들에게 부여되며 개인이 선호하는 업무를 임의로 선택할 수 있는 재량권이 매우 적다.

27
정답 ③

델파이 기법은 반복적인 설문 조사를 통해 의견 차이를 좁혀 합의를 도출하는 방식으로 이를 순서대로 나열한 것은 ③이다.

28
정답 ④

오답분석

① 브레인라이팅 : 많은 구성원들로 이루어진 조직에서 활용되는 아이디어 창출기법으로, 브레인스토밍과 유사하지만 그와 비교하여 발언에 소극적인 사람의 참여를 유도할 수 있으며 지배적 개인의 영향력을 줄일 수 있는 장점이 있다.
② SWOT 분석 : 기업의 내부환경과 외부환경을 분석하여 강점(Strength), 약점(Weakness), 기회(Opportunity), 위협(Threat) 요인을 규정하고, 이를 토대로 경영전략을 수립하는 기법이다.
③ 마인드맵 : 마음 속에 지도를 그리듯이 줄거리를 이해하며 정리하는 방법이다.

29
정답 ③

• 부화뇌동(附和雷同) : '우레 소리에 맞춰 함께 한다'는 뜻으로, 자신의 뚜렷한 소신 없이 그저 남이 하는 대로 따라가는 것을 의미한다.
• 서냥에 가 절만 한다. : 서낭신 앞에 가서 아무 목적도 없이 절만 한다는 뜻으로, 영문도 모르고 남이 하는 대로만 따라함을 비유적으로 이르는 말

오답분석

① 까맣게 잊어버린 지난 일을 새삼스럽게 들추어내서 상기시키는 쓸데없는 행동을 비유적으로 이르는 말
② 무슨 일을 힘들이지 않고 쉽게 하는 것을 비유적으로 이르는 말
④ 오달진 사람일수록 한번 타락하면 걷잡을 수 없게 된다는 말

30
정답 ④

• 1. 계관시간 ~ : 계관 → 개관
• 매주 일요일, 공유일, ~ : 공유일 → 공휴일
• 음식물을 바닙하지 ~ : 바닙 → 반입
• 문화유산이니 홰손하지 ~ : 홰손 → 훼손

31
정답 ④

(라)의 앞부분에서는 위기 상황을 제시하고, 뒷부분에서는 인류의 각성을 촉구하는 내용을 다루고 있다. 각성의 당위성을 이끌어내는 내용인 보기가 (라)에 들어가면 제시문의 내용을 논리적으로 연결할 수 있다.

32
정답 ④

조사 '−로써'는 '~ 을(를) 가지고', '~ (으)로 인하여'라는 의미이고, '−로서'는 '지위', '신분' 등의 의미이다. 따라서 '도모함으로써'가 옳은 표현이다.

33
정답 ②

영업부장이 실수할 수도 있으므로 바로 생산계획을 변경하는 것보다는 이중 확인 후 생산라인에 통보하는 것이 좋다.

34
정답 ④

업무환경에 '자유로운 분위기'라고 명시되어 있으므로 '중압적인 분위기를 잘 이겨낼 수 있다.'라는 문구는 적절하지 않다.

35
정답 ②

서론에서 제시한 과소비의 실태를 바탕으로 과소비의 문제점을 추리해야 한다. '개방화에 따른 외국 상품의 범람'은 과소비를 부추기는 원인 혹은 사회 현상은 될 수 있으나 과소비의 문제점이라고 할 수는 없다.

36
정답 ④

오답분석
① 브레인스토밍 : 여러 명이 한 가지 문제를 놓고 아이디어를 비판 없이 제시하여 그중에서 최선책을 찾아내는 방법
② 다수결 : 회의에서 많은 구성원이 찬성하는 의안을 선정하는 방법
③ 만장일치 : 회의 장소에 모인 모든 사람이 같은 의견에 도달하는 방법

37
정답 ③

ㄴ. 조직이라는 전체로 통합되기 위하여 업무는 다양한 특성을 가지고 있다. 개별 업무들은 요구되는 지식, 기술, 도구의 종류가 다르고 이들 간의 다양성에도 차이가 있다.
ㄷ. 업무는 독립적이기도 하고 조직 내의 서열에 맞춰 순차적으로 이루어지기도 한다. 따라서 업무는 독립적인 면과 상호적인 면을 모두 갖고 있다고 할 수 있다.

오답분석
ㄱ. 업무는 조직의 목적을 보다 효과적으로 달성하기 위하여 세분화되지만 궁극적으로는 같은 목적을 지향한다.
ㄹ. 연구, 개발 등과 같은 업무는 자율적이고 재량권이 많은 반면, 조립, 생산 등과 같은 업무는 주어진 절차에 따라 이루어지는 경우가 많다.

38
정답 ③

직장에서의 근면한 생활을 위해서는 B사원과 같이 일에 지장이 없도록 항상 건강관리에 유의해야 하며, C대리와 같이 오늘 할 일을 내일로 미루지 않고, 업무 시간에 개인적인 일을 하지 않아야 한다.

오답분석
• A사원 : 항상 일을 배우는 자세로 임하여 열심히 해야 한다.
• D대리 : 사무실 내에서 메신저 등을 통해 사적인 대화를 나누지 않아야 한다.

39
정답 ①

세미나 등에서 경쟁사 직원에게 신분을 속이고 질문하는 것은 비윤리적 / 합법적의 1번으로 법적으로는 문제가 되지 않는 정보획득 행위이지만, 윤리적으로는 문제가 될 수 있다.

오답분석
② 윤리적 / 합법적의 3번에 해당된다.
③ 윤리적 / 합법적의 2번에 해당된다.
④ 비윤리적 / 비합법적의 5번에 해당된다.

40
정답 ④

직무평가(Job Evaluation)
직무의 각 분야가 기업 내에서 차지하는 상대적 가치를 결정하는 것이다. 직무 분석에 의해서 내용이 확정된 각 직무는 그 내용과 특징, 담당자의 자격요건·책임·숙련도 등에 따라 등급이 정해진다. 그 방법에는 서열법, 분류법, 요인비교법, 점수법 등이 있다.

오답분석
① 서열법에 해당한다.
② 분류법에 해당한다.
③ 요인비교법에 해당한다.

01	02	03	04	05	06	07	08	09	10
②	②	②	④	②	①	③	②	①	③

01

정답 ②

• 입장료

주희네 가족 4명은 성인이고, 사촌동생 2명은 소인에 해당한다. 토요일에 방문하므로 6명의 주말 입장료는 $(15,000 \times 4) + (12,000 \times 2) = 84,000$원이다.

• 숙박비

인원 추가는 최대 2명까지 가능하므로 4인실 대여 후 2인을 추가해야 한다. 세 숙박시설의 주말 요금을 비교하면 다음과 같다.

- A민박 : $95,000 + (30,000 \times 2) = 155,000$원
- B펜션 : $100,000 + (25,000 \times 2) = 150,000$원
- C펜션 : $120,000 + (40,000 \times 2) = 200,000$원

문제에서 숙박비가 15만 원을 초과하지 않는 방을 예약한다고 했으므로 주희네 가족은 B펜션을 이용하며, 숙박비는 150,000원이다.

• 왕복 교통비 : $2 \times (10,000 + 5,800) = 31,600$원

따라서 총경비는 $84,000 + 150,000 + 31,600 = 265,600$원이다.

02

정답 ②

승준이는 A민박의 4인실과 2인실(추가 1인)을 평일에 1박을 예약했으므로 낸 숙박비는 $60,000 + (45,000 + 30,000) = 135,000$원이다. 일주일 뒤에 머물기로 한 숙소를 오늘 취소하는 것이므로 7일 전 환불 규정이 적용된다.

따라서 승준이가 환불받는 금액은 $135,000 \times 0.3 = 40,500$원이고, 지불해야 할 수수료는 10,000원이다.

03

정답 ②

입찰점수를 계산하여 중간 선정 결과를 나타내면 다음과 같다.

업체	입찰점수
A	$9+7+4 = 20$점
B	$6+8+6+4(\because 가점) = 24$점
C	입찰가격에서 탈락
D	$6+6+4+2(\because 가점) = 18$점
E	$7+5+2 = 14$점
F	$7+6+7+2(\because 가점) = 22$점

중간 선정된 A, B, F 중 안전점수와 디자인점수의 합이 가장 높은 업체는 B이다.

04

정답 ④

가격점수를 추가로 합산하여 최종 입찰점수를 계산하면 아래와 같다.

입찰기준 업체	기존 입찰점수	가격점수	최종 입찰점수
A	20점	4점	24점
B	24점	6점	30점
C	19점	2점	21점
D	18점	8점	26점
E	14점	6점	20점
F	22점	10점	32점

따라서 최종 입찰점수가 가장 높은 업체는 F이다.

05

정답 ②

ㄱ. 2021 ~ 2023년의 일본, 대만 및 기타 국적 임직원 수의 합을 구하면 다음과 같다.

- 2021년 : $1,615 + 1,333 + 97 = 3,045$명
- 2022년 : $2,353 + 1,585 + 115 = 4,053$명
- 2023년 : $2,749 + 2,032 + 153 = 4,934$명

따라서 2021 ~ 2023년의 일본, 대만 및 기타 국적 임직원 수의 합은 중국 국적 임직원 수보다 많다.

ㄷ. 국적별 2022년과 2023년의 임직원 수의 전년 대비 증감폭을 구하면 다음과 같다.

- 2021년 대비 2022년의 임직원 수의 증감폭
  - 한국 : $10,197 - 9,566 = 631$명
  - 중국 : $3,748 - 2,636 = 1,112$명
  - 일본 : $2,353 - 1,615 = 738$명
  - 대만 : $1,585 - 1,333 = 252$명
  - 기타 : $115 - 97 = 18$명
- 2022년 대비 2023년의 임직원 수의 증감폭
  - 한국 : $9,070 - 10,197 = -1,127$명
  - 중국 : $4,853 - 3,748 = 1,105$명
  - 일본 : $2,749 - 2,353 = 396$명
  - 대만 : $2,032 - 1,585 = 447$명
  - 기타 : $153 - 115 = 38$명

따라서 2022년과 2023년에 임직원 수가 전년 대비 가장 많이 증가한 국적은 중국이다.

오답분석

ㄴ. 연도별 전체 임직원 수를 구하면 다음과 같다.

- 2021년 : $8,914 + 5,181 + 1,152 = 15,247$명
- 2022년 : $8,933 + 7,113 + 1,952 = 17,998$명
- 2023년 : $10,947 + 6,210 + 1,700 = 18,857$명

연도별 전체 임직원 중 20대 임직원이 차지하는 비중을 구하면 다음과 같다.

- 2021년 : $\dfrac{8,914}{15,247} \times 100 ≒ 58.5\%$

- 2022년 : $\dfrac{8,933}{17,998} \times 100 ≒ 49.6\%$

- 2023년 : $\dfrac{10,947}{18,857} \times 100 ≒ 58.1\%$

2022년의 경우 전체 임직원 중 20대 임직원이 차지하는 비중은 50% 미만이다.

ㄹ. 연령대별 2022년 대비 2023년의 증감률을 구하면 다음과 같다.

- 20대 이하 : $\dfrac{10,947-8,933}{8,933} \times 100 ≒ 22.55\%$

- 30대 : $\dfrac{6,210-7,113}{7,113} \times 100 ≒ -12.70\%$

- 40대 이상 : $\dfrac{1,700-1,952}{1,952} \times 100 ≒ -12.91\%$

따라서 2022년 대비 2023년 임직원 수의 감소율이 가장 큰 연령대는 40대 이상이다.

06　　정답 ①

- 용품 소비 증가율 : $\dfrac{17,002-14,426}{14,426} \times 100 ≒ 17.86\%$

- 시설 이용료·강습비 증가율 : $\dfrac{29,195-28,680}{28,680} \times 100 ≒ 1.80$

- 운동경기 관람료 증가율 : $\dfrac{342-171}{171} \times 100 = 100\%$

따라서 증가율이 가장 큰 품목은 운동경기 관람료이므로, 비용 차이는 $342-171=171$억 원이다.

07　　정답 ③

- 2023년 일본의 용품소비 : 23,090억 엔
- 2023년 일본의 운동경기 관람료 : 1,230억 엔

따라서 2023년 일본의 용품 소비 대비 운동경기 관람료가 차지하는 비율은 $\dfrac{1,230}{23,090} \times 100 ≒ 5.33\%$이다.

08　　정답 ②

현식이의 나이를 x세, 아버지의 나이를 $(x+18)$세라고 하면 4년 후 아버지와 현식이의 나이에 대한 방정식을 세울 수 있다.

$3(x+4)=x+18+4 → 2x=10$

∴ $x=5$

따라서 4년 후 현식이의 나이는 9세이므로 1년 후 나이는 6세이다.

09　　정답 ①

x를 짝수라 가정하면 두 홀수는 각각 $x-1$, $x+1$이고, $2x=a$이므로 $x=\dfrac{a}{2}$이다. 따라서 이 홀수들의 곱은 $\left(\dfrac{a}{2}-1\right)\left(\dfrac{a}{2}+1\right)$ $=\dfrac{a^2}{4}-1$이다.

10　　정답 ③

V지점의 정거장에서 하차한 승객을 x명, 승차한 승객을 y명이라 하면 $53-x+y=41 → x-y=12 \cdots ㉠$

승차권 판매요금에 대한 방정식을 세우면

$1,050 \times x+1,350 \times y+1,450 \times (53-x)=77,750$

→ $-8x+27y=18 \cdots ㉡$

㉠과 ㉡을 연립하면 $x=18$, $y=6$

따라서 V지점의 정거장에서 하차한 승객은 18명이다.

01	02	03	04	05	06	07	08	09	10
②	④	④	④	③	③	①	④	④	④

01　　　　　　　　　　　　　정답 ②

주어진 자료에서 원하는 항목만을 골라 해당하는 금액의 합계를 구하기 위해서는 SUMIF 함수를 사용하는 것이 적절하다. SUMIF 함수는 「=SUMIF(범위, 조건, 합계를 구할 범위)」 형식으로 작성한다. 따라서 「=SUMIF(C3:C22, "외식비", D3:D22)」로 입력하면 원하는 값을 도출할 수 있다.

02　　　　　　　　　　　　　정답 ④

오답분석

ㄴ. 임베디드 컴퓨팅(Embedded Computing) : 제품에서 특정 작업을 수행할 수 있도록 탑재되는 솔루션이나 시스템

ㅁ. 노매딕 컴퓨팅(Nomadic Computing) : 네트워크의 이동성을 극대화하여 특정장소가 아닌 어디서든 컴퓨터를 사용할 수 있게 하는 기술

03　　　　　　　　　　　　　정답 ④

CONCATENATE 함수는 텍스트와 텍스트를 연결시켜주는 함수이다. [C2] 셀의 값인 '3·1절(매년 3월 1일)'은 [A2], '(', [B2], ')'와 같이 4가지의 텍스트가 연결되어야 한다. 그리고 '(', ')'와 같은 값을 나타내기 위해서는 " "를 이용하여 입력해야 한다. 따라서 입력해야 하는 함수식은 「=CONCATENATE(A2, "(", B2, ")")」이다.

04　　　　　　　　　　　　　정답 ④

비교적 가까운 거리에 흩어져 있는 컴퓨터들을 서로 연결하여 여러 가지 서비스를 제공하는 네트워크는 근거리 통신망에 해당한다. 근거리 통신망의 작업 결과를 공유하기 위해서는 네트워크상의 작업 그룹명을 동일하게 해야 한다.

05　　　　　　　　　　　　　정답 ③

하이퍼링크(Hyperlink)는 다른 문서로 연결하는 HTML로 구성된 링크로, 외부 데이터를 가져오기 위해 사용하는 기능은 아니다.

오답분석

① [데이터] → [외부 데이터 가져오기] → [기타 원본에서] → [데이터 연결 마법사]

② [데이터] → [외부 데이터 가져오기] → [기타 원본에서] → [Microsoft Query]

④ [데이터] → [외부 데이터 가져오기] → [웹]

06　　　　　　　　　　　　　정답 ③

오답분석

① 마진(Margin)이 아닌 색인(Index)에 대한 설명이다.

② 각주는 해당 페이지의 하단에 표시된다.

④ 미주는 문서의 맨 마지막에 표시된다.

07　　　　　　　　　　　　　정답 ①

문단을 강제로 분리할 때는 [Enter]를 사용한다.

08　　　　　　　　　　　　　정답 ④

운영체제의 기능에는 프로세스 관리, 메모리 관리, 기억장치 관리, 파일 관리, 입출력 관리, 리소스 관리 등이 있다.

09　　　　　　　　　　　　　정답 ④

HRN 스케줄링 공식은 [(대기시간)+{서비스(실행)시간}]÷[서비스(실행)시간]이며, 가장 높은 결과 값이 우선순위가 높다.

- A : $(5+20)\div20=1.25$
- B : $(40+20)\div20=3$
- C : $(15+45)\div45\fallingdotseq1.34$
- D : $(20+2)\div2=11$

따라서 우선순위가 가장 높은 것은 D이다.

10　　　　　　　　　　　　　정답 ④

하이퍼텍스트의 자료의 구조는 링크에 의해서 무작위로 이동가능하다. 즉, 비순차적 · 비선형적인 구조형식을 갖는다.

01	02	03	04	05	06	07	08	09	10
②	③	④	③	③	①	④	④	③	④

01 정답 ②

A씨의 개산보험료는 250만 원×12×4×0.0136=1,632,000원이다.

하지만 A씨는 납부기한 내에 모든 보험료를 일시납부하였으므로 5%의 금액을 공제받아 1,632,000×0.95=1,550,400원을 개산보험료로 납부하였다.

A씨의 확정보험료는 (200만 원+190만 원+260만 원+250만 원)×12×0.0136=900만 원×12×0.0136=1,468,800원이다.

따라서 A씨가 기 납부한 개산보험료와 확정보험료의 차이는 1,550,400-1,468,800=81,600원이다.

02 정답 ③

면접에 참여하는 직원들의 휴가 일정은 다음과 같다.
• 마케팅팀 차장 : 6월 29일 ~ 7월 3일
• 인사팀 차장 : 7월 6일 ~ 10일
• 인사팀 부장 : 7월 6일 ~ 10일
• 인사팀 과장 : 7월 6일 ~ 9일
• 총무팀 주임 : 7월 1일 ~ 3일

선택지에 제시된 날짜 중에서 직원들의 휴가 일정이 잡히지 않은 유일한 날짜가 면접 가능 날짜가 되므로 정답은 7월 5일이다.

03 정답 ④

• C강사 : 셋째 주 화요일 오전, 목요일, 금요일 오전에 스케줄이 비어 있으므로 목요일과 금요일에 이틀간 강의가 가능하다.
• E강사 : 첫째, 셋째 주 화 ~ 목요일 오전에 스케줄이 있으므로 수요일과 목요일 오후에 강의가 가능하다.

오답분석

• A강사 : 매주 수 ~ 목요일에 스케줄이 있으므로 화요일과 금요일 오전에 강의가 가능하지만 강의가 연속 이틀에 걸쳐 진행되어야 한다는 조건에 부합하지 않는다.
• B강사 : 화요일과 목요일에 스케줄이 있으므로 수요일 오후와 금요일 오전에 강의가 가능하지만 강의가 연속 이틀에 걸쳐 진행되어야 한다는 조건에 부합하지 않는다.
• D강사 : 수요일 오후와 금요일 오전에 스케줄이 있으므로 화요일 오전과 목요일에 강의가 가능하지만 강의가 연속 이틀에 걸쳐 진행되어야 한다는 조건에 부합하지 않는다.

04 정답 ③

먼저 모든 면접위원의 입사 후 경력은 3년 이상이어야 한다는 조건에 따라 A, E, F, H, I, L직원은 면접위원으로 선정될 수 없다. 이사 이상의 직위로 6명 중 50% 이상 구성되어야 하므로 자격이 있는 C, G, N은 반드시 면접위원으로 포함한다. 다음으로 인사팀을 제외한 부서는 두 명 이상 구성할 수 없으므로 이미 N이사가 선출된 개발팀은 더 선출할 수 없고, 인사팀은 반드시 2명을 포함해야 하므로 D과장은 반드시 선출된다. 이를 정리하면 다음과 같다.

구분	1	2	3	4	5	6
경우 1	C이사	D과장	G이사	N이사	B과장	J과장
경우 2	C이사	D과장	G이사	N이사	B과장	K대리
경우 3	C이사	D과장	G이사	N이사	J과장	K대리

따라서 B과장이 면접위원으로 선출됐더라도 K대리가 선출되지 않는 경우도 있다.

05 정답 ③

오답분석

• A지원자 : 9월에 복학 예정이기 때문에 인턴 기간이 연장될 경우 근무할 수 없으므로 부적합하다.
• B지원자 : 경력 사항이 없으므로 부적합하다.
• D지원자 : 근무 시간(9시 ~ 18시) 이후에 업무가 불가능하므로 부적합하다.

06 정답 ①

도시락 구매비용을 요일별로 계산하면 다음과 같다.
• 월요일 : (5,000×3)+(2,900×10)=44,000원
• 화요일 : (3,900×10)+(4,300×3)=51,900원
• 수요일 : (3,000×8)+(3,900×2)=31,800원
• 목요일 : (4,500×4)+(7,900×2)=33,800원
• 금요일 : (5,500×4)+(4,300×7)=52,100원
• 토요일 : (3,900×2)+(3,400×10)=41,800원
• 일요일 : (3,700×10)+(6,000×4)=61,000원

따라서 K공단의 지난주 도시락 구매비용은 총 316,400원이다.

07 정답 ④

먼저 조건과 급여명세서가 알맞게 표시되어 있는지 확인해보면, 국민연금과 고용보험은 조건의 금액과 일치한다. 4대 보험 중 건강보험과 장기요양을 계산하면 건강보험은 기본급의 6.24%로 회사와 50%씩 부담하여 2,000,000×0.0624×0.5=62,400원이지만 급여명세서에는 67,400-62,400=5,000원이 더 공제되어 다음 달에 5,000원을 돌려받게 된다. 또한 장기요양은 건강보험료의 7.0% 중 50%로 2,000,000×0.0624×0.07×0.5=4,368원이며, 약 4,360원이므로 맞게 지급되었다.

네 번째 조건에서 야근수당은 기본급의 2%로 2,000,000×0.02 =40,000원이며, 이틀 동안 야근하여 8만 원을 받고, 상여금은 5%로 2,000,000×0.05=100,000원을 받아야 하지만 급여명세서에는 5만 원으로 명시되어 있다.

그러므로 A대리가 다음 달에 받게 될 소급액은 덜 받은 상여금과 더 공제된 건강보험료로 50,000+5,000=55,000원이다.

소급액을 반영한 다음 달 급여명세서는 다음과 같다.

〈급여명세서〉

(단위 : 원)

성명 : A		직책 : 대리	지급일 : 2024-1-25	
지급항목	지급액	공제항목	공제액	
기본급	2,000,000	소득세	17,000	
상여금	–	주민세	1,950	
기타	–	고용보험	13,000	
식대	100,000	국민연금	90,000	
교통비	–	장기요양	4,360	
복지후생	–	건강보험	62,400	
소급액	55,000	연말정산	–	
		공제합계	188,710	
합계	2,155,000	차감수령액	1,966,290	

따라서 A대리가 받게 될 다음 달 수령액은 1,966,290원이다.

08

정답 ④

- A씨 부부의 왕복 비용 : (59,800×2)×2=239,200원
- 만 6세 아들의 왕복 비용 : (59,800×0.5)×2=59,800원
- 만 3세 딸의 왕복 비용 : 59,800×0.25=14,950원

따라서 A씨 가족이 지불한 교통비는 239,200+59,800+14,950 =313,950원이다.

09

정답 ③

총성과급을 x만 원이라 하자.

- A의 성과급 : $\left(\dfrac{1}{3}x+20\right)$만 원
- B의 성과급 : $\dfrac{1}{2}\left[x-\left(\dfrac{1}{3}x+20\right)\right]+10=\dfrac{1}{3}x$만 원
- C의 성과급 : $\dfrac{1}{3}\left[x-\left(\dfrac{1}{3}x+20+\dfrac{1}{3}x\right)\right]+60$

$=\left(\dfrac{1}{9}x+\dfrac{160}{3}\right)$만 원

- D의 성과급 : $\dfrac{1}{2}\left[x-\left(\dfrac{1}{3}x+20+\dfrac{1}{3}x+\dfrac{1}{9}x+\dfrac{160}{3}\right)\right]+70$

$=\left(\dfrac{1}{9}x+\dfrac{100}{3}\right)$만 원

$x=\dfrac{1}{3}x+20+\dfrac{1}{3}x+\dfrac{1}{9}x+\dfrac{160}{3}+\dfrac{1}{9}x+\dfrac{100}{3}$

$\therefore \ x=960$

10

정답 ④

10잔 이상의 음료 또는 디저트를 구매하면 음료 2잔을 무료로 제공받을 수 있다. 커피를 못 마시는 두 사람을 위해 NON-COFFEE 종류 중 4,500원 이하의 가격인 그린티라테 두 잔을 무료로 제공받고 나머지 10명 중 4명은 가장 저렴한 아메리카노를 주문한다 (3,500×4=14,000원). 이때 2인에 1개씩 음료에 곁들일 디저트를 주문한다고 했으므로 나머지 6명은 베이글과 아메리카노 세트를 시키고 10% 할인을 받으면 7,000×0.9×6=37,800원이다.

총금액은 14,000+37,800=51,800원이며, 따라서 남는 돈은 240,000-51,800=188,200원이다.

01	02	03	04	05	06	07	08	09	10
③	①	④	①	①	④	③	①	②	③

01　　정답 ③

'사용 전 알아두기'의 네 번째 설명에 제습기의 물통이 가득 찰 경우 작동이 멈춘다고 나와 있다.

오답분석

① 실내 온도가 18℃ 미만일 때 냉각기에 결빙이 생겨 제습량이 줄어들 수 있다.
② 컴프레서 작동으로 실내 온도가 올라갈 수 있다.
④ 여섯 번째 사항에서 10분 꺼두었다가 다시 켜서 작동하면 정상이라고 하였다.

02　　정답 ①

보증서가 없으면 영수증이 대신 하는 것이 아니라, 제조일로부터 3개월이 지난 날이 보증기간 시작일이 된다.

오답분석

② '보증기간 안내' 두 번째 항목 제품 산정 기준을 보면 제품보증기간 정의가 나와 있다. 제품 보증기간이란, 제조사 또는 제품판매자가 소비자에게 정상적인 상태에서 자연 발생한 품질 성능 기능 하자에 대하여 무상 수리해 주겠다고 약속한 기간이므로 옳은 내용이다.
③・④ 2017년 이전 제품은 2년이고, 나머지는 1년이 보증기간이다.

03　　정답 ④

설명서 상단에 보면 네트워크 설정이 스캔 후에 문서 저장에 영향을 미칠 수 있다는 점을 제시하고 있다. 따라서 네트워크 설정이 올바르게 되었는지 다시 점검하여 이러한 문제점이 발생되는 원인을 찾아보아야 한다. ①~③에서 제시된 사항은 설명서를 참고하였을 때, 시도해볼 수 있는 해결방법이나, ④는 이와 관련 없는 내용이다.

04　　정답 ①

귀하의 컴퓨터에서 파일 및 프린터 공유가 끄기로 설정되어 있을 경우, A인턴이 귀하의 컴퓨터에 접근하여 파일을 열람할 수 없으므로 ①이 가장 적절하다. 나머지 보기의 경우에는 해당 문제점과는 관련이 없는 원인들이다.

05　　정답 ①

세탁기와 수도꼭지와의 거리에 대해서는 설치 시 주의사항에서 확인할 수 없는 내용이다.

06　　정답 ④

세탁기 내부온도가 70℃ 이상이거나 물 온도가 50℃ 이상인 경우 세탁기 문이 열리지 않는다. 따라서 내부온도가 내려갈 때까지 잠시 기다려야 하며, 이러한 상황에 대해 고객에게 설명해주어야 한다.

오답분석

① 세탁조에 물이 남아 있다면 탈수를 선택하여 배수하여야 한다.
② 세탁기 내부온도가 높다면 내부온도가 내려갈 때까지 잠시 기다려야 한다.
③ 탈수 시 세탁기가 흔들릴 때의 해결방법이다.

07　　정답 ③

A씨는 3번을 눌러 은행 잔액을 조회한 후, 6번을 눌러 거래내역을 확인하고 송금 내역을 알았다. 그리고 0번을 눌러 상담사에게 문의한 후에 1번을 눌러 보이스 피싱 피해신고를 접수하였다.

08　　정답 ①

산업재해 예방 대책은 안전 관리 조직 → 사실의 발견(1단계) → 원인 분석(2단계) → 시정책 선정(3단계) → 시정책 적용 및 뒤처리(4단계) 순이다.
따라서 재해 예방 대책에서 누락된 '안전 관리 조직' 단계를 보완해야 된다.

09　　정답 ②

근로자가 업무에 관계되는 건설물, 설비, 원재료, 가스, 증기, 분진 등에 의하거나, 직업과 관련된 기타 업무에 의하여 사망 또는 부상하거나 질병에 걸리게 되는 것을 산업재해로 정의하고 있기 때문에 휴가 중 일어나 사고는 업무와 무관하므로 산업재해가 아니다.

10　　정답 ③

OJT(On the Job Training)는 조직 안에서 피교육자인 종업원이 직무에 종사하면서 받게 되는 교육 훈련 방법이다. 집합교육으로는 기본적・일반적 사항 밖에 훈련시킬 수 없다는 것을 바꾸기 위해 나온 방법으로 피교육자인 종업원이 '업무수행이 중단되는 일 없이 업무수행에 필요한 지식・기술・능력・태도를 교육훈련 받는 것'을 말하며, 직장훈련・직장지도・직무상 지도 등이라고도 한다.

제4회 모의고사 정답 및 해설

제1영역 NCS 공통영역

01	02	03	04	05	06	07	08	09	10
④	①	④	①	③	③	①	④	①	④
11	12	13	14	15	16	17	18	19	20
①	③	①	③	④	④	④	①	④	②
21	22	23	24	25	26	27	28	29	30
②	②	④	②	②	④	②	①	③	④
31	32	33	34	35	36	37	38	39	40
③	④	②	④	④	③	④	④	①	②

01
정답 ④

제시문의 핵심내용은 '기본 모델'에서는 증권시장에서 주식의 가격이 '기업의 내재적인 가치'라는 객관적인 기준에 근거하여 결정된다고 보지만 '자기참조 모델'에서는 주식의 가격이 증권시장에 참여한 사람들의 여론에 의해, 즉 인간의 주관성에 의해 결정된다고 본다는 것이다. 따라서 제시문은 주가 변화의 원리에 초점을 맞추어 다른 관점들을 대비하고 있는 것이다.

02
정답 ①

글쓴이는 객관적인 기준을 중시하는 기본 모델은 주가 변화를 제대로 설명하지 못하지만, 인간의 주관성을 중시하는 자기참조 모델은 주가 변화를 제대로 설명하고 있다고 보고 있다. 따라서 증권시장의 객관적인 기준이 인간의 주관성보다 합리적임을 보여준다는 진술은 제시문의 내용과 다르다.

03
정답 ④

'자기참조 모델'에서는 투자자들이 객관적인 기준에 따르기보다는 여론을 모방하여 주식을 산다고 본다. 그 모방은 합리적이라고 인정되는 다수의 비전인 '묵계'에 의해 인정된다. 증권시장은 이러한 묵계를 조성하고 유지해 가면서 경제를 자율적으로 평가할 수 있는 힘을 가진다. 따라서 증권시장은 '투자자들이 묵계를 통해 자본의 가격을 산출해 내는 제도적 장치'인 것이다.

04
정답 ①

• A : 뇌세포가 일정 비율 이상 활동하지 않으면 잠이 잘 오고, 잠이 잘 오면 얕게 자지 않아 다음 날 쾌적하게 된다(대우는 성립한다).
• B : 주어진 조건만으로는 판단할 수 없다.

05
정답 ③

[경우 1]
G가 선발되었을 경우 첫 번째, 두 번째 진술이 거짓이다. 그러면 나머지 진술이 참이어야 한다. D가 선발되는 경우를 제외하고는 나머지 진술이 참일 수 없다. 그러므로 D와 G가 선발된다.

[경우 2]
B, C, D 중에서 1명만 선발되지 않고 두 명이 선발될 경우, 네 번째, 다섯 번째 진술이 거짓이다. 그러면 나머지 진술이 참이어야 한다. 그러므로 C, D가 선발된다.
따라서 경우 1, 2에서 모두 선발된 D는 반드시 선발된다.

06
정답 ③

A~C사 자동차를 가진 사람의 수를 각각 a명, b명, c명이라 하자. 두 번째, 세 번째, 네 번째 조건을 식으로 나타내면 다음과 같다.
• 두 번째 조건 : $a=b+10 \cdots$ ㉠
• 세 번째 조건 : $b=c+20 \cdots$ ㉡
• 네 번째 조건 : $a=2c \cdots$ ㉢
㉠에 ㉢을 대입하면 $2c=b+10 \cdots$ ㉣
㉡과 ㉣을 연립하면 $b=50$, $c=30$이고, 구한 c의 값을 ㉢에 대입하면 $a=60$이다. 첫 번째 조건에 따르면 자동차를 2대 이상 가진 사람은 없으므로 세 회사에서 생산된 어떤 자동차도 가지고 있지 않은 사람의 수는 $200-(60+50+30)=60$명이다.

07

(A) 레드오션 : 이미 잘 알려져 있어서 경쟁이 매우 치열한 시장. 즉 기존의 모든 산업을 뜻한다. 산업의 경계가 이미 정해져 있고 경쟁자 수도 많기 때문에, 같은 목표와 같은 고객을 가지고 치열하게 경쟁한다.

(B) 블루오션 : 현재 존재하지 않거나 알려지지 않아 경쟁자가 없는 유망한 시장. 시장 수요가 경쟁이 아니라 창조에 의해 얻어지며, 높은 수익과 빠른 성장을 가능케 하는 엄청난 기회가 존재한다.

(C) 퍼플오션 : 치열한 경쟁 시장과 경쟁자가 없는 시장을 조합한 말. 기존의 레드오션에서 발상의 전환을 통하여 새로운 가치의 시장을 만드는 경영 전략을 말한다.

08

정답 ④

(가)의 입장을 반영하면, 국가 청렴도가 낮은 문제를 해결하기 위해서 청렴을 강조한 전통 윤리를 강조할 필요가 있다. 이에 개인을 넘어서 공동체, 나아가 국가의 공사(公事)를 우선하는 봉공 정신, 청빈한 생활 태도를 유지하면서 국가의 일에 충심을 다하려는 청백리 정신을 실천하는 자세가 필요하다.

09

정답 ①

사무인수인계는 문서에 의함을 원칙으로 하나 기밀에 속하는 사항은 구두 또는 별책으로 인수인계할 수 있도록 한다.

10

정답 ④

D역에서 A역까지는 1(역 수)×2(3호선)+3(환승)+2(역 수)×6(1호선)=17분이 걸리고, B역에서 A역까지는 지하철로 27분이 걸리므로 D역에서 퇴근하는 것이 10분 덜 걸린다.

11

정답 ①

회사가 위치한 B역에서 D역까지 3호선을 타고 가면 최소 소요시간인 10분이 걸린다. 하지만 3호선이 아닌 다른 지하철을 통해 D역으로 갔으므로 20분이 걸리는 2호선을 이용한 것이다. 3호선이 B역에서 11분 이상 정차하기 때문에 2호선을 통해 D역으로 간 것을 알 수 있다.

12

정답 ③

'적립방식'은 받을 연금과 내는 보험료의 비율이 누구나 일정하므로 보험료 부담이 공평하지만, '부과방식'은 노인 인구가 늘어날 경우 젊은 세대의 부담이 증가한다. 따라서 '적립방식'은 세대 간 부담의 공평성이 확보되고, '부과방식'은 세대 간 부담의 공평성이 미흡하다고 할 수 있다.

13

정답 ①

확정급여방식은 나중에 받을 연금을 미리 정하면 기금 운용 과정에서 발생하는 투자의 실패는 연금 관리자가 부담한다고 하였으므로 ①의 반응은 적절하지 않다.

14

정답 ③

마지막 문단에서 '그리고 병원균이나 곤충, 선충에 기생하는 종들을 사용한 생물 농약은 유해 병원균이나 해충을 직접 공격하기도 한다.'라고 설명했으므로 ③은 글의 내용으로 적절하지 않다.

15

정답 ④

직업방송매체팀은 계획된 사업 중 직업방송 제작 사업을 담당하며, 해당 사업의 예산은 5,353백만 원으로 다른 부서에 비해 가장 적은 예산을 사용한다. 컨소시엄지원팀이 담당하는 컨소시엄훈련지원 사업의 예산은 108,256백만 원으로 두 번째로 많은 예산을 사용한다.

오답분석

① 보기의 분장업무에 따르면 능력개발총괄팀은 능력개발사업 장단기 발전계획 수립 업무를 담당한다.

② 사업주 훈련지원팀은 사업주 직업능력개발훈련 참여 확대, 중소기업 훈련지원센터 관리, 체계적 현장훈련 지원, 학습조직화 지원, 청년취업아카데미 운영관리, 내일이룸학교 운영 지원의 총 6개 사업을 담당한다.

③ 컨소시엄지원팀은 컨소시엄훈련지원을, 직업방송매체팀은 직업방송 제작을 담당하므로 담당 사업의 수는 같다.

16

정답 ④

제시문에 따르면 재산이 많은 사람은 약간의 세율 변동에도 큰 영향을 받는다. 그러므로 '영향이 클 수 있기 때문에'로 수정해야 한다.

17

정답 ④

공식집단의 예로 제시되어 있는 동아리는 비공식집단의 예이며, 비공식집단의 예로 제시되어 있는 임시 위원회는 공식집단의 예이다. 지속 기간의 차이에 따라 상설과 임시로 나누어질 뿐이지 조직의 공식 목표를 위해 조직에서 만든 위원회이므로 공식집단에 속한다.

18

정답 ①

제시문은 주로 '한 번 문이 열리면 다시 그 문을 닫기란 매우 어렵다.', '철학의 모험은 자주 거칠고 무한한 혼돈의 바다에 표류하는 작은 뗏목에 비유된다.' 등 비유적 표현으로 논의의 대상인 '철학의 특성(모험적 성격)'을 밝히고 있다.

19 정답 ④

필자는 철학의 특성인 '모험성'과 '대가'를 알리기 위해 '동굴의 비유'를 인용하였다. 즉, '동굴 안'은 기존의 세계를, '동굴 밖'은 기존의 세계를 뛰어넘은 곳(진리의 세계)을, 동굴 안과 동굴 밖까지를 지나는 과정은 '모험'을 뜻한다고 볼 수 있다. 또한, 동굴의 밖에 도달하여 과거 세계의 허구성을 아는 것을 '지식 획득'으로, 무지의 장막에 휩싸인 자들에게 받는 불신과 박해를 혹독한 '대가'라고 설명하였다.

20 정답 ②

제시문의 핵심은 철학의 특성이다. 즉, 철학이 가지는 모험성과 가혹한 대가를 중심으로 서술하고 있는 것이다. 따라서 철학의 특성인 '모험성'과 그에 따른 '대가 지불'을 언급하고 있는 ②가 빈칸에 들어갈 문구로 가장 적절하다.

21 정답 ②

복지대상자가 2항목 이상 해당 시 둘 중 임의로 하나만 입력해야 하므로 복지대상자가 노년층에만 해당되는지 그 이상 중복해서 해당되는지의 유무는 해당 복지코드만으로는 파악할 수 없다.

오답분석

① EN(에너지바우처) 복지의 주제가 R(주거)이므로 적절한 설명이다.
③ 5 ~ 6번째 자리가 월평균소득에 대한 내용이므로 A2는 적절한 설명이다.
④ 복지코드에 01(관할주민센터)이라고 기입되어 있다.

22 정답 ②

복지코드 순으로 정리하면 다음과 같다.
• 복지분류 : 언어발달지원 → LA
• 주제 : 교육 → D
• 대상 : 영유아 또는 다문화 → 0 또는 6
• 월평균소득 : 120% 이하 → B2
• 신청기관 : 시・군・구청 → 00
• 신청방법 : 온라인 → ON
따라서 A의 복지코드는 'LAD6B200ON'이다.

23 정답 ④

ⓒ HOR4A100EM : 영구임대주택공급 – 주거 – 노년 – 50% 이하 – 시・군・구청 – 우편
ⓔ EDD4B204CA : 정보화교육 – 교육 – 노년 – 120% 이하 – 고용지원센터 – 전화

오답분석

⊙ EDOE3A201ON : 복지코드는 총 10자리로 사용할 수 없는 코드이다.
ⓒ LOD3N103VS : N1은 월평균소득에 없는 표기이다.

24 정답 ②

캐시카우(Cash Cow)는 시장점유율이 높아 이윤이나 현금흐름은 양호하지만 향후 성장가능성은 낮은 사업이다.

> **BCG 매트릭스(BCG Matrix)**
> 미국의 보스턴 컨설팅 그룹(BCG)가 개발한 전략평가 기법이다. BCG는 기업이 사업에 대한 전략을 결정할 때 시장점유율(Market Share)과 사업의 성장률(Growth) 이 두 가지 요소를 기준으로 기업의 사업을 '스타(Star)사업', '현금젖소(Cash Cow) 사업', '물음표(Question Marks) 사업', '개(Dog) 사업'으로 나누었다.

25 정답 ②

MECE는 중복되지 않고, 누락이 없게 하는 것으로 다음과 같은 절차를 거친다.
1. 문제 파악
2. 문제 분해
3. 불필요한 문제 제거
4. 가설
5. 계획 수립
6. 분석과 종합
7. 메시지 전달

26 정답 ④

제시문의 '이것'은 기업의 사회적 책임(CSR)을 말한다. 기업이 자사의 직원 복지에 투자하는 것은 기업의 사회적 책임과 관련이 없으며, 사회적 상생을 위한 투자나 지역 발전을 위한 투자 등이 사회적 책임에 해당한다.

27 정답 ②

절차 공정성에 대한 설명이다. 절차 공정성은 개인의 의사결정 형성에 적용되는 과정의 타당성에 관한 것으로, 목적이 달성되는 데 사용한 수단에 관한 공정성이며, 의사결정자들이 논쟁 또는 협상의 결과에 도달하기 위해 사용한 정책, 절차, 기준에 관한 공정성이다.

> **분배 공정성**
> 최종적인 결과에 대한 지각이 공정했는가를 나타내며 교환의 주목적인 대상물, 즉 핵심적인 서비스에 대한 지각이 공정했는가를 결정하는 것이다.

28 정답 ①

부하직원을 칭찬할 때 쓰다듬거나 가볍게 치는 행위도 성희롱으로 오해받을 소지가 있으므로 그런 행동은 신중을 기해야 한다.

29 정답 ③

제시문에서 우리나라가 지식 기반 산업 위주의 사회로 바뀌면서 내부 노동시장에 의존하던 인력 관리 방식이 외부 노동시장에서의 채용으로 변화함에 따라 지식 격차에 의한 소득 불평등과 국가 간 경제적 불평등 현상이 심화되고 있다고 말하고 있다.

오답분석

① 정보통신 기술을 통해, 전 지구적 노동시장이 탄생하여 기업을 비롯한 사회 조직들이 국경을 넘어 인력을 충원하고 재화와 용역을 구매하고 있다고 언급했다. 하지만 이러한 국가 간 노동 인력의 이동이 가져오는 폐해에 대해서는 언급하고 있지 않다.
② 지식 기반 경제로의 이행은 지식 격차에 의한 소득 불평등 심화 현상을 일으킨다. 하지만 이것에 대한 해결책은 언급하고 있지 않다.
④ 생산 기능은 저개발국으로 이전되고 연구 개발 기능은 선진국으로 모여들어 정보 격차가 확대되고 있다. 하지만 국가 간의 격차 축소 정책의 필요성은 언급하고 있지 않다.

30 정답 ④

마디가 있어야 새순이 난다 : 나무의 마디는 새순이 나는 곳이다. 즉 마디는 성장하기 위한 디딤돌이자 발판이 된다는 뜻이다. 어떤 일의 과정에서 생기는 역경이 오히려 일의 결과에 좋은 영향을 미침을 비유한다.

오답분석

① 쫓아가서 벼락 맞는다. : 피해야 할 화를 괜히 나서서 화를 당한다.
② 곤장 메고, 매품 팔러 간다. : 공연한 일을 하여 스스로 화를 자초한다.
③ 식초에 꿀 탄 맛이다. : 궁합이 맞아 서로 잘 어울린다.

31 정답 ③

전철을 밟다 : 이전 사람의 잘못이나 실패를 되풀이하다.

오답분석

① 곱살이 끼다 : 남이 하는 일에 곁다리로 끼다.
② 변죽을 울리다 : 바로 집어 말을 하지 않고 둘러서 말을 하다.
④ 경을 치다 : 호된 꾸지람이나 나무람을 듣거나 벌을 받다.

32 정답 ④

'내'가 일부 시간적·공간적 범위를 나타내는 명사와 함께 쓰여, 일정한 범위의 안을 의미할 때는 의존 명사이므로 띄어 쓴다.

오답분석

① 짓는데 → 짓는 데
② 김철수씨는 → 김철수 씨는
③ 해결 할게. → 해결할게.

33 정답 ②

제시문은 김정희의 두 작품 『석란』과 『부작란도』를 구체적인 사례로 제시하면서, 김정희 자신의 삶의 영향으로 그의 예술과 작품 세계가 변화했음을 설명하고 있다. 평탄한 젊은 시절에 그린 『석란』에서는 단아한 품격, 고상한 품위, 돈후한 인품 등 당시 문인들의 공통적 이상을 느낄 수 있다. 유배 등의 풍파를 겪은 후 말년에 그린 『부작란도』에서는 쓸쓸하고 황량한 세계에 맞서는 강한 의지를 느낄 수 있으며 자신만의 감정을 충실히 드러낸 세계를 창출했음을 알 수 있다.

34 정답 ④

네 번째 문단에 따르면 바람에 꺾이고 맞서는 난초 꽃대와 꽃송이에서 세파에 시달려 쓸쓸하고 황량해진 그의 처지와 그것에 맞서는 강한 의지를 느낄 수 있다. 따라서 ④의 과거와의 단절에 대한 의지를 표현했다는 것은 적절하지 않다.

35 정답 ④

뇌졸중은 현대의학에서 뇌출혈, 뇌경색 등 뇌혈관 질환을 통틀어 이르는 말이다. 흔히 잘못 사용하는 '뇌졸증'은 없는 말이다.

오답분석

① 부하직원이 대리나 과장 등 정확한 직함을 달고 있는데도 '~씨'라고 부르는 것은 잘못된 언어 습관이다. 직위에 알맞은 책임이나 권위를 무시하는 행위이기 때문이다.
② 식사는 끼니로 음식을 먹는 행위를 뜻하는 점잖은 한자 표현이지만 의미상 '밥'과 일맥상통하기 때문에 '밥하셨나요?'라는 뜻이 된다. 부장이나 본부장, 사장에게 말하는 경우라면 밥을 높여 '진지 드셨어요?'라고 하는 것이 공손한 표현이다.
③ 절대절명은 잘못 사용한 사자성어이다. 절체절명(絕體絕命)이 바른 표현이다.

36 정답 ③

성과 이름을 함께 말하는 것이 소개 예절이다.

> **바람직한 소개 예절**
> • 직장에서 비즈니스 매너 상 소개를 할 때는 직장 내에서의 서열과 나이를 고려한다.
> • 나이 어린 사람을 연장자에게 먼저 소개한다.
> • 내가 속해 있는 회사의 관계자를 타 회사의 관계자에게 소개한다.
> • 동료를 고객에게 소개한다.
> • 반드시 성과 이름을 함께 말한다.

37

정답 ④

악수를 오른손으로 하는 것이 일반적인 악수 예절이다.

> **바람직한 악수 예절**
> • 비즈니스에서 악수를 하는 동안에는 상대에게 집중하는 의미로 눈을 맞추고 미소를 짓는다.
> • 악수를 할 때는 오른손을 사용하고, 너무 강하게 쥐어짜듯이 잡지 않는다.
> • 악수는 서로의 이름을 말하고 간단한 인사 몇 마디를 주고받는 정도의 시간 안에 끝내야 한다.
> • 악수는 윗사람이 아랫사람에게, 여성이 남성에게, 선배가 후배에게 청한다.

38

정답 ④

두 번째 조건에 의해, B는 항상 1과 5 사이에 앉는다.
E가 4와 5 사이에 앉으면 2와 3 사이에는 A, C, D 중 누구나 앉을 수 있다.

오답분석

① A가 1과 2 사이에 앉으면 네 번째 조건에 의해, E는 4와 5 사이에 앉는다. 그러면 C와 D는 3 옆에 앉게 되는데 이는 세 번째 조건과 모순이 된다.

② D가 4와 5 사이에 앉으면 네 번째 조건에 의해, E는 1과 2 사이에 앉는다. 그러면 C와 D는 3 옆에 앉게 되는데 이는 세 번째 조건과 모순이 된다.

③ C가 2와 3 사이에 앉으면 세 번째 조건에 의해, D는 1과 2 사이에 앉는다. 또한 네 번째 조건에 의해, E는 3과 4 사이에 앉을 수 없다. 따라서 A는 반드시 3과 4 사이에 앉는다.

39

정답 ①

오답분석

② 만수와 지희를 제외하고 봤을 때, 퇴사에는 A, C요인이 작용한다.

③ 재직 중인 만수와 지희가 B요인을 가지고 있으므로 퇴사에 영향을 미친다고 보기 어렵다.

④ 재직 중인 만수와 지희는 C요인을 가지고 있지 않다.

40

정답 ②

첫 번째 조건과 두 번째 조건에 따라 물리학과 학생은 흰색만 좋아하는 것을 알 수 있으며, 세 번째 조건과 네 번째 조건에 따라 지리학과 학생은 흰색과 빨간색만 좋아하는 것을 알 수 있다. 전공별로 좋아하는 색을 정리하면 다음과 같다.

경제학과	물리학과	통계학과	지리학과
검은색, 빨간색	흰색	빨간색	흰색, 빨간색

이때 검은색을 좋아하는 학과는 경제학과뿐이므로 C가 경제학과임을 알 수 있으며, 빨간색을 좋아하지 않는 학과는 물리학과뿐이므로 B가 물리학과임을 알 수 있다. 따라서 항상 참이 되는 것은 ②이다.

오답분석

① A는 통계학과이거나 지리학과이다.
③ C는 경제학과이다.
④ D는 통계학과이거나 지리학과이다.

01	02	03	04	05	06	07	08	09	10
①	③	④	④	③	④	③	②	①	③

01
정답 ①

전월세 전환율은 [(월세)×12(개월)]÷[(전세 보증금)−(월세 보증금)]×100=6%가 되어야 한다.

따라서 월세를 x원으로 하여 주어진 금액을 대입하고 계산해 보면, $(x \times 12) \div (1억 - 1천만) \times 100 = 6$

$$\frac{12x}{900,000} = 6 \rightarrow x = \frac{900,000 \times 6}{12}$$

$\therefore x = 450,000$

02
정답 ③

$35,000 \div 100 = 350$달러

$\rightarrow 350 \times 1,160 = 406,000$원

$\rightarrow 406,000 \times 1,000 \div 10 = 4,060$만 원

03
정답 ④

주어진 조건에 따라 각 상품의 할인가 판매 시의 괴리율을 계산하면 다음과 같다.

• 세탁기 : $\frac{640,000 - 580,000}{640,000} \times 100 ≒ 9.3\%$

• 무선청소기 : $\frac{181,000 - 170,000}{181,000} \times 100 ≒ 6.0\%$

• 오디오세트 : $\frac{493,000 - 448,000}{493,000} \times 100 ≒ 9.1\%$

• 운동복 : $\frac{212,500 - 180,000}{212,500} \times 100 ≒ 15.2\%$

따라서 상품 중 운동복의 괴리율이 15.2%로 가장 높다.

04
정답 ④

아버지의 나이를 x세, 형의 나이를 y세라고 하자.

동생의 나이는 $(y-2)$세이므로

$y + (y-2) = 40 \rightarrow y = 21$

어머니의 나이는 $(x-4)$세이므로

$x + (x-4) = 6 \times 21 \rightarrow 2x = 130$

$\therefore x = 65$

05
정답 ③

2주 동안 듣는 강연은 총 5회이다. 그러므로 금요일 강연이 없는 주의 월요일에 첫 강연을 들었다면 5주 차 월요일 강연을 듣기 전까지 10개의 강연을 듣게 된다. 그 주 월요일, 수요일 강연을 듣고 그 다음 주 월요일의 강연이 13번째 강연이 된다. 따라서 6주 차 월요일이 13번째 강연을 듣는 날이므로 8월 1일 월요일을 기준으로 35일 후가 된다. 8월은 31일까지 있기 때문에 1+35−31=5일, 즉 9월 5일이 된다.

06
정답 ④

$72\text{km/h} = \frac{72,000}{3,600} \text{ m/s} = 20\text{m/s}$

시속 72km로 달리는 자동차의 공주거리는 $20 \times 1 = 20$m이다. (자동차의 평균정지거리)=(공주거리)+(평균제동거리)이므로 시속 72km로 달리는 자동차의 평균정지거리는 20+36=56m이다.

07
정답 ③

재작년 학생 수를 x명이라고 하면, 작년 학생 수는 $1.1x$명이다. 55명은 작년 학생 수의 10%이므로 다음과 같은 식이 성립한다.

$0.1 \times 1.1x = 55$

$\therefore x = 500$

08
정답 ②

A, B의 일급이 같으므로 하루에 포장한 제품의 개수는 A의 작업량인 $310 \times 5 = 1,550$개로 서로 같다.

B가 처음 시작하는 1시간 동안 x개의 제품을 포장한다고 하면

$x + 2x + 4x + 8x + 16x = 1,550 \rightarrow 31x = 1,550$

$\therefore x = 50$

09
정답 ①

민영이가 올라갈 때와 내려올 때 걸린 시간이 같으므로 올라갈 때와 내려올 때 각각 3시간이 걸렸음을 알 수 있다.

올라갈 때와 내려올 때의 이동거리는 각각 $3a$km, $3b$km이고, 내려올 때의 이동거리가 3km 더 기므로

$3a + 3 = 3b$

$\therefore b = a + 1$

즉, 내려올 때의 속력을 a에 관해 나타내면 $(a+1)$km/h이다.

10 정답 ③

(나) 휴게소가 없는 노선 중 평택충주선의 경우 영업소의 수가 17개이므로 옳지 않은 해석이다.

(라) 경부선은 영업소의 수가 휴게소의 수보다 많으므로 [(휴게소)÷(영업소)] 비율은 1보다 작다. 그러나 호남선의 지선의 경우 영업소 수와 휴게소 수가 같으므로 [(휴게소)÷(영업소)] 비율이 1이고, 중앙선의 경우 영업소 수가 휴게소 수보다 적으므로 [(휴게소)÷(영업소)] 비율은 1보다 크다. 실제로 세 노선의 [(휴게소)÷(영업소)] 비율을 구하면 다음과 같다.

- 경부선 : $\frac{31}{32} = 0.97$

- 중앙선 : $\frac{14}{6} = 2.33$

- 호남선의 지선 : 1

따라서 [(휴게소)÷(영업소)] 비율이 가장 높은 노선은 중앙선이다.

오답분석

(가)·(마) 제시된 자료를 통해 알 수 있다.

(다) 휴게소의 수와 주유소의 수가 일치하지 않는 노선은 경부선, 광주대구선, 호남선으로 총 3개의 노선이다.

제**3**영역 정보능력

01	02	03	04	05	06	07	08	09	10
①	④	④	③	③	①	③	②	③	③

01 정답 ①

SUMIFS 함수는 주어진 조건에 의해 지정된 셀들의 합을 구하는 함수로, 「=SUMIFS(합계범위, 조건범위, 조건 값)」으로 구성된다. 여기서 '조건 값'으로 숫자가 아닌 텍스트를 직접 입력할 경우에는 반드시 큰따옴표를 이용해야 한다. 즉, 「=SUMIFS(F2:F9, D2:D9,"남")」으로 입력해야 한다.

02 정답 ④

- 1TB=1,024GB
- 1GB=1,024MB
- 1MB=1,024kB

03 정답 ④

프로세서 레지스터
- 컴퓨터 기억장치 중 속도가 가장 빠르다(레지스터>캐시>주기억>보조기억).
- 레지스터는 중앙처리장치(CPU) 안에 들어있다.
- CPU의 속도향상이 목적이다.
- 연산장치에 속하는 레지스터 → 누산기, 가산기, 보수기 등
- 제어장치에 속하는 레지스터 → 프로그램 카운터(PC), 명령 레지스터, 명령해독기 등

04 정답 ③

LEFT(데이터가 있는 셀 번호, 왼쪽을 기준으로 가져올 자릿수)이기 때문에 주민등록번호가 있는 [C2] 셀을 선택하고 왼쪽을 기준으로 생년월일은 6자리이기 때문에 「=LEFT(C2,6)」가 적절하다.

05 정답 ③

데이터 유효성 검사에서 제한 대상을 목록으로 설정을 했을 경우, 드롭다운 목록의 너비는 데이터 유효성 설정이 있는 셀의 너비에 의해 결정된다.

06 정답 ①

명령의 실행순서는 Fetch → Decoder → Execute → Interrupt 단계를 거친다.
- Fetch Cycle은 주기억 장치에서 명령어를 꺼내어 IR에 넣어 두는 동작을 말한다.

07 정답 ③

자기 테이프(Magnetic Tape)는 많은 양의 정보를 기록하기 위한 테이프 형식의 외부기억장치로, 순차처리만 가능하다. 보통 7 또는 9 트랙으로 구성되어 있으며 저가의 대용량이므로 백업(Back-Up)용으로 이용한다.

오답분석
①·②·④ 플로피 디스크, 자기 드럼, 자기 디스크 등은 직접기억장치로서 비순차처리, 순차처리가 모두 가능하다.

08 정답 ②

전략정보시스템(SIS)은 기업의 전략을 실현해 경쟁 우위를 확보하기 위한 목적으로 사용되는 정보시스템으로, 기업의 궁극적 목표인 이익에 직접적인 영향을 끼치는 시장점유율 향상, 매출 신장, 신상품 전략, 경영 전략 등의 전략 계획에 도움을 준다.

09 정답 ③

공장 자동화(FA; Factory Automation)
모든 제품 공정 과정을 자동화하여 생산성 향상과 원가 절감, 불량품 감소 등 제품 경쟁력 향상에 활용한다.

오답분석
① 컴퓨터 보조 교육(CAI), 컴퓨터 관리 교육(CMI)

10 정답 ③

공유 폴더를 사용하면 보안에 취약해진다.

제4영역 자원관리능력

01	02	03	04	05	06	07	08	09	10
②	③	②	③	②	①	②	③	④	①

01 정답 ②

1회 순회배송(서울 → 대전 → 광주 → 대전 → 부산 → 대전 → 서울) 시 전체 운송비는 $(100+500+400)\times 2=2,000$만 원이다.

02 정답 ③

매출 순이익은 [(판매가격)−(생산단가)]×(판매량)이므로 메뉴별 매출 순이익을 계산하면 다음과 같다.

메뉴	예상 월간 판매량(개)	생산 단가(원)	판매 가격(원)	매출 순이익(원)
A	500	3,500	4,000	250,000[=(4,000−3,500)×500]
B	300	5,500	6,000	150,000[=(6,000−5,500)×300]
C	400	4,000	5,000	400,000[=(5,000−4,000)×400]
D	200	6,000	7,000	200,000[=(7,000−6,000)×200]

따라서 매출 순이익이 가장 높은 C를 메인 메뉴로 선택하는 것이 가장 합리적인 판단이다.

03 정답 ②

구매담당자는 용도에 맞는 축구공이 배송되기를 원한다. 제시된 표에 따라 초등학교의 경우에는 4호가 적절하며, 중·고등학교는 5호가 적절하다. 따라서 ○○축구사랑재단에서 구매할 축구공의 총액은 $(30,000$원$\times 300$개$\times 2$곳$)+(35,000\times 300$개$\times 4$곳$)=6$천만 원이다. 5천만 원 이상 대량구매 시 10% 할인, 3천만 원 이상 구매 시 무료 배송을 제공한다고 하였으므로 최종 매출액은 6천만 원$\times(1-10\%)=5,400$만 원이다.

04 정답 ③

자동차 부품 생산조건에 따라 반자동라인과 자동라인의 시간당 부품 생산량을 구해보면 다음과 같다.
- 반자동라인 : 4시간에 300개의 부품을 생산하므로, 8시간에 300개×2=600개의 부품을 생산한다. 하지만 8시간마다 2시간씩 생산을 중단하므로, 8시간+2시간=10시간에 600개의 부품을 생산하는 것과 같다. 따라서 시간당 부품 생산량은 $\frac{600개}{10시간}$ =60개/h이다. 이때 반자동라인에서 생산된 부품의 20%는 불

량이므로, 시간당 정상 부품 생산량은 60개/h×(1-0.2)=48개/h이다.

- 자동라인 : 3시간에 400개의 부품을 생산하므로, 9시간에 400개×3=1,200개의 부품을 생산한다. 하지만 9시간마다 3시간씩 생산을 중단하므로, 9시간+3시간=12시간에 1,200개의 부품을 생산하는 것과 같다. 따라서 시간당 부품 생산량은 $\frac{1,200개}{12시간}=100$개/h이다. 이때 자동라인에서 생산된 부품의 10%는 불량이므로, 시간당 정상 제품 생산량은 100개/h×(1-0.1)=90개/h이다.

따라서 반자동라인과 자동라인에서 시간당 생산하는 정상 제품의 생산량은 48개/h+90개/h=138개/h이므로, 34,500개를 생산하는 데 걸리는 시간은 $\frac{34,500개}{138개/h}=250$시간이다.

05 정답 ②

각 점포의 일일매출액을 a, b, c, d, e만 원이라고 하면 보기에서 다음과 같은 방정식을 도출할 수 있다.
$a=b-30 \cdots (1)$
$b=d×0.2 \cdots (2)$
$d+e+2,450=c \cdots (3)$
$2c-12d=3,500 \cdots (4)$
$30e=9,000 \cdots (5)$
(5)에서 $e=300$이고, e를 (3)에 대입하면 $c-d=2,750$이므로 양변에 2를 곱하여 $2c-2d=5,500$으로 만든다. 이 식과 (4)를 연립하면, $10d=2,000$이므로 $d=200$, 따라서 $c=2,750+200=2,950$이고 (2)에서 $b=200×0.2=40$, (1)에서 $a=40-30=10$이다.
따라서 총합은 10+40+2,950+200+300=3,500만 원이다.

06 정답 ①

- 동일성의 원칙 : 동일 물품은 같은 장소에 보관한다.
- 유사성의 원칙 : 유사 물품은 인접한 장소에 보관한다.

07 정답 ②

효과적인 물적자원관리 과정에 따라 물품 보관 장소까지 선정하게 되면 물품을 정리해야 한다. 이때, 입·출하의 빈도가 높은 품목은 출입구 가까운 곳에 보관해야 한다는 회전 대응 보관의 원칙을 지켜야 한다. 활용 빈도가 상대적으로 높은 물품을 가져다 쓰기 쉬운 위치에 먼저 보관하는 것으로, 이렇게 보관하면 물품 활용에 편리할 뿐만 아니라 물품 활용 후 다시 보관하기에도 편리하다.

오답분석
① 통로대면 보관의 원칙 : 물품의 입·출하를 용이하게 하고, 창고 내의 원활한 흐름과 활성화를 위해 통로에 직각으로 대면 보관하는 원칙이다.

③ 높이 쌓기의 원칙 : 물품을 높게 적재하는 원칙이다.
④ 선입선출의 원칙 : 먼저 보관한 물품을 먼저 출고하는 원칙이다.

08 정답 ③

물품출납 및 운용카드는 물품에 대한 상태를 지속적으로 확인하고 작성하여 개정할 필요가 있다.

09 정답 ④

모든 컴퓨터 구매 시 각각 사는 것보다 세트로 사는 것이 한 세트[(모니터)+(본체)]당 약 5만 원에서 10만 원 정도 이득이다. 하지만 혜택에 해당되는 조건에서는 비용을 비교해 봐야 한다. 다음은 컴퓨터별 구매 비용을 계산한 것이다.

- A컴퓨터 : 80만×15=1,200만 원
- B컴퓨터 : 75만×15-100만=1,025만 원
- C컴퓨터 : (20만×10)+(20만×0.85×5)+(60만×15)
  =1,185만 원 또는 70만×15=1,050만 원
- D컴퓨터 : 66만×15=990만 원

따라서 D컴퓨터 세트를 구매하는 것이 990만 원으로 가장 저렴하다.

10 정답 ①

각 사무용품 조합 구매를 통한 효용과 구입배용을 정리하면 다음과 같다.

상품 조합	할인행사에 따른 추가효용	총효용	구입비용(원)
①	55 (1번 할인 적용)	265	(2,500×2)+(1,800×2) =8,600
②	50 (2번 할인 적용)	185	(1,300×4)+(3,200×1) =8,400
③	80 (3번 할인 적용)	235	(1,800×2)+(2,200×3) =10,200
④	(적용되는 할인 없음)	175	(2,200×2)+(2,500×1) +(1,800×1)=8,700

①·②·④번 조합 중 총효용이 가장 높은 것은 ①번 조합이다.

오답분석
③번 조합의 경우, 김팀장의 예산범위를 초과하므로 구입이 불가능하다.

제5영역 기술능력

01	02	03	04	05	06	07	08	09	10
④	②	①	③	④	③	②	①	②	③

01
정답 ④

저작자표시 – 비영리(CC BY NC) : 원 저작자를 밝히면 자유로운 이용이 가능하지만 영리목적으로 이용 불가

오답분석

① 원 저작자를 밝히면 자유로운 이용이 가능
② 원 저작자를 밝히면 자유로운 이용이 가능하나 영리목적 이용이 불가하며 변경 없이 그대로 이용해야 함
③ 원 저작자를 밝히면 자유로운 이용이 가능하지만 변경 없이 그대로 이용해야 함

02
정답 ②

제품설명서 중 A/S 신청 전 확인 사항을 살펴보면, 비데 기능이 작동하지 않을 경우 수도필터가 막혔거나 착좌센서 오류가 원인이라고 제시되어 있다. 따라서 수도필터의 청결 상태를 확인하거나 비데의 착좌센서의 오류 여부를 확인해야 한다.

03
정답 ①

02번에서 확인한 사항(원인)은 수도필터의 청결 상태이다. 수도필터에 이물질이 낄 경우 수압이 약해질 수 있다. 따라서 P사원이 취할 행동은 수압이 약해졌는지 확인하는 것이다.

04
정답 ③

02 ~ 03번에서 확인한 원인은 수도필터가 막히거나 이물질이 끼는 것으로, 이는 흐르는 물에 수도필터를 닦음으로써 문제를 해결할 수 있다. 따라서 ③과 같이 수도필터가 청결함을 유지할 수 있도록 수시로 닦아주는 것이 가장 적절한 해결방안이다.

05
정답 ④

동절기 LPG 차량의 시동 시에 모든 전기장치는 OFF하여야 한다.

06
정답 ③

추운 지역의 LPG는 프로판 비율이 높다.

07
정답 ②

디지털 카메라를 개발하였지만 주력 업종을 스스로 잡아먹는 신제품을 낼 이유가 없다는 안일한 판단이 코닥을 몰락으로 이어가게 한 것이다. 즉, 변화하는 시대에 발맞춰 나아가지 못한 것이다.

08
정답 ①

'수시'는 '일정하게 정하여 놓은 때 없이 그때그때 상황에 따름'을 의미한다. 즉, 하루에 한 번 청소할 수도 있고, 아닐 수도 있다. 따라서 정수기 청소는 하루에 1곳만 할 수도 있다.

오답분석

② '제품 이상 시 조치방법' 맨 마지막에 설명되어 있다.
③ 적정 시기에 필터를 교환하지 않으면 물이 나오지 않거나 정수 물이 너무 느리게 채워지는 문제가 발생한다.
④ 10mm=1cm이므로, 외형치수를 환산하면 옳은 설명임을 알 수 있다.

09
정답 ②

필터 수명이 종료됐을 때와 연결 호스가 꺾였을 때 물이 나오지 않는다. 이때 연결 호스가 꺾였다면 서비스센터에 연락하지 않고 해결이 가능하다.

10
정답 ③

ㄱ. 정수기에 사용되는 필터는 세디먼트 필터, 프리카본 필터, UF중공사막 필터, 실버블록카본 필터이다.
ㄹ. 설치 시 주의사항으로 벽면에서 20cm 이상 띄워 설치하라고 언급했다. 따라서 지켜지지 않을 경우 문제가 발생할 수 있다.

오답분석

ㄴ. 시너 및 벤젠은 제품의 변색이나 표면이 상할 우려가 있으므로 사용하지 말라고 명시되어 있다. 따라서 급한 경우라도 사용하지 않는 것이 좋다.
ㄷ. 프리카본 필터의 교환주기는 약 8개월이다. 3년은 36개월이므로, 4번 교환해야 한다.

www.sdedu.co.kr

국민연금공단 직업기초능력평가 답안카드

성 명

지원분야

문제지 형별기재란

( )형   Ⓐ Ⓑ

수험번호

⓪ ① ② ③ ④ ⑤ ⑥ ⑦ ⑧ ⑨
⓪ ① ② ③ ④ ⑤ ⑥ ⑦ ⑧ ⑨
⓪ ① ② ③ ④ ⑤ ⑥ ⑦ ⑧ ⑨
⓪ ① ② ③ ④ ⑤ ⑥ ⑦ ⑧ ⑨
⓪ ① ② ③ ④ ⑤ ⑥ ⑦ ⑧ ⑨
⓪ ① ② ③ ④ ⑤ ⑥ ⑦ ⑧ ⑨
⓪ ① ② ③ ④ ⑤ ⑥ ⑦ ⑧ ⑨

감독위원 확인

(인)

번호	① ② ③ ④	번호	① ② ③ ④	번호	① ② ③ ④
1	① ② ③ ④	21	① ② ③ ④	41	① ② ③ ④
2	① ② ③ ④	22	① ② ③ ④	42	① ② ③ ④
3	① ② ③ ④	23	① ② ③ ④	43	① ② ③ ④
4	① ② ③ ④	24	① ② ③ ④	44	① ② ③ ④
5	① ② ③ ④	25	① ② ③ ④	45	① ② ③ ④
6	① ② ③ ④	26	① ② ③ ④	46	① ② ③ ④
7	① ② ③ ④	27	① ② ③ ④	47	① ② ③ ④
8	① ② ③ ④	28	① ② ③ ④	48	① ② ③ ④
9	① ② ③ ④	29	① ② ③ ④	49	① ② ③ ④
10	① ② ③ ④	30	① ② ③ ④	50	① ② ③ ④
11	① ② ③ ④	31	① ② ③ ④	51	① ② ③ ④
12	① ② ③ ④	32	① ② ③ ④	52	① ② ③ ④
13	① ② ③ ④	33	① ② ③ ④	53	① ② ③ ④
14	① ② ③ ④	34	① ② ③ ④	54	① ② ③ ④
15	① ② ③ ④	35	① ② ③ ④	55	① ② ③ ④
16	① ② ③ ④	36	① ② ③ ④	56	① ② ③ ④
17	① ② ③ ④	37	① ② ③ ④	57	① ② ③ ④
18	① ② ③ ④	38	① ② ③ ④	58	① ② ③ ④
19	① ② ③ ④	39	① ② ③ ④	59	① ② ③ ④
20	① ② ③ ④	40	① ② ③ ④	60	① ② ③ ④

※ 본 답안지는 마킹연습용 모의 답안지입니다.

〈절취선〉

국민연금공단 직업기초능력평가 답안카드

번호	답란	번호	답란	번호	답란
1	① ② ③ ④	21	① ② ③ ④	41	① ② ③ ④
2	① ② ③ ④	22	① ② ③ ④	42	① ② ③ ④
3	① ② ③ ④	23	① ② ③ ④	43	① ② ③ ④
4	① ② ③ ④	24	① ② ③ ④	44	① ② ③ ④
5	① ② ③ ④	25	① ② ③ ④	45	① ② ③ ④
6	① ② ③ ④	26	① ② ③ ④	46	① ② ③ ④
7	① ② ③ ④	27	① ② ③ ④	47	① ② ③ ④
8	① ② ③ ④	28	① ② ③ ④	48	① ② ③ ④
9	① ② ③ ④	29	① ② ③ ④	49	① ② ③ ④
10	① ② ③ ④	30	① ② ③ ④	50	① ② ③ ④
11	① ② ③ ④	31	① ② ③ ④	51	① ② ③ ④
12	① ② ③ ④	32	① ② ③ ④	52	① ② ③ ④
13	① ② ③ ④	33	① ② ③ ④	53	① ② ③ ④
14	① ② ③ ④	34	① ② ③ ④	54	① ② ③ ④
15	① ② ③ ④	35	① ② ③ ④	55	① ② ③ ④
16	① ② ③ ④	36	① ② ③ ④	56	① ② ③ ④
17	① ② ③ ④	37	① ② ③ ④	57	① ② ③ ④
18	① ② ③ ④	38	① ② ③ ④	58	① ② ③ ④
19	① ② ③ ④	39	① ② ③ ④	59	① ② ③ ④
20	① ② ③ ④	40	① ② ③ ④	60	① ② ③ ④

성 명

지원분야

문제지 형별기재란

형 ( ) Ⓐ Ⓑ

수 험 번 호

⓪ ① ② ③ ④ ⑤ ⑥ ⑦ ⑧ ⑨

감독위원 확인

(인)

국민연금공단 직업기초능력평가 답안카드

1	① ② ③ ④	21	① ② ③ ④	41	① ② ③ ④
2	① ② ③ ④	22	① ② ③ ④	42	① ② ③ ④
3	① ② ③ ④	23	① ② ③ ④	43	① ② ③ ④
4	① ② ③ ④	24	① ② ③ ④	44	① ② ③ ④
5	① ② ③ ④	25	① ② ③ ④	45	① ② ③ ④
6	① ② ③ ④	26	① ② ③ ④	46	① ② ③ ④
7	① ② ③ ④	27	① ② ③ ④	47	① ② ③ ④
8	① ② ③ ④	28	① ② ③ ④	48	① ② ③ ④
9	① ② ③ ④	29	① ② ③ ④	49	① ② ③ ④
10	① ② ③ ④	30	① ② ③ ④	50	① ② ③ ④
11	① ② ③ ④	31	① ② ③ ④	51	① ② ③ ④
12	① ② ③ ④	32	① ② ③ ④	52	① ② ③ ④
13	① ② ③ ④	33	① ② ③ ④	53	① ② ③ ④
14	① ② ③ ④	34	① ② ③ ④	54	① ② ③ ④
15	① ② ③ ④	35	① ② ③ ④	55	① ② ③ ④
16	① ② ③ ④	36	① ② ③ ④	56	① ② ③ ④
17	① ② ③ ④	37	① ② ③ ④	57	① ② ③ ④
18	① ② ③ ④	38	① ② ③ ④	58	① ② ③ ④
19	① ② ③ ④	39	① ② ③ ④	59	① ② ③ ④
20	① ② ③ ④	40	① ② ③ ④	60	① ② ③ ④

〈절취선〉

※ 본 답안지는 마킹연습용 모의 답안지입니다.

국민연금공단 직업기초능력평가 답안카드

문항	①	②	③	④	문항	①	②	③	④	문항	①	②	③	④
1	①	②	③	④	21	①	②	③	④	41	①	②	③	④
2	①	②	③	④	22	①	②	③	④	42	①	②	③	④
3	①	②	③	④	23	①	②	③	④	43	①	②	③	④
4	①	②	③	④	24	①	②	③	④	44	①	②	③	④
5	①	②	③	④	25	①	②	③	④	45	①	②	③	④
6	①	②	③	④	26	①	②	③	④	46	①	②	③	④
7	①	②	③	④	27	①	②	③	④	47	①	②	③	④
8	①	②	③	④	28	①	②	③	④	48	①	②	③	④
9	①	②	③	④	29	①	②	③	④	49	①	②	③	④
10	①	②	③	④	30	①	②	③	④	50	①	②	③	④
11	①	②	③	④	31	①	②	③	④	51	①	②	③	④
12	①	②	③	④	32	①	②	③	④	52	①	②	③	④
13	①	②	③	④	33	①	②	③	④	53	①	②	③	④
14	①	②	③	④	34	①	②	③	④	54	①	②	③	④
15	①	②	③	④	35	①	②	③	④	55	①	②	③	④
16	①	②	③	④	36	①	②	③	④	56	①	②	③	④
17	①	②	③	④	37	①	②	③	④	57	①	②	③	④
18	①	②	③	④	38	①	②	③	④	58	①	②	③	④
19	①	②	③	④	39	①	②	③	④	59	①	②	③	④
20	①	②	③	④	40	①	②	③	④	60	①	②	③	④

성 명

지원분야

문제지 형별기재란

형 ( ) Ⓐ Ⓑ

수 험 번 호

⓪	①	②	③	④	⑤	⑥	⑦	⑧	⑨
⓪	①	②	③	④	⑤	⑥	⑦	⑧	⑨
⓪	①	②	③	④	⑤	⑥	⑦	⑧	⑨
⓪	①	②	③	④	⑤	⑥	⑦	⑧	⑨
⓪	①	②	③	④	⑤	⑥	⑦	⑧	⑨
⓪	①	②	③	④	⑤	⑥	⑦	⑧	⑨
⓪	①	②	③	④	⑤	⑥	⑦	⑧	⑨

감독위원 확인

인

성명

지원분야

문제지 형별기재란

( )형   Ⓐ Ⓑ

수험번호

	⓪	①	②	③	④	⑤	⑥	⑦	⑧	⑨
	⓪	①	②	③	④	⑤	⑥	⑦	⑧	⑨
	⓪	①	②	③	④	⑤	⑥	⑦	⑧	⑨
	⓪	①	②	③	④	⑤	⑥	⑦	⑧	⑨
	⓪	①	②	③	④	⑤	⑥	⑦	⑧	⑨
	⓪	①	②	③	④	⑤	⑥	⑦	⑧	⑨
			②	③	④	⑤	⑥	⑦	⑧	⑨

감독위원 확인

㊞

1	①	②	③	④		21	①	②	③	④		41	①	②	③	④
2	①	②	③	④		22	①	②	③	④		42	①	②	③	④
3	①	②	③	④		23	①	②	③	④		43	①	②	③	④
4	①	②	③	④		24	①	②	③	④		44	①	②	③	④
5	①	②	③	④		25	①	②	③	④		45	①	②	③	④
6	①	②	③	④		26	①	②	③	④		46	①	②	③	④
7	①	②	③	④		27	①	②	③	④		47	①	②	③	④
8	①	②	③	④		28	①	②	③	④		48	①	②	③	④
9	①	②	③	④		29	①	②	③	④		49	①	②	③	④
10	①	②	③	④		30	①	②	③	④		50	①	②	③	④
11	①	②	③	④		31	①	②	③	④		51	①	②	③	④
12	①	②	③	④		32	①	②	③	④		52	①	②	③	④
13	①	②	③	④		33	①	②	③	④		53	①	②	③	④
14	①	②	③	④		34	①	②	③	④		54	①	②	③	④
15	①	②	③	④		35	①	②	③	④		55	①	②	③	④
16	①	②	③	④		36	①	②	③	④		56	①	②	③	④
17	①	②	③	④		37	①	②	③	④		57	①	②	③	④
18	①	②	③	④		38	①	②	③	④		58	①	②	③	④
19	①	②	③	④		39	①	②	③	④		59	①	②	③	④
20	①	②	③	④		40	①	②	③	④		60	①	②	③	④

※ 본 답안지는 마킹연습용 모의 답안지입니다.

국민연금공단 직업기초능력평가 답안카드

※ 본 답안지는 마킹연습용 모의 답안지입니다.

성 명	
지원분야	

문제지 형별기재란

	Ⓐ
( )형	Ⓑ

수 험 번 호

⓪	①	②	③	④	⑤	⑥	⑦	⑧	⑨
⓪	①	②	③	④	⑤	⑥	⑦	⑧	⑨
⓪	①	②	③	④	⑤	⑥	⑦	⑧	⑨
⓪	①	②	③	④	⑤	⑥	⑦	⑧	⑨
⓪	①	②	③	④	⑤	⑥	⑦	⑧	⑨
⓪	①	②	③	④	⑤	⑥	⑦	⑧	⑨
⓪	①	②	③	④	⑤	⑥	⑦	⑧	⑨

감독위원 확인

(인)

번호	답란	번호	답란	번호	답란
1	① ② ③ ④	21	① ② ③ ④	41	① ② ③ ④
2	① ② ③ ④	22	① ② ③ ④	42	① ② ③ ④
3	① ② ③ ④	23	① ② ③ ④	43	① ② ③ ④
4	① ② ③ ④	24	① ② ③ ④	44	① ② ③ ④
5	① ② ③ ④	25	① ② ③ ④	45	① ② ③ ④
6	① ② ③ ④	26	① ② ③ ④	46	① ② ③ ④
7	① ② ③ ④	27	① ② ③ ④	47	① ② ③ ④
8	① ② ③ ④	28	① ② ③ ④	48	① ② ③ ④
9	① ② ③ ④	29	① ② ③ ④	49	① ② ③ ④
10	① ② ③ ④	30	① ② ③ ④	50	① ② ③ ④
11	① ② ③ ④	31	① ② ③ ④	51	① ② ③ ④
12	① ② ③ ④	32	① ② ③ ④	52	① ② ③ ④
13	① ② ③ ④	33	① ② ③ ④	53	① ② ③ ④
14	① ② ③ ④	34	① ② ③ ④	54	① ② ③ ④
15	① ② ③ ④	35	① ② ③ ④	55	① ② ③ ④
16	① ② ③ ④	36	① ② ③ ④	56	① ② ③ ④
17	① ② ③ ④	37	① ② ③ ④	57	① ② ③ ④
18	① ② ③ ④	38	① ② ③ ④	58	① ② ③ ④
19	① ② ③ ④	39	① ② ③ ④	59	① ② ③ ④
20	① ② ③ ④	40	① ② ③ ④	60	① ② ③ ④

국민연금공단 직업기초능력평가 답안카드

1	①	②	③	④		21	①	②	③	④		41	①	②	③	④
2	①	②	③	④		22	①	②	③	④		42	①	②	③	④
3	①	②	③	④		23	①	②	③	④		43	①	②	③	④
4	①	②	③	④		24	①	②	③	④		44	①	②	③	④
5	①	②	③	④		25	①	②	③	④		45	①	②	③	④
6	①	②	③	④		26	①	②	③	④		46	①	②	③	④
7	①	②	③	④		27	①	②	③	④		47	①	②	③	④
8	①	②	③	④		28	①	②	③	④		48	①	②	③	④
9	①	②	③	④		29	①	②	③	④		49	①	②	③	④
10	①	②	③	④		30	①	②	③	④		50	①	②	③	④
11	①	②	③	④		31	①	②	③	④		51	①	②	③	④
12	①	②	③	④		32	①	②	③	④		52	①	②	③	④
13	①	②	③	④		33	①	②	③	④		53	①	②	③	④
14	①	②	③	④		34	①	②	③	④		54	①	②	③	④
15	①	②	③	④		35	①	②	③	④		55	①	②	③	④
16	①	②	③	④		36	①	②	③	④		56	①	②	③	④
17	①	②	③	④		37	①	②	③	④		57	①	②	③	④
18	①	②	③	④		38	①	②	③	④		58	①	②	③	④
19	①	②	③	④		39	①	②	③	④		59	①	②	③	④
20	①	②	③	④		40	①	②	③	④		60	①	②	③	④

〈절취선〉

국민연금공단 직업기초능력평가 답안카드

성 명	

지원 분야	

문제지 형별기재란

(　)형　 Ⓐ　Ⓑ

수 험 번 호

0	①	②	③	④	⑤	⑥	⑦	⑧	⑨
0	①	②	③	④	⑤	⑥	⑦	⑧	⑨
0	①	②	③	④	⑤	⑥	⑦	⑧	⑨
0	①	②	③	④	⑤	⑥	⑦	⑧	⑨
0	①	②	③	④	⑤	⑥	⑦	⑧	⑨
0	①	②	③	④	⑤	⑥	⑦	⑧	⑨
0	①	②	③	④	⑤	⑥	⑦	⑧	⑨

감독위원 확인
(인)

문번	①	②	③	④	문번	①	②	③	④	문번	①	②	③	④
1	①	②	③	④	21	①	②	③	④	41	①	②	③	④
2	①	②	③	④	22	①	②	③	④	42	①	②	③	④
3	①	②	③	④	23	①	②	③	④	43	①	②	③	④
4	①	②	③	④	24	①	②	③	④	44	①	②	③	④
5	①	②	③	④	25	①	②	③	④	45	①	②	③	④
6	①	②	③	④	26	①	②	③	④	46	①	②	③	④
7	①	②	③	④	27	①	②	③	④	47	①	②	③	④
8	①	②	③	④	28	①	②	③	④	48	①	②	③	④
9	①	②	③	④	29	①	②	③	④	49	①	②	③	④
10	①	②	③	④	30	①	②	③	④	50	①	②	③	④
11	①	②	③	④	31	①	②	③	④	51	①	②	③	④
12	①	②	③	④	32	①	②	③	④	52	①	②	③	④
13	①	②	③	④	33	①	②	③	④	53	①	②	③	④
14	①	②	③	④	34	①	②	③	④	54	①	②	③	④
15	①	②	③	④	35	①	②	③	④	55	①	②	③	④
16	①	②	③	④	36	①	②	③	④	56	①	②	③	④
17	①	②	③	④	37	①	②	③	④	57	①	②	③	④
18	①	②	③	④	38	①	②	③	④	58	①	②	③	④
19	①	②	③	④	39	①	②	③	④	59	①	②	③	④
20	①	②	③	④	40	①	②	③	④	60	①	②	③	④

2024 최신판 SD에듀 국민연금공단
NCS 최종모의고사 6회분 + 무료NCS특강

개정9판1쇄 발행	2024년 03월 20일 (인쇄 2024년 01월 25일)
초 판 발 행	2018년 05월 10일 (인쇄 2018년 04월 20일)
발 행 인	박영일
책 임 편 집	이해욱
편 저	SDC(Sidae Data Center)
편 집 진 행	김재희 · 강승혜
표지디자인	조혜령
편집디자인	김지수 · 곽은슬
발 행 처	(주)시대고시기획
출 판 등 록	제10-1521호
주 소	서울시 마포구 큰우물로 75 [도화동 538 성지 B/D] 9F
전 화	1600-3600
팩 스	02-701-8823
홈 페 이 지	www.sdedu.co.kr

I S B N	979-11-383-6666-3 (13320)
정 가	18,000원